신판 비즈니스 일본어 II

- New Edition Business Japanese II -

인하대학교 일본문화학과 이성규 지음

머리말

이 책은 학습자들이 비즈니스 현장에서 요구되는 일본어를 문맥과 상황에 맞게 적절히 운용할 수 있도록 집필한 전문 도서입니다.

종전의 일본어 학습에서는 일본어로 된 문헌을 이해하고 이를 통해 새로운 지식 정보를 습득하는 데에 필요한 능력을 함양하는 것이 주된 목적이었습니다. 그 결과, 일본어 학습자의 독해 능력과 작문 능력이 일정 수준으로 향상되었고, 이해 어휘의 수도 점차 높은 수준에 이르고 있습니다.

그러나 한편으로는 이러한 일본어 실력이 실제 언어 운용 능력이라는 측면에서는 제대로 기능하지 못하고 있다는 것도 사실입니다. 달리 표현하면 잠재적인 언어능력은 상당한 수준에 이르고 있으나, 현실세계에서 운용할 수 있는 어휘나 문법 그리고 표현은 극히 제한적이라고 해도 지나치지 않습니다.

필자는 그동안 비즈니스 일본어 교육을 위해『도쿄 겐바 일본어Ⅰ(TOKYO GENBA NIHONGOⅠ)』(1998a)를 시작으로『도쿄 겐바 일본어Ⅱ(TOKYO GENBA NIHONGOⅡ)』(2000a),『도쿄 비즈니스 일본어Ⅰ(Tokyo Business JapaneseⅠ)』(2003a)를 집필하여, 인하대학교 일본언어문화학과에서 [현장일본어], [실용일본어]의 교재로 사용하거나 [도쿄 비즈니스 일본어]라는 온라인 강의의 기본 교재로 채택해서 나름대로의 평을 받은 바 있습니다.

그리고 일본어 일반 교재로서는 『홍익나가누마 일본어 1, 2, 3』(1996, 공저)·『홍익나가누마 일본어 1, 2, 3 해설서』(1996, 공저)·『홍익일본어독해 1, 2』(1997, 공저)를 세간에 소개했고, 문법 관련 학술도서로서는 『일본어 조동사 연구Ⅰ』(2004, 공저)·『일본어 조동사 연구Ⅱ』(2004, 공저)·『일본어 조동사 연구Ⅲ』(2006, 공저)·『현대일본어 문법연구Ⅰ』(2006, 공저)·『현대일본어 문법연구Ⅱ』(2006, 공저)·『현대일본어 문법연구Ⅲ』(2006, 공저)·『현대일본어 문법연구Ⅳ』(2006, 공저)를 저술하여 실제 대학 일본어 교육 현장에서 사용해왔습니다.

금번 발간하는 『신판 비즈니스 일본어Ⅱ(New Edition Business JapaneseⅡ)』는 『신판 비즈니스 일본어Ⅰ』의 자매편으로, 초·중급 수준의 일본어를 이수한 학습자를 대상으로 중급, 고급 수준의 비즈니스 일본어를 체계적으로 제시하는 것을 주된 목적으로 하고 있습니다. 이에 본 교재는 그동안 집필한 여러 도서에서 중요하다고 생각되는 문법 설명과 예문 그리고 경어 관련 설명을 적극적으로 참조하여 비즈니스 일본어의 전체상을 소묘하려고 합니다.

지금까지의 비즈니스 일본어 관련 교재를 살펴보면 대부분이 문형이나 예문 중심의 단락적인 설명에 치우쳐 있어, 그 내용을 전부 암기하지 않으면 안 되는 구조로 되어 있습니다. 이러한 문제를 해결하고 보완책을 마련하고자 가능한 한 고급 수준의 어휘나 문법을 단계적으로 도입하고 일본어 학습의 난제 중의 난제에 속하는 경어에 관해서도 설명적 타당성을 담보하고 종합적인 학습이 이루어지도록 구조적 장치를 마련하고 있습니다.

지금 일본은 인구 절벽과 고령화 현상으로 인하여 구직란이 아니라 구인란이라는 뉴스를 접하고 있습니다. 구직란으로 몸살을 앓고 있는 한국의 현실과는 정반대의 현상이 일어나고 있는 셈입니다. 이러한 시류를 반영해서인가 한국의 대학생들을

중심으로 일본어를 학습하여 한국 내 일본 기업으로의 취업을 희망하거나 일본으로의 진출을 모색하는 인재들이 증가하고 있는 것으로 사려됩니다. 이러한 꿈을 실현하기 위해서는 일본어능력시험 N1 합격만으로는 다소 부족한 감이 있습니다. 고급 수준의 일본어를 구사할 수 있는 능력이 절실히 요구되는데, 이를 위해서는 구어체 언어에서는 비즈니스 일본어를 구사할 수 있어야 하고, 문장체 언어에서는 일본어 상용문 작성법과 같은 수준의 문서 작성법을 습득해야 합니다. 그런데 정작 이러한 일본어 운용 능력을 단계적·체계적으로 배울 수 있는 전문 도서는 아직 그 종과 수에 있어서 턱없이 부족하다고 판단됩니다.

『신판 비즈니스 일본어Ⅱ(New Edition Business JapaneseⅡ)』이 학습자의 이와 같은 학문적 갈증을 해소시키는 데에 조금이라도 도움이 되기를 간절히 기대하면서 저서의 면수는 다소 많지만 집필했습니다.

이번에 세간에 선을 보이는 본 도서는 각 과가 「회화 본문」·「중요어구해설」·「응용회화」·「관련사항」으로 구성되어 있습니다.

「회화 본문」에서는 『신판 비즈니스 일본어Ⅰ』과 마찬가지로 시나리오 식 회화문으로 구성되어 있고, 한·일 양국의 사회 일선에서 열심히 살고 있는 두 사람의 평범한 샐러리맨을 주인공으로 설정하고 있습니다.

「중요어구해설」에서는 [회화 본문]을 이해하는 데 필요한 어휘, 문법, 표현 등에 관해 암기 위주 교육을 지양한다는 취지하에 가능한 한 평이한 설명으로 학습자가 다가가기 용이하게 꾸몄습니다.

「응용회화」는 내용적으로 [회화 본문]을 보완하는 역할을 하고 있습니다. 언어외적 측면 특히 일본의 사회적·문화적 특질이 잘 표출되는 내용으로 엮었습니다.

「관련사항」에서는 [회화 본문]의 [중요어구해설]에서 담지 못했지만, 중요하다고 판단된 언어 현상을 체계적으로 기술했습니다.

본 도서의 서술 내용을 충분히 이해한 학습자라면 중고급 수준의 비즈니스 일본어를 현실세계의 다양한 문맥과 상황에 적합하게 운용하게 될 것이라고 확신하는 바입니다.

2017년 12월

저자 이성규

「이 저서는 인하대학교의 지원에 의하여 연구되었음.」
「This work was supported by INHA UNIVERSITY Research Grant.」

차례

머리말 – 2p

등장인물 – 8p

第1課
お食事は何になさいますか [14p]
식사는 무엇으로 하시겠습니까?

第2課
こちらにサインをお願いできますか [52p]
여기에 사인을 해 주십시오

第3課
これ、韓国まで普通でお願いします [90p]
이거 한국에 보통으로 부쳐 주세요

第4課

折返し電話してほしいとのことでした [132p]

오시는 대로 전화해 달라는 이야기였습니다

第5課

やはり実際にご覧になったほうが [164p]

역시 직접 보시는 것이 좋지 않겠습니까?

第6課

急に無理なお願いをしてしまって [198p]

갑자기 무리한 부탁을 드려서 죄송합니다

第7課

さあさあ、乾杯しましょう [234p]

자, 자, 건배합시다

참고문헌 일람 −278p

登場人物

田中(たなか)大介(だいすけ)

☞ 東京(とうきょう)商事(しょうじ)海外(かいがい)営業部(えいぎょうぶ)第1課(だいいっか)勤務(きんむ)。33歳(さんじゅうさんさい)。この年(とし)になっても未(いま)だに万年(まんねん)係長(かかりちょう)。入社(にゅうしゃ)同期(どうき)のみんなにおいていかれ、まだ結婚(けっこん)できずに売(う)れ残(のこ)っている。性格(せいかく)が真面目(まじめ)すぎて仕事(しごと)やお見合(みあ)いで裏目(うらめ)に出(で)ることが多々(たた)ある。課長(かちょう)と部下(ぶか)にサンドイッチにされ、普段(ふだん)は平静(へいせい)を装(よそお)いながらも、心(こころ)の奥底(おくそこ)ではさまざまな鬱憤(うっぷん)をかかえている。日本(にほん)の代表的(だいひょうてき)なサラリーマンといえるかもしれない。酒(さけ)には目(め)がなく、めっぽう強(つよ)い。また悪酔(わるよ)いしやすく、普段(ふだん)ためておいた鬱憤(うっぷん)が爆発(ばくはつ)してしまう。社内(しゃない)の斎藤(さいとう)にいつもいじめられているが、年(とし)の差(さ)はあるものの、いつの日(ひ)からか密(ひそ)かに恋心(こいごころ)を寄(よ)せている。

李京玟(イーキョンミン)

☞ ソウル商社(しょうしゃ)国際(こくさい)営業(えいぎょう)チーム課長(かちょう)代理(だいり)。33歳(さんじゅうさんさい)。会社(かいしゃ)では頭(あたま)がきれ、実力派(じつりょくは)でエリート街道(かいどう)まっしぐらのバリバリ働(はたら)く妻子(さいし)持(も)ち。しかし、いざ家(いえ)に帰(かえ)れば妻(つま)の尻(しり)にしかれていて、嬶天下(かかあでんか)である。日本(にほん)にはまだ一度(いちど)も行(い)ったことがなく、誰(だれ)に習(なら)ったか、日本語(にほんご)が達者(たっしゃ)である。酒(さけ)は下戸(げこ)ではないが、あまり強(つよ)いほうではない。日本(にほん)への感心(かんしん)は人一倍(ひといちばい)強(つよ)く、将来(しょうらい)は日本(にほん)への赴任(ふにん)を希望(きぼう)している。

渡部(わたなべ)浩(ひろし)

☞ 東京(とうきょう)商事(しょうじ)海外(かいがい)営業部(えいぎょうぶ)第1課(だいいっか)課長(かちょう)。47歳(よんじゅうななさい)。田中(たなか)の上司(じょうし)で部長(ぶちょう)の席(せき)を虎視眈々(こしたんたん)と狙(ねら)っている。語学(ごがく)<英語(えいご)>に堪能(たんのう)で、統率力(とうそつりょく)に優(すぐ)れ、海外(かいがい)営業(えいぎょう)の手腕(しゅわん)をいかんなく発揮(はっき)している。また根回(ねまわ)しも抜(ぬ)かりはない。しかし、いつ部下(ぶか)の田中(たなか)と一緒(いっしょ)に首(くび)になるか、わからないのが不安(ふあん)の種(たね)。また、目(め)に入(い)れても痛(いた)くない一人娘(ひとりむすめ)をもち、家(いえ)では亭主(ていしゅ)関白(かんぱく)である。

斉藤(さいとう)圭子(けいこ)

☞ お茶(ちゃ)の水(みず)女子大(じょしだい)卒(そつ)。総務(そうむ)本部(ほんぶ)勤務(きんむ)。23歳(にじゅうさんさい)。オテンバで3K(きつい・汚(きたな)い・くさい)を嫌(きら)う新人類(しんじんるい)系(けい)社員(しゃいん)。入社(にゅうしゃ)以来(いらい)、社内(しゃない)で人気者(にんきもの)になり、男性(だんせい)社員(しゃいん)の注目(ちゅうもく)の的(まと)に。言葉(ことば)にトゲがあるが、それが人気(にんき)の秘密(ひみつ)らしい。仕事(しごと)は要領(ようりょう)よくうまくこなし、むだがない。男性(だんせい)社員(しゃいん)いびりが性(しょう)にあっているらしい。明(あか)るい性格(せいかく)が社内(しゃない)の雰囲気(ふんいき)を盛(も)り上(あ)げている。

등 장 인 물

다나카 다이스케

도쿄상사 해외영업 제1과 근무. 33세. 이 나이가 되어도 아직도 만년 계장. 승진에서는 입사 동기들에게 뒤쳐지고, 아직도 결혼을 하지 못하고 있다. 성격이 너무 고지식해서 일이나 맞선에서 기대에 어긋나는 결과가 많이 생긴다. 과장과 부하 직원 사이에 억눌려 평상시는 평온함을 보이지만 마음 속 깊은 곳에서는 갖가지 울분을 안고 있다. 일본의 대표적인 샐러리맨이라고 할 수 있을지 모른다. 술에는 사족을 못쓰고 주량도 엄청나다. 또 술을 마시면 주사가 있어 평상시 쌓아 두었던 울분을 폭발한다. 같은 회사 내의 사이토에게 언제나 '이지메'당하고 있지만, 한편으로 나이 차도 있으면서도 언제부터인가 은근히 연정을 보내고 있다.

이경민

서울상사 국제영업팀 과장 대리. 33세. 회사에서는 머리가 잘 돌아가는 실력파로서 출세 가도를 질주하고 있고 일도 열심히 한다. 처자가 있음. 그러나 막상 집에 돌아가면 엄처시하이어서 부인에게 꼼짝도 못한다. 일본에는 아직 한 번도 가본 적이 없지만, 누구에게 배웠는지 일본어를 잘한다. 술은 못하지는 않지만 그리 강한 편도 아니다. 일본에 대한 관심은 남보다 갑절이나 많고 장차 일본 부임을 희망하고 있다.

등장인물

와타나베 히로시

도쿄상사 해외영업 제1과 과장. 47세. 다나카의 상사로 부장 자리를 호시탐탐 노리고 있다. 어학〈영어〉를 능숙하게 하고 통솔력이 뛰어나 해외영업의 수완을 유감 없이 발휘하고 있다. 또한 다른 부서와의 의견조정 등에 있어서도 실수가 없다. 그러나 언제 부하인 다나카와 함께 해고당할지 모르는 것이 불안거리이다. 그리고 눈에 넣어도 아프지 않을 정도로 귀여워하는 외동딸이 있고 집에서는 호랑이 남편이다.

사이토 케이코

"오차노미즈" 여자대학 졸업. 총무본부 근무. 23세. 말괄량이로 "3k(힘들다·더럽다·냄새나다)"를 싫어하는 신인류 계열의 사원. 입사 이후 사내에서 인기를 얻어, 남성 사원들의 주목의 대상이 되고 있다. 말에는 가시가 돋쳐 있는데, 그것이 오히려 인기의 비결인 것 같다. 일은 요령 있게 잘 소화해 내고 시간을 헛되게 보내지 않는다. 남성 사원들을 구박하는 것이 천성에 맞는 것 같다. 밝은 성격이 사내의 분위기를 띄우고 있다.

第 1 課

お食事は何になさいますか

식사는 무엇으로 하시겠습니까

第1課

お食事は何になさいますか
식사는 무엇으로 하시겠습니까?

회화 본문

渡辺 : 李(イー)さん、[1]お食事(しょくじ)は何(なに)になさいますか。[2]どんぶり物(もの)、麺類(めんるい)、とんかつ、しゃぶしゃぶ、すき焼(や)きといろいろありますが。

李 : そうですね。日本(にほん)のビジネスマンが普通(ふつう)とっている食事(しょくじ)をしてみたいんですが。

渡辺 : なるほどね。そうですね。あれなんかどうでしょうかね。

李 : はっ、[3]あれとおっしゃいますと……。

渡辺 : [4]お口(くち)に合(あ)うかどうかわかりませんが、本場(ほんば)のインドカレーのおいしい店(みせ)があるんです。

李 : インドカレー、ですか。

渡辺 : [5]ありきたりのものと[6]考(かんが)えがちですが、[7]ものは試(ため)しと思(おも)っていってみましょう。

[カレーを食(た)べ終(お)わってから]

李 : いやー、おいしかったです。本場(ほんば)のインドカレーって肉(にく)が入(はい)っていないんですね。

渡辺 : 本場(ほんば)のカレーは豆類(まめるい)などの穀物(こくもつ)が主(おも)な具(ぐ)なんです。

李 ：我々(われわれ)が一般的(いっぱんてき)に食(た)べているカレーはアレンジされた物(もの)で本場(ほんば)のカレーではないんですね。

渡辺：そうです。[8]**さすが**李(イー)さんは頭(あたま)の回転(かいてん)が早(はや)いですね

와타나베 : 이경민 씨, 식사는 무엇으로 하시겠습니까? 덮밥 종류, 면류, 돈까스, 샤브샤브, 전골 등 여러 가지 있습니다만.

이경민 : 음. 일본의 샐러리맨들이 보통 먹는 식사를 해 보고 싶은데요.

와타나베 : 아, 역시 그렇군요. 글쎄요? 이런 것 같은 것은 어떨까요?

이경민 : 넷, 이런 것이라고 하시면 [어떤 것을 말씀하시는 겁니까?]

와타나베 : 입에 맞으실지 어떨지 모르겠습니다만, 본 고장의 인도 카레를 잘 하는 맛있는 가게가 있습니다.

이경민 : 인도 카레 말입니까?

와타나베 : 별 거 아닌 것이라고 생각하기 쉽습니다만, 무슨 일이든 한 번 해 보는 것이 좋다고 하니 가 봅시다.

[카레를 다 먹고 나서]

와타나베 : 정말 맛있었습니다. 본 고장의 인도 카레는 고기가 안 들어가 있군요.

와타나베 : 본 고장의 카레는 콩 종류 등의 곡물이 주된 내용물입니다.

이경민 : 우리들이 일반적으로 먹고 있는 카레는 그 나라에 맞게끔 변형시킨 것으로 본고장의 카레는 아니군요.

와타나베 : 그렇습니다. 역시 이경민 씨는 머리 회전이 빠르군요.

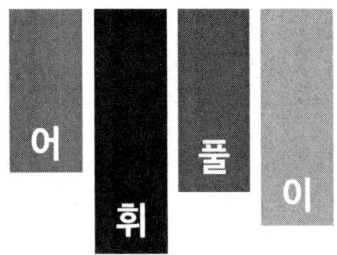

- 知(し)り合(あ)い - 아는 사이[사람]. 지인. 친지.
- お食事(しょくじ) - 식사 :「お食事(しょくじ)」의「お」는 존경어.
- [何(なに)に]なさいますか - [무엇으로] 하시겠습니까 :「なさる」는「する」의 존경어
- どんぶり物(もの) - 덮밥 종류
- 麺類(めんるい) - 면류
- とんかつ - 돈까쓰
- しゃぶしゃぶ - 샤브샤브
- すき焼(や)き - 전골
- ビジネスマン - 비즈니스맨
- 普通(ふつう) - 보통
- あれなんかどうでしょうかね - 이런 것 같은 것은 어떨까요 :「あれ」는 문맥지시 용법
- [あれ]とおっしゃいますと - [이런 것]이라고 하시면
- お口(くち)に合(あ)う - 입에 맞으시다 :「口(くち)に合(あ)う」의 존경
- [お口(くち)に合(あ)う]かどうか - [입에 맞으실]지 어떨지
- 本場(ほんば) - 본 고장
- インドカレ - 인도 카레
- ありきたり - 흔히 있는 것 / 흔해 빠진 것 / 진부한 것
- [考(かんが)え]がちだ - [생각하]기 십상이다 : 체언이나 동사의 연용형에 붙어 그러한 경향·상태가 많음을 나타내는 접미사.
- ものは試(ため)し - 일은 해 보아야 안다 / 해 보는 것이 좋다
- 食(た)べ終(お)わる - 다 먹다 :「～終(お)わる」는 종료상을 나타내는 복합동사의 후항동사

- 豆類(まめるい) – 콩 종류
- 穀物(こくもつ) – 곡물
- 主(おも)な – 주된
- 具(ぐ) – 건더기 / 속
- 我々(われわれ) – 우리들
- 一般的(いっぱんてき)に – 일반적으로
- アレンジする – 배열하다 / 배치하다 / 편집하다 ←「アレンジ(arrange)」
- アレンジされる – [그 나라에 맞게끔] 변형되다
- さすが – 역시
- 頭(あたま)の回転(かいてん)が早(はや)い – 머리 회전이 빠르다

중요 어구 해설

[1] お食事は何になさいますか

□「なさる」:「する」의 존경어

본문의「お食事(しょくじ)は何(なに)になさいますか」는「식사는 무엇으로 하시겠습니까」의 뜻으로「なさる」는「する」의 특정형 존경어로 일반형의「される」보다 경의도가 높다. 그리고「なさる」는 특수활용을 하는 5단동사로서 연용형과 명령형은「なさい」가 된다.

1. 특수활용을 하는 존경어

보통어	존경어	정중형	명령형
する : 하다	なさる : 주시다	なさいます : 하십니다	なさい : 해요
行(い)く : 가다 来(く)る : 오다 いる : 있다	いらっしゃる : 가시다 / 오시다 / 계시다	いらっしゃいます : 가십니다 / 오십니다 / 계십니다	いらっしゃい : 가요 / 와요 / 있어요
言(い)う : 말하다	おっしゃる : 말씀하시다	おっしゃいます : 말씀하십니다	おっしゃい : 말해요
くれる : 주다	くださる : 주시다	くださいます : 주십니다	ください : 주세요

※「なさい・いらっしゃい・おっしゃい・ください」와 같은 경어동사의 명령형은 경의도가 떨어지기 때문에 경어적 상위자에게 사용하고자 할 때는「なさいませ・いらっしゃいませ・おっしゃいませ・くださいませ」와 같이 정중의 조동사「ます」의 명령형「ませ」를 후접한다.

2.「なさる」

「なさる」의 예를 활용형별로 들면 다음과 같다.

2-1「なさる」

> 例　会社(かいしゃ)をおやめになって、今後(こんご)どうなさるおつもりでしょうか。
> (회사를 그만두시고 앞으로 어떻게 하실 생각이신가요?)
>
> これはかなり困難(こんなん)な仕事(しごと)だと存(ぞん)じますが、お一人(ひとり)でなさるおつもりですか。
> (이것은 상당히 곤란한 일이라고 사료됩니다만, 혼자서 하실 생각이십니까?)
>
> A:田中(たなか)さんは仕事(しごと)ができるから、こうして海外(かいがい)出張(しゅっちょう)までなさるんでしょう。
> (다나카 씨는 일을 잘 하니까, 이렇게 해외출장까지 하시는 것이지요?)
> B:いえ、たまたま行(い)ける人(ひと)がいなくて私(わたし)になっただけですよ。
> (아뇨, 우연히 갈 사람이 없어서 제가 됐을 뿐이에요.)

2-2「なさらない」

> 例　よそよそしい態度(たいど)をとっていたことに驚(おどろ)きはなさらないでしょう。
> (쌀쌀한 태도를 취하고 있던 것에 놀라거나 하시지 않겠지요.)
>
> 特(とく)に、佐久間(さくま)研究室(けんきゅうしつ)のみなさんは、よほど汚(よご)れでもしなければ、白衣(はくい)を新調(しんちょう)なんかなさらない。
> (특히 사쿠마 연구실의 여러분은 어지간히 더럽지도 않으면 흰옷을 새로 맞추는 것은 하시지 않는다.)
>
> 「なぜあなたは、一番(いちばん)自然(しぜん)と思(おも)われることをなさらないのかしら?」と彼(かれ)に尋(たず)ねた。
> (『왜 당신은 가장 자연스럽게 생각되는 것을 하시지 않아요?』라고 그에게 물었다.)

しかし、美智子(みちこ)さまは、真面目(まじめ)な努力家(どりょくか)でいらした。何事(なにごと)をなさるにも、手抜(てぬ)きをなさらない方(かた)だった。
(그러나 미치코 님은 성실한 노력가이셨다. 어떤 일을 하시는 데에 있어서도 건성으로 하시지 않는 분이었다.)

「ところであなたは母乳(ぼにゅう)育児(いくじ)をなさるご予定(よてい)ですか、それともなさらないご予定(よてい)ですか」
(그런데 당신은 모유 육아를 하실 예정입니까? 그렇지 않으면 하지 않으실 예정입니까?)

まだお若(わか)くていらっしゃるのに、なぜ再婚(さいこん)なさらないのかと不思議(ふしぎ)なのです」
(아직 젊으신데 왜 재혼하시지 않는 것일까 이상합니다.)

これは、あなた方(がた)が大切(たいせつ)になさらないといけないことです。
(이것은 당신들이 소중하게 하시지 않으면 안 되는 일입니다.)

彼女(かのじょ)のすぐ鼻先(はなさき)で、あんまり親(した)しげにわたしとだけ話(はな)し込(こ)んだりなさらないほうがいいんじゃないかと思(おも)うけど。
(그녀의 바로 눈앞에서 너무 친밀하게 나하고만 이야기에 열중하거나 하시지 않는 것이 좋지 않을까 생각하는데.)

くれぐれも誤解(ごかい)なさらないでほしいのですが。
(아무쪼록 오해하시지 않았으면 합니다만.)

いえいえ、お気(き)になさらないでください。そのカードにある内容(ないよう)は、信用(しんよう)情報(じょうほう)ごとすべてあなたのものです。
(아니에요, 걱정하시지 마세요. 그 카드에 있는 내용은 신용정보 통째 모든 것이 당신 것입니다.)

だらだらと長引(ながび)くことがあるので、あまり無理(むり)をなさらないように…。とのことでした。
(질질 오래 끄는 일이 있어 너무 무리 하시지 않도록 하라는 것이었습니다.)

このことは誰(だれ)にも口外(こうがい)なさらないでね。それから今(いま)ここでは何(なに)もおっしゃらないで。
(이 일은 누구에게도 말하지 마세요. 그리고 지금 여기에서는 아무 말씀도 하지 마세요.)

> 「島村(しまむら)さんだけじゃないんですから、まあ、あんまりがっかりなさらないように…」と言(い)って、松浦(まつうら)はあっさりと帰(かえ)って行(い)った。
> (『시마무라 씨만 아니니까, 자 너무 실망하시지 않도록 하세요.』라고 하고 마쓰우라는 깨끗이 돌아갔다.)

2-3 「なさらず」

> **例** 業務(ぎょうむ)の円滑化(えんかつか)のためにも、そして奥様(おくさま)が不愉快(ふゆかい)な思(おも)いをなさらず保険金(ほけんきん)を受(う)け取(と)るためにも、何(なに)か隠(かく)していることがおありでしたら正直(しょうじき)にお話(はな)ししていただけませんでしょうか。
> (업무의 원활화를 위해서도 그리고 사모님께서 불쾌한 생각을 하시지 않고 보험금을 수령하기 위해서도 무엇인가 감추고 있는 일이 있으시면 솔직히 말씀해 주시지 않겠습니까?)
>
> 皆(みな)さん、ようこそ、という挨拶(あいさつ)から始(はじ)まって、そんな悲(かな)しい顔(かお)をなさらずに、さあ家族(かぞく)の者(もの)はお酒(さけ)をお出(だ)ししなさい、
> (여러분 잘 오셨습니다 라는 인사에서 시작해서 그런 슬픈 얼굴을 하지 마시고자, 집안사람들은 술을 내와요.)

2-4 「なさいます」

> **例** 社長(しゃちょう)は休日(きゅうじつ)にはたいていゴルフをなさいます。
> (사장님은 휴일에는 대개 골프를 하십니다.)
>
> 店員(てんいん)：返却(へんきゃく)はいつになさいますか?
> 점원 : (반납은 언제로 하시겠습니까?)
>
> タバコが高(たか)くなりますね。愛煙家(あいえんか)の皆様(みなさま)はどうなさいますか?
> (담배 값이 비싸지네요. 애연가 여러분들께서는 어떻게 하십니까?)

> お食事(しょくじ)になさいますか？ それとも、お風呂(ふろ)になさいますか？
> (식사를 먼저 드시겠습니까? 그렇지 않으면 목욕을 먼저 하시겠습니까?)
> ふつう、お昼(ひる)は何(なに)になさいますか。
> (보통 점심은 무엇으로 하십니까?)
> お茶(ちゃ)とコーラ、どちらになさいます？
> (차와 콜라 중에서 어느 쪽으로 하시겠습니까?)
> お飲(の)み物(もの)は何(なに)になさいますか？
> (음료는 무엇으로 하시겠습니까?)
> おうどんとおそばどちらになさいますか？
> (우동과 메밀국수 중에서 어느 쪽으로 하시겠습니까?)

2-5 「なさいません」

> **例** そのときも通訳(つうやく)をしましたが、もとより政治(せいじ)の話(はなし)は一切(いっさい)なさいません。
> (그 때는 통역을 했습니다만, 원래부터 정치 이야기는 일체 하시지 않습니다.)
> 今度(こんど)のご宿泊(しゅくはく)ですが、もう奥様(おくさま)もご主人(しゅじん)に荷物(にもつ)を持(も)たせようとなさいません。
> (이번 숙박입니다만, 사모님께서도 더 이상 남편 분에게 짐을 들게 하려고 하시지 않습니다.)
> 忘(わす)れ物(もの)をなさいませんよう、お気(き)をつけください。
> (짐을 잊고 내리시지 않도록 주의하십시오.)
> くれぐれもメールに返信(へんしん)したり、貼(は)ってあるＵＲＬを踏(ふ)んだりなさいませんように。
> (아무쪼록 메일에 회신하거나 붙여 있는 ＵＲＬ을 밟거나 하시지 않도록 부탁 드립니다.)

2-6 「なさって」

> **例** 「小学校(しょうがっこう)の先生(せんせい)をなさっていたお姉(ねえ)さんでしたね、…私(わたくし)どもより五(いつ)つか六(むっ)つ年上(としうえ)の」
> (초등학교 선생을 하고 계시던 누나였지요? 저희들보다 다섯 살이나 여섯 살 연상의)

「編集長(へんしゅうちょう)のこと、見損(みそこ)ないました。とっても素敵(すてき)な雑誌(ざっし)の編集長(へんしゅうちょう)をなさっているのに、考(かんが)えておられることが、現実的(げんじつてき)すぎます。」
(『편집장을 잘못 봤습니다. 무척 멋진 잡지의 편집장을 하고 계신데 생각하고 계신 것이 너무 현실적입니다.』)
みなさん、びっくりした顔(かお)をなさっていました。
(여러분 깜짝 놀란 얼굴을 하고 계셨습니다.)

2-7 「なさった」

例
逃(に)げるよりも、お父様(とうさま)とお話(はな)し合(あ)いをなさった方(ほう)がよろしいと思(おも)いますよ。
(도망치는 것보다도 아버님과 대화를 하시는 것이 좋을 거라고 생각합니다.)
私(わたし)の知(し)っているある学校(がっこう)で、たまたまそういう考(かんが)え方(かた)をなさった人(ひと)が公立(こうりつ)の、学校(がっこう)の校長(こうちょう)先生(せんせい)になって、かなり目覚(めざ)ましい仕事(しごと)をされました。
(내가 알고 있는 어떤 학교에서 우연히 그런 생각을 하신 사람이 공립 학교의 교장 선생님이 되어서 상당히 눈부신 일을 하셨습니다.)
「あなたはこれまでにいろいろ面白(おもしろ)い経験(けいけん)をなさったのでしょう。」
(『당신은 지금까지 여러 가지 재미있는 경험을 하셨지요?』)
大臣(だいじん)がモスクワで特派員(とくはいん)の数(かず)について外相(がいしょう)同士(どうし)の会談(かいだん)をなさったというふうに聞(き)いております。
(대신이 모스크바에서 특파원 수에 관해 외상끼리 회담을 하셨다는 식으로 듣고 있습니다.)

2-8「なされば」

> **例**
>
> それだけに、人事院(じんじいん)が勧告(かんこく)をなされば、政府(せいふ)としてはそれを最大限(さいだいげん)に尊重(そんちょう)しまして、完全実施(かんぜんじっし)に向(む)けて国政(こくせい)全般(ぜんぱん)との関連(かんれん)の中(なか)においてやっていきたい、こう考(かんが)えておるわけでございます。
> (그러니 만큼 인사원이 권고를 하시면 정부로서는 그것을 최대한 존중해서 완전 실시를 향해 국정 전반과의 관련 속에 두고 해 나갔으면 좋다겠고 이렇게 생각하고 있는 것입니다.)

2-9「なさい」

> **例**
>
> さあ、早(はや)く家(うち)にもどって、自分(じぶん)の仕事(しごと)をなさい。
> (자, 빨리 집에 돌아가서 자기 일을 해요.)
> 恋(こい)をなさい。そして男(おとこ)というものを知(し)りなさい。
> (사랑을 해요. 그리고 남자라는 것을 알아요.)

2-10「なさいませ」

> **例**
>
> [信(しん)じなさる → 信じなさい → 信じなさい・ませ]
> わたしと結(むす)びついている人(ひと)のためにも、それを望(のぞ)んでおりますこと、信(しん)じなさいませ。それは今(いま)でも彼(かれ)と分(わ)かち合(あ)ってゆきたいと思(おも)っております幸福(こうふく)です
> (나와 맺어진 사람들을 위해서도 그것을 바라고 있는 것을 믿으셔요. 그것은 지금도 그와 함께 나누며 나가고 싶어 하는 행복입니다.)
> [ごらんなさる → ごらんなさい → ごらんなさい・ませ]
> とにかく、一度(いちど)口(くち)にしてごらんなさいませ。食(た)べて死(し)ぬようなことはございませぬから。
> (여하튼 한번 먹어 보십시오. 먹고 죽는 그런 일은 없으니까요.)

[おしまいなさる → おしまいなさい → おしまいなさい・まぜ]

人民(じんみん)は陛下(へいか)に嫌疑(けんぎ)をかけております。その嫌疑(けんぎ)をべつの方向(ほうこう)へそらしておしまいなさいませ。

(인민은 폐하에게 혐의를 두고 있습니다. 그 혐의를 다른 방향에 돌려 버리십시오.)

[お聞(き)きなさる → お聞きなさい → お聞きなさい・ませ]

先日(せんじつ)わたしが申(もう)し上(あ)げましたことと、全(まった)く同(おな)じことが起(お)こりましたのを、お聞(き)きなさいませ。

(지난 번 제가 말씀드린 것과 아주 똑같은 일이 일어난 것을 들으십시오.)

[お断(ことわ)りなさる → お断りなさい → お断りなさい・ませ]

いまからでも遅(おそ)くありません、お断(ことわ)りなさいませ。

(지금부터라도 늦지 않습니다. 거절하십시오.)

[お帰(かえ)りなさる → お帰りなさい → お帰りなさい・ませ]

お静(しず)かにお帰(かえ)りなさいませ。

(조용히 돌아가십시오.)

[おやすみなさる → おやすみなさい → おやすみなさい・ませ]

「楽(たの)しみにしておりましてよ。それでは、おやすみなさいませ」

(학수고대하고 있었습니다. 그럼 안녕히 주무십시오.)

2-11 「なさいまし」

例 [なさる → なさい → なさい・まし]

「女(おんな)遊(あそ)びも結構(けっこう)ですが、ほどほどになさいまし。あなたは、この国(くに)にとって、とても大事(だいじ)な方(かた)なのですから」

(『여자와 즐기는 것도 좋습니다만 적당히 하십시오. 당신은 이 나라에 무척 중요한 분이니까요.』)

[お休(やす)みなさる → お休みなさい → お休みなさい・まし]

ともかく客間(きゃくま)の方(ほう)へ行(い)ってお休(やす)みなさいまし。お話(はなし)はまたあとでゆっくり伺(うかが)いましょう。

(여하튼 손님방에 가서 쉬십시오. 말씀은 다시 나중에 천천히 듣겠습니다.)

[おいでなさる → おいでなさい → おいでなさい・ませ]

「さあさあ、お嬢(じょう)さん、こちらへおいでなさいまし。」

(「자, 자, 아가씨 이쪽으로 오십시오.」)

□「한어동사(漢語動詞) + なさる」:「한어동사 + する」의 존경표현

「なさる」는「勉強(べんきょう)する[공부하다] → 勉強(べんきょう)なさる[공부하시다]」와 같이 형식동사「する」를「なさる」로 교체함으로써 한어동사의 존경어로 쓰인다. 그리고「勉強(べんきょう)する[공부하다] → 勉強(べんきょう)される[공부하시다]」와 같이「する」의 존경어로는 일반형인「される」도 쓰이는데「なさる」가「される」에 비해 경의도가 높다.

例
早(はや)く解決(かいけつ)なさるといいですね。参考(さんこう)にはならないかもしれませんが。
(빨리 해결하시면 좋겠네요. 참고는 안 될지도 모르지만.)

いま厚生省(こうせいしょう)の調査(ちょうさ)というお話(はなし)がございましたが、これはいつごろに完了(かんりょう)なさる予定(よてい)なんでしょうか。
(지금 후생성 조사라는 이야기가 있었습니다만, 이것은 언제쯤 완료하실 예정인가요?)

今日(きょう)ご参加(さんか)の皆様(みなさま)がどういうご議論(ぎろん)を展開(てんかい)なさるかということは私(わたし)も大(おお)いに期待(きたい)をさせていただいているのですけれども。
(오늘 참가하신 여러분께서 어떤 논의를 전개하실 것인가에 대해서는 저도 크게 기대를 하고 있습니다만.)

さあ、みなさん、そう緊張(きんちょう)なさらないで。
(자, 여러분, 그렇게 긴장하지 마시고.)

A : 社長(しゃちょう)はご出席(しゅっせき)になるんでしょうか。
   (사장님은 출석하시나요?)
B : いいえ、当日(とうじつ)はご都合(つごう)が悪(わる)くて、欠席(けっせき)なさるそうです。
   (아니오, 그 날은 사정이 여의치 못해서 결석하신다고 합니다.)

「あなたは本当(ほんとう)に思(おも)いやりがある方(かた)だわ。謙遜(けんそん)なさらないで。人(ひと)にやさしくすることで、お父上(ちちうえ)の過(あやま)ちを埋(う)め合(あ)わせようとなさっている」
(당신은 정말 남을 배려하는 분이군요. 겸손해하지 마세요. 남에게 상냥하게 함으로써 아버님의 잘못을 메우려고 하시고 있다.)

「心配(しんぱい)なさることはありませんわ。彼(かれ)なら大丈夫(だいじょうぶ)です」
(「걱정하실 것은 없어요. 그 사람이라면 괜찮습니다」)

あそこで宿泊(しゅくはく)なさるなら、追加(ついか)料金(りょうきん)を払(はら)ってでも滝側(たきがわ)風景(ふうけい)部屋(へや)をお取(と)りになる事(こと)をお奨(すす)めします。
(거기에서 숙박하실 생각이라면 추가요금을 지불해서라도 폭포 쪽 풍경 좋은 방을 잡으시는 것을 권해 드립니다.)

どうしても気(き)になるのでしたら、心療(しんりょう)内科(ないか)を受診(じゅしん)なさるのがよいと思(おも)います。
(아무리 해도 걱정이 되면 심료내과(심리적 작용으로 내과 질환을 치료하는 곳)에서 진료를 받으시는 것이 좋다고 생각합니다.)

「お父様(とうさま)、これから出発(しゅっぱつ)なさるんですか」
(「아버님, 이제부터 출발하실 것입니까?」)

ご両親(りょうしん)や学校(がっこう)の先生方(せんせいがた)は注意(ちゅうい)なさらないのでしょうか?? 私(わたし)の中高生(ちゅうこうせい)の頃(ころ)は、長(なが)いスカートがはやっている時代(じだい)でした。
(부모님이나 학교 선생님들께서는 주의하시지 않으십니까? 제가 중고생였을 때는 긴 스커트가 유행하고 있는 시대였습니다.)

A:「本当(ほんとう)はあいつら、国賊(こくぞく)だね」
 (「정말 그 녀석들은 매국노야」)
B:「まあまあ、そう飛躍(ひやく)なさらないで」
 (「아니, 뭐 그렇게 비약하지 마세요」)

この方(かた)が答弁(とうべん)なさっているんですが、その事実(じじつ)は否定(ひてい)なさらないで、こういう答弁(とうべん)をなさっているんですよ。
(이 분께서 답변하고 계십니다만, 그 사실은 부정하시지 않고 이런 답변을 하시고 있어요.)
なるほど、彼(かれ)が生(い)きていることは否定(ひてい)なさらないわけですね。
(음, 그가 살아 있는 것을 부정하시지 않는 것이군요.)
例(れい)の件(けん)はいつ部長(ぶちょう)に報告(ほうこく)なさるんですか。
(그 일은 언제 부장님께 보고하실 것입니까?)
ホテルはもう予約(よやく)なさいましたか。
(호텔은 이미 예약하셨습니까?)
まったくいい神父(しんぷ)さんだ。だから金(かね)を要求(ようきゅう)なさらないんですね?
(정말 좋은 신부님이야. 그러니까 돈을 요구하시지 않는 것이군.)

ロ「お・ご～なさる」: 존경표현

「お読(よ)みなさる : 읽으시다」「ご帰宅(きたく)なさる : 댁에 돌아가시다」와 같은「お・ご～なさる」에 의한 존경표현은「お・ご～になる」에 비해 경의도(敬意度)는 높으나 고풍(古風)스러운 느낌을 수반한다. 현재 한어동사의 경우에는 격식을 요구하는 자리나 문장체 표현에서는 여전히 많이 사용되고 있으나, 고유어 계열의 동사에서는 그 사용이 점차 감소되고 있다.

그리고 한어동사의 경우에는「質問(しつもん)する[질문하다] → 質問なさる[질문하시다]」,「利用(りよう)する[이용하다] → 利用なさる[이용하시다]」와 같이「する」의 존경어인「なさる」를 이용한 존경표현이 간편성으로 인하여 널리 사용되고 있다.

> **例** 記念品(きねんひん)はお受(う)け取(と)りなさいましたか。
> (기념품은 받으셨습니까?)
> 公爵(こうしゃく)はたいへんおもしろくご自分(じぶん)の病的(びょうてき)な場合(ばあい)をお話(はな)しなさいましたわ。
> (공작께서는 대단히 재미있게 자신의 병적인 경우를 이야기하셨어요.)
> ヒトラー総統(そうとう)は決(けっ)して閣下(かっか)をお許(ゆる)しなさらないでしょう。

(히틀러 총통은 결코 각하를 용서하지 않으시겠지요.)
この様子(ようす)を見聞(みき)きした人(ひと)は彼(かれ)をほめたたえ、「この方(かた)はただの人(ひと)ではおありなさらない」と思(おも)ったことであった。
(이 모습을 보고 들은 사람들은 그를 칭송하고「이 분은 그냥 보통 사람이 아니시다」고 생각했던 것이었다.)
あたしたちのことは、どうかご心配(しんぱい)なさらないでください。引(ひ)っ越(こ)しには馴(な)れていますし、なんとかなりますわ。
(우리들에 관한 것은 부디 걱정하지 마세요. 이사에는 익숙해져 있으니 어떻게든 됩니다.)
ご結婚(けっこん)なさるっていうお話(はなし)、たしかに聞(き)いたと思(おも)うけれど。
(결혼하신다는 이야기, 아마 틀림없이 들었던 것 같은데.)
終(お)わってないのですから。当然(とうぜん)じゃありませんか。ご質問(しつもん)なさることもないんじゃないでしょうかね。
(끝나지도 않았으니까. 당연하지 않습니까? 질문하실 것도 없지 않을까요?)
大蔵大臣(おおくらだいじん)、午前中(ごぜんちゅう)から長時間(ちょうじかん)ご苦労(くろう)さまでございます。余(あま)り大臣(だいじん)がご答弁(とうべん)なさらないので、一(ひと)つご答弁(とうべん)していただける質問(しつもん)をつくりましたので、お答(こた)えいただきたいと思(おも)います。
(재무대신, 오전 중부터 장시간 고생이 많으십니다. 대신께서 너무 답변하시지 않아서 하나 답변하실 질문을 만들었으니 대답해 주셨으면 합니다.)
課長(かちょう)、今日(きょう)の展示会(てんじかい)、お客様(きゃくさま)はご満足(まんぞく)なさいましたでしょうか。
(과장님, 오늘 전시회, 손님들께서는 만족하셨을까요?)

A : 田中(たなか)さん、ご理解(りかい)なさいましたでしょうか。
　　(다나카 씨, 이해하셨습니까?)
B : いやあ、納得(なっとく)できないな。どうしても。
　　(아뇨, 아무리해도 납득할 수 없는데.)

[2] どんぶり物、麺類、とんかつ、しゃぶしゃぶ、すき焼き

□ 일본 음식에 관한 표현

일본 음식에 관련된 용어를 정리해 보면 다음과 같다.

和食(わしょく) : 일식
ご飯(はん) : 밥
おかず : 밥찬
味噌汁(みそしる) : 된장국.
漬物(つけもの) : 야채 절임(일본식 김치)
お浸(ひた)し : 일본식 나물
納豆(なっとう) : 콩의 발효 식품
刺身(さしみ) : 생선회
煮物(にもの) : 삶거나 조린 음식
寿司(すし) : 초밥
天(てん)ぷら : 튀김
すき焼(や)き : 전골
おでん : 어묵

水炊(みずた)き : 영계백숙
しゃぶしゃぶ : 샤브샤브
茶碗蒸(ちゃわんむ)し : 계란찜
うどん : 우동
そば : 메밀국수.
冷(ひ)や麦(むぎ) : 냉국수
素麺(そうめん) : 실국수
ラーメン : 라면
カツ丼(どん) : 커트릿덮밥
天丼(てんどん) : 튀김덮밥
親子丼(おやこどん) : 닭고기 계란덮밥
鰻丼(うなどん) : 장어 덮밥
鰻重(うなじゅう) : 밥 위에 장어구이를 얹은 도시락

□ 요리에 관한 표현

> **例**
> {ご飯(はん)・おこわ}を炊(た)く
> ({밥・팥밥}을 짓다)
> {ご飯(はん)・おこわ}が炊(た)ける
> ({밥・팥밥}이 되다)
> {野菜(やさい)・肉(にく)・飯(めし)}を炒(いた)める
> ({야채・고기・밥}을 볶다)
> {ご飯(はん)・肉(にく)・魚(さかな)}を焦(こ)がす

```
({밥·고기·생선}을 태우다)
{ご飯(はん)·肉(にく)·魚(さかな)}が焦(こ)げる
({밥·고기·생선}이 타다)
{野菜(やさい)·肉(にく)·魚(さかな)}を焼(や)く
({야채·고기·생선}을 굽다)
{野菜(やさい)·肉(にく)·魚(さかな)}が焼(や)ける
({야채·고기·생선}이 구워지다)
{卵(たまご)·ホウレンソウ·野菜(やさい)}を茹(ゆ)でる
({달걀·시금치·야채}를 데치다.삶다)
{卵(たまご)·ホウレンソウ·野菜(やさい)}が茹(ゆ)だる
({달걀·시금치·야채}가 데쳐지다.삶아지다)
{鶏肉(とりにく)·海老(えび)·いか·魚(さかな)·野菜(やさい)}を揚(あ)げる
({닭고기·새우·오징어·생선·야채}를 튀기다)
{鶏肉(とりにく)·海老(えび)·いか·魚(さかな)·野菜(やさい)}が揚(あ)がる
({닭고기·새우·오징어·생선·야채}가 튀겨지다)
```

[3] あれとおっしゃいますと……。

□「〜とおっしゃいますと」:「〜라고 하시면」

본문의「あれとおっしゃいますと」는「이런 것이라고 하시면」의 뜻으로 와타나베 과장이「あれなんかどうでしょうかね ; 이런 것 같은 건 어떨까요」라고 말한 것에 대해 이경민이 되묻고 있는 장면에서 쓰이고 있다.

먼저「あれ」는 화자가 어떤 사물을 화제로 삼아 청자에게 제시하는 용법 즉 문맥지시 용법으로 쓰인 것이다.

그리고「〜とおっしゃいますと」는 인용을 나타내는「〜と」에「言(い)う」의 존경어의 정중체인「おっしゃいます」와 조건을 나타내는「〜と」로 이루어진「연어:連語(れんご)」가 접속사화한 것으로「〜라고 말씀하시면 → 그러시면」과 같이 상대방의 말을 받아 이야기할 때 쓰인다.

같은 계열의 접속사에는 정중도에 따라「〜というと」,「〜といいますと」등이 있다.

> **例**   <u>というと</u>、あしたは来(こ)られないということですか。
> (그러면, 내일은 못 온다는 말입니까?)
> <u>というと</u>、ぼくの言(い)うことに何(なに)か文句(もんく)があるのかね。
> (그렇다면, 내 말에 뭐 불만이 있는 거야?)
> <u>といいますと</u>、どうしても示談(じだん)には応(おう)じないつもりなんですか。
> (그렇다면, 무슨 일이 있어도 합의에는 응하지 않을 생각입니까?)
> <u>といいますと</u>、わたしの移動(いどう)はもう決(き)まったも同然(どうぜん)なんでしょうか。
> (그러면, 제 이동은 벌써 결정된 것이나 다름없습니까?)
> <u>とおっしゃいますと</u>、検査(けんさ)の結果(けっか)は異常(いじょう)がないということでしょうか。
> (그러시면, 검사 결과는 이상이 없다는 말씀인가요?)
> <u>とおっしゃいますと</u>、今週中(こんしゅうちゅう)はどうあってもご無理(むり)だということでしょうか。
> (그러시다면, 이번 주 중에는 아무래도 무리라는 말씀인가요?)[1]

[4] お口に合うかどうかわかりませんが

□「口(くち)に合(あ)う」

「お口(くち)に合(あ)うかどうかわかりませんが」는 「입에 맞으실지 어떨지 모르겠습니다만」의 뜻으로 「口(くち)に合(あ)う」는 한국어의 「입에 맞다」에 해당하는 관용표현이고 「お口(くち)に合(あ)う」는 존경표현이다.

> **例**   今日(きょう)おうどんを作(つく)りました。<u>お口(くち)に合(あ)うかわかりませんが</u>、よかったら食(た)べてください。
> (오늘은 우동을 만들었습니다. 입에 맞으실지 모르겠습니다만, 괜찮으면 드세요.)
> <u>お口(くち)に合(あ)うか分(わ)かりませんが</u>、お召(め)し上(あ)がり頂(いただ)けると光栄(こうえい)です。
> (입에 맞으실지 모르겠습니다만, 드셔 주시면 대단히 고맙겠습니다.)

---

1) 李成圭(2000a)『東京現場日本語2』不二文化社. p.129에서 인용.

> お口(くち)に合(あ)えばよろしいのですが。
> (입에 맞으시면 좋은데요.)
> お口(くち)に合(あ)えば幸(さいわい)ですが、ご賞味(しょうみ)ください。
> (입에 맞으시면 고맙겠습니다. 상미하시기를 부탁드립니다.)
> お口(くち)には合(あ)いますまいが、よかったら召(め)し上(あ)がってください。
> (입에 안 맞으시겠지만, 괜찮으면 드십시오.)

그리고 서간문(편지문)에서 쓰인 예를 들면 다음과 같다.

> **例** お口(くち)に合(あ)いましたら幸(さいわ)いで御座(ござ)います。これからもお体(からだ)には十分(じゅうぶん)に気(き)を付(つ)けて楽(たの)しく過(す)ごしてくださいね。
> (입에 맞으시면 고맙겠습니다. 앞으로도 건강에는 각별히 신경을 써서 즐겁게 지내기를 바랍니다.)
> ほんのお歳暮(せいぼ)のしるしですから、お気兼(きが)ねなくお受(う)け取(と)りください。気持(きも)ちばかりで恐縮(きょうしゅく)ですが、お口(くち)に合(あ)いますでしょうか。
> (정말 사소한 연말 선물이니 사양하지 마시고 받아 주십시오. 별 것 아니어서 송구합니다만, 입에 맞으십니까?)

□「~かどうか」

「~かどうか」는「~か」의 강조형으로 한국어의「~인지 어떤지 / ~일지 어떨지」에 해당하는 표현인데 불확실한 판단을 나타낼 때 쓴다. 그리고「~かどうか」는「行(い)くかどうか : 갈지 어떨지」,「寒(さむ)いかどうか : 추울지 어떨지」와 같이 동사와 형용사는 종지형에 접속되고,「男(おとこ)かどうか : 남자인지 어떤지」,「便利(べんり)かどうか : 편리할지 어떨지」와 같이 명사술어나 형용동사의 경우에는 어간에 접속된다.

이하 명사술어, 형용동사, 형용사, 동사 순으로 예를 제시하면 다음과 같다.

1.「명사술어＋かどうか」

> 例　犯人(はんにん)が<u>男(おとこ)</u>かどうかまだ分(わ)からない。
> (범인이 남자인지 어떤지 아직 모른다.)
> その人(ひと)が本当(ほんとう)に<u>いい人(ひと)</u>かどうか分(わ)かりません。
> (그 사람이 정말 좋은 사람인지 어떤지 모릅니다.)

2.「형용동사＋かどうか」

> 例　あの人(ひと)のことが<u>好(す)き</u>かどうかわからなくなってきた。
> (그 사람을 좋아하는지 어떤지 알 수 없게 되었다.)
> A：京都(きょうと)市内(しない)はにぎやかですか。
> 　　(교토 시내는 번화합니까?)
> B：最近(さいきん)は、行(い)っていないから、<u>にぎやか</u>かどうか分(わ)かりません。
> 　　(요즘에는 가지 않아서 번화한지 어떤지 모르겠습니다.)

3.「형용사＋かどうか」

> 例　主婦(しゅふ)になることが<u>いい</u>かどうか分(わ)からない。
> (주부가 되는 것이 좋은지 어떤지 모르겠다.)
> 部屋(へや)が<u>広(ひろ)い</u>かどうか分(わ)からないから、まだソファーは買(か)っていません。
> (방이 넓은지 어떤지 몰라서 아직 소파는 사지 않았습니다.)
> <u>寒(さむ)い</u>かどうか分(わ)からないから、もう1枚(いちまい)服(ふく)を持(も)っていったほうがいいよ。
> (추울지 어떨지 모르니 옷을 한 벌 더 가지고 가는 게 좋아.)
> これは5万円(ごまんえん)だけど、私(わたし)には<u>安(やす)い</u>かどうか分(わ)からない。
> (이것은 5만 엔인데, 나로서는 싼지 어떤지 모르겠다.)

おいしいかどうか分(わ)からないけど、頑張(がんばっ)て作(つく)ったよ。食(た)べてみて。
(맛이 있을지 어떨지 모르지만, 열심히 만들었어. 먹어 봐.)

明日(あした)のテストは難(むずか)しいかどうか分(わ)かりませんから、ちゃんと勉強(べんきょう)しておくつもりです。
(내일 시험은 어려울지 어떨지 몰라서 제대로 공부해 둘 생각입니다.)

4. 「동사 + かどうか」

> 来年(らいねん)アメリカに行(い)くかどうかまだ決(き)まっていません。
> (내년에 미국에 갈지 어떨지 아직 정해지지 않았습니다.)
>
> 明日(あした)、晴(は)れるかどうか知(し)ってますか。
> (내일 갤지 어떨지 압니까?)
>
> 彼(かれ)と別(わか)れるかどうかについて話(はな)し合(あ)った。
> (그와 헤어질지 어떨지에 관해 대화를 나누었다.)
>
> 彼女(かのじょ)がパーティーに来(く)るかどうか分(わ)からない。
> (그녀가 파티에 올지 어떨지 모르겠다.)
>
> 好(す)きなチームが、今日(きょう)の試合(しあい)で勝(か)ったかどうか、まだわからない。
> (좋아하는 팀이 오늘 시합에서 이겼는지 어떤지 아직 모른다.)
>
> 今日(きょう)、スーパーが開(あ)いてるかどうか知(し)ってる?
> (오늘 슈퍼가 열려 있는지 어떤지 알어?)
>
> あと1週間(いっしゅうかん)後(ご)は桜(さくら)の花(はな)が残(のこ)っているかどうか分(わ)かりません。
> (앞으로 1주일 후에 벚꽃이 남아 있을지 어떨지 알 수 없습니다.)
>
> 雨(あめ)が降(ふ)ってきたから、今日(きょう)のピクニックを中止(ちゅうし)にするかどうかを考(かんが)え中(ちゅう)です。
> (비가 내리기 시작했으니 오늘 소풍을 중지로 할지 어떨지 생각 중입니다.)

> お金(かね)持(も)ちになれるかどうかは自分(じぶん)の努力(どりょく)しだいです。
> (부자가 될 수 있을지 어떨지는 자기 노력에 달려 있습니다.)
> 日本(にほん)に留学(りゅうがく)できるかどうかまだ分(わ)かりません。
> (일본에 유학할 수 있을지 어떨지 아직 모르겠습니다.)
> ちょっと電話(でんわ)が壊(こわ)れちゃったんだけど、無料(むりょう)で修理(しゅうり)してもらえるかどうか知(し)ってる?[2)]
> (좀 전화가 고장 났는데 무료로 수리해 받을 수 있을지 어떨지 알아?)

[5] ありきたりのものと

□「ありきたり」:명사

「ありきたり(在り来り)」는 한국어의「흔해 빠진 것」,「진부한 것」에 해당하는 말로「ありきたりの考え:평범한 생각」「ありきたりの小説(しょうせつ):흔해 빠진 소설」「ありきたりの話(はなし):흔히 있는 이야기」「ありきたりの方法(ほうほう):진부한 방법」「ありきたりのメロドラマ:흔해 빠진 멜로드라마」와 같이「の」를 매개로 하여 뒤에 오는 명사를 수식·한정하는 데 쓰인다.

> **例** ありきたりの人生(じんせい)を送(おく)った。
> (평범한 인생을 보냈다.)
> これはありきたりの料理(りょうり)の本(ほん)とは違(ちが)います。
> (이것은 흔한 요리 책과는 다릅니다.)
> それは日本(にほん)ではありきたりの出来事(できごと)です。
> (그것은 일본에서는 어디에나 있는 사건입니다.)
> その役(やく)の彼(かれ)の演技(えんぎ)はまずまずありきたりの出来映(できば)えだった。
> (그 역을 맡은 그의 연기는 그저 그런 대로의 평범한 솜씨였다.)

---

2) 日本語の例文「〜かどうか【JLPT N4 Grammar】」http://j-nihongo.com/kadouka/에서 일부 인용하고 번역함.

いろいろ頭(あたま)を捻(ひね)ってみたが、どうも<u>ありきたりの</u>アイデアしか出(で)てこない。
(여러 가지로 머리를 짜내 보았지만 도무지 평범한 아이디어 밖에 생각나지 않는다.)
悲(かな)しみに沈(しず)む彼女(かのじょ)を何(なん)とか力(ちから)づけようとしたが、結局(けっきょく)<u>ありきたりの</u>言葉(ことば)しか浮(う)かばなかった。
(슬픔에 빠진 그녀에게 어떻게 해서라도 용기를 북돋아주려고 했지만 결국 평범한 말 밖에 떠오르지 않았다.)

[6] 考えがちですが

□「〜がちだ」: 접미사

 본문의「ありきたりのものと考(かんが)えがちですが」는「별 거 아닌 것이라고 생각하기 십상입니다만 / 생각하기 쉽습니다만」의 뜻으로「〜がちだ」는 한정된 명사나 동사의 연용형에 붙어 그러한 경향·상태가 많다는 것을 나타내는 접미사이다.

 「〜がちだ」는 한국어의「자주 〜하다(있다)」「〜하기 십상이다」「그렇게 하는(되는) 일이 많다」와 같은 뜻을 나타내는데 주로 안 좋은 의미로 사용된다.

例 この子(こ)は赤(あか)ん坊(ぼう)のときから、とかく<u>病気(びょうき)がち</u>でした。
(이 아이는 갓난아이 때부터 걸핏하면 아팠습니다.)
<u>留守(るす)がち</u>なので、受領印(じゅりょういん)が必要(ひつよう)な宅配(たくはい)、小包(こづつみ)などは避(さ)けていたのですが。
(집을 비우기 십상이라 수령인이 필요한 택배, 소포 등은 피하고 있었습니다만.)
目(め)まいが起(お)きたりのぼせたり、口内炎(こうないえん)や吹(ふ)き出物(でもの)ができたり、<u>便秘(べんぴ)がち</u>になったりするらしい。
(현기증이 나거나 얼굴이 붉어지거나 구내염이나 종기가 생기거나 변비가 자주 생기게 된 것 같다.)
女中(じょちゅう)の語(かた)る話(はなし)はひどく<u>遠慮(えんりょ)がち</u>でまた曖昧(あいまい)なようにも思(おも)われた。
(하녀가 말하는 이야기는 몹시 사양하는 것과 같기도 하고, 그리고 애매하게도 생각되었다.)

冬(ふゆ)になると、青(あお)い野菜(やさい)が不足(ふそく)しがちです。
(겨울에 되면 신선한 야채가 부족해지기 쉽습니다.)
話(はな)せても読(よ)めないというのは、日本語(にほんご)の場合(ばあい)、ありがちなことだ。
(말할 수 있어도 읽을 수 없는 것은 일본어의 경우 자주 있는 일이다.)
若(わか)いときは、物事(ものごと)を美(うつく)しく考(かんが)えがちだ。
(젊을 때는 사물을 아름답게 생각하는 경향이 있다.)
毎日(まいにち)車(くるま)で移動(いどう)していると、運動(うんどう)不足(ぶそく)になりがちだ。意識(いしき)して運動(うんどう)もしたほうがいい。
(매일 차로 이동하고 있으면 운동 부족이 되기 쉽다. 의식해서 운동도 하는 것이 좋다.)
最近(さいきん)、朝(あさ)、歯磨(はみが)きをするのを忘(わす)れがちなので、忘(わす)れないようにしたい。
(요즘 아침에 양치질을 하는 것은 자주 잊어서 잊지 않도록 하고 싶다.)
新(あたら)しい家(いえ)を探(さが)すとき、見落(みお)としがちなのは、その地域(ちいき)の地盤(じばん)がしっかりしているかどうかだ。
(새 집을 찾을 때 놓치기 쉬운 것은 그 지역의 지반이 단단한지 어떤지이다.)
わたしは気(き)が強(つよ)いと思(おも)われがちだが、全然(ぜんぜん)そんなことはない。実(じつ)はとても繊細(せんさい)だ。
(나는 자기주장이 강하다고 남들이 생각하고 십상인데, 전혀 그렇지 않다. 실은 무척 섬세하다.)
「豊(ゆた)かさは、とかく国民(こくみん)本来(ほんらい)の姿(すがた)をそこないがちなものだ」と指摘(してき)した点(てん)です。
(「풍요는 자칫하면 국민 본래의 모습을 손상시키기 쉬운 법이다」라고 지적한 점입니다.)
古今東西(ここんとうざい)、世(よ)の男(おとこ)たちが悪女(あくじょ)といわれる女性(じょせい)に心(こころ)を奪(うば)われがちなのは、小説(しょうせつ)や映画(えいが)のいい題材(だいざい)で、しばしば周囲(しゅうい)に見(み)られるところです。
(동서고금, 세상 남자들이 악녀라고 불리는 여성에게 마음을 빼앗기 쉽다고 하는 것은 소설이나 영화의 좋은 제목과 소재로 종종 주위에 보인다.)

> 相手(あいて)の考(かんが)えを丸読(まるよ)みできるので周囲(しゅうい)に敬遠(けいえん)されがちだが、能力(のうりょく)を悪用(あくよう)してはいなさそう。
> (상대 생각을 통째로 읽을 수 있어서 주위로부터 경원시되기 십상이지만, 능력을 악용하고 있지는 않은 것 같다.)

[7] ものは試しと思って

□「物(もの)は試(ため)し」: 속담

　본문의「ものは試(ため)しと思(おも)っていってみましょう」는「무슨 일이든 한 번 해 보는 것이 좋다고 하니 가 봅시다」의 뜻으로「ものは試(ため)し」는 속담으로 한국어의「일은 해 보아야 안다」,「무슨 일이든지 해 보는 것이 좋다」에 상당하는 의미를 지니고 있다.「ものは試(ため)し」가 쓰인 예를 살펴보면 다음과 같다.

> 例　何(なに)もやらずに後悔(こうかい)するよりは、「物(もの)は試(ため)し」と取(と)り敢(あ)えずやってみて後悔(こうかい)した方(ほう)がよっぽどいいよ。
> (아무 것도 안 하고 후회하는 것보다는「무슨 일이든지 해 보는 것이 좋다」고 우선 해보고 후회하는 것이 훨씬 좋아.)
> 「物(もの)は試(ため)し」というから、実際(じっさい)にやってみないと分(わ)からない。
> (「무슨 일이든지 해 보는 것이 좋다」고 하니 실제로 해 보지 않으면 모른다.)
> できないと思(おも)っていても、「物(もの)は試(ため)し」に頑張(がんば)ってみなよ。
> (할 수 없다고 생각하고 있어도「무슨 일이든지 해 보는 것이 좋다」는 식으로 노력해 봐.)
> 怖(こわ)がってないで、「物(もの)は試(ため)し」にやってみよう。
> (무서워하지 말고「무슨 일이든지 해 보는 것이 좋다」는 식으로 해 보자.)
> 新(あたら)しく発売(はつばい)されたデザートを「物(もの)は試(ため)し」で買(か)ってみた。
> (새로 발매된 디저트를「무슨 일이든지 해 보는 것이 좋다」고 하니 사 봤다.)

> 「物(もの)は試(ため)し」、そこでじっとしていても何(なに)も変(か)わらないよ。
> (『무슨 일이든지 해 보는 것이 좋다』, 거기에서 가만히 있어도 아무 것도 달라지지 않아.)
> 「物(もの)は試(ため)し」だ、つべこべ言(い)わずやってみるんだ。
> (『무슨 일이든지 해 보는 것이 좋다』, 이러쿵저러쿵 투덜대지 말고 해 봐.)
> 「物(もの)は試(ため)し」というから、恐(こわ)からずに挑戦(ちょうせん)してみなよ。
> (『무슨 일이든지 해 보는 것이 좋다』고 하니 무서워하지 말고 도전해 봐.)
> 悩(なや)むようならとりあえずやってみよう。「物(もの)は試(ため)し」だ。[3]
> (고민할 것이라면 우선 해 보자. 『무슨 일이든지 해 보는 것이 좋다』)

[8] さすが李さんは頭の回転が早いですね。

□「さすが」의 의미·용법

1. 형용동사로서의 용법

「さすが[流石]」는 형용동사로 쓰이면 『과연』, 『대단한 것』과 같이 어떤 사실이 평판이나 기대대로라는 것을 확인하고, 새삼 감탄하는 것을 나타낸다.

> 例 周囲(しゅうい)環境(かんきょう)まで配慮(はいりょ)するのはさすがだ。
> (주위 환경까지 배려하는 것은 대단하다.)
> 彼(かれ)は、秀才(しゅうさい)の誉(ほま)れが高(たか)いが、あの難問(なんもん)をすらすら解(と)いたのはさすがだ。
> (그는 수재라는 평판이 자자한데 그 난문을 술술 푼 것은 역시 대단하다.)

2. 부사로서의 용법

2-1 예상·기대한 것을 사실로서 납득하거나 또는 그 사실에 새삼 감탄하는 것을 나타내는 용법이 있는데, 이때는 한국어의 『과연 : なるほど』『역시 : やはり』에 상당한다.

　본문의 『さすが李(イー)さんは頭(あたま)の回転(かいてん)が早(はや)いですね : 역시 이경민 씨는 머리 회전이 빠르군요』는 이 용법으로 쓰이고 있다.

---

3) http://www.geocities.jp/tedukurikotoba/main/entry82.html에서 인용하여 번역.

例

一人暮(ひとりぐ)らしはさすがに寂(さび)しい。

(혼자 사는 것은 역시 외롭다.)

{さすが・さすがは}ベテランだ。

(역시 베테랑은 다르군.)

さすが日頃(ひごろ)鍛(きた)えているだけのことはある。

(역시 평소에 단련하고 있는 그 만한 보람은 있다.)

さすがお客様(きゃくさま)はお目(め)が高(たか)いですね。これは本物(ほんもの)です。

(과연 손님께서는 안목이 있으시군요. 이것은 진짜입니다.)

さすが、人気(にんき)のお店(みせ)は違(ちが)いますね。

(역시 인기가 있는 가게는 다르군요.)

さすが、一日(いちにち)おきに行(い)っているから、私(わたし)の状態(じょうたい)をよく見(み)てるのね。

(역시 하루건너 다니고 있으니까 내 상태를 잘 보고 있군.)

古希(こき)を祝(いわ)って花束(はなたば)を贈(おく)ってくれるとは！さすが、フジテレビは優(やさ)しいわ。

(고희를 축하하러 꽃다발을 보내주다니 역시 후지텔레비전은 남에 대한 배려가 있어.)

さすが、彼女(かのじょ)の前(まえ)で、嘘(うそ)つきだというわけにもいかなかった。

(역시 그녀 앞에서 거짓말쟁이라고는 할 수도 없었다.)

それにさすが、みなさん野球(やきゅう)をよく知(し)っていますよ。興奮(こうふん)しました。

(게다가 역시 다들 야구를 잘 알고 있군요. 흥분했습니다.)

あの人(ひと)は、いつも秘書(ひしょ)の人(ひと)を連(つ)れているんですね。さすが、たいしたもんです。

(그 사람은 늘 비서를 데리고 다니는군요. 역시 대단한 사람입니다.)

2-2 어떤 사실을 인정은 하지만 특정 조건 하에서는 그것과 상반되는 감정을 갖는 것을 나타내는 용법이 있는데, 이때는 한국어의「그것은 그렇다고 하지만 : そうは言(い)うものの」「그것은 그렇지만 역시 : それはそうだが、やはり」에 상당한다.

> 例　非(ひ)はこちらにあるが、一方的(いっぽうてき)に責(せ)められるとさすがに腹(はら)が立(た)つ。
> (잘못은 나한테 있지만 일방적으로 책망을 들으면 그것은 그렇지만 역시 화가 난다.)
> 味(あじ)はよいが、これだけ多(おお)いとさすがに飽(あ)きますね。
> (맛은 좋지만 이리도 많으면 역시 질리네요.)

2-3「さすがの…も」의 형태로 쓰여 그 자체의 가치를 인정은 하지만 특정 조건 하에서는 그것을 부정하는 것을 나타내는 용법이 있는데, 이때는 한국어의「그 아무리 ～한 / 그토록」에 상당한다.

> 例　さすがの名探偵(めいたんてい)も今度(こんど)ばかりはお手上(てあ)げだろう。
> (그토록 유명한 명탐정도 이번만은 두 손 들 것이다.)

食事(しょくじ)の終(お)わったあと道(みち)でおしゃべりする

李　：あのう、この辺(へん)に銀行(ぎんこう)はありませんか。

渡辺：ええ、ここはビジネス街(がい)ですから、銀行(ぎんこう)は至(いた)るところにありますが。どんなご用(よう)でしょう。

李　：実(じつ)は、出発前(しゅっぱつまえ)に空港(くうこう)が混雑(こんざつ)していて両替(りょうがえ)できず、今(いま)日本円(にほんえん)の持(も)ち合(あ)わせがあまりないもので。トラベラーズ・チェックを少(すこ)し現金(げんきん)にしたいと思(おも)いまして。

渡辺：あ、それでしたら、うちの会社(かいしゃ)のビル内(ない)にも取引(とりひき)銀行(ぎんこう)が入(はい)っていますから、そこで両替(りょうがえ)なさったらいかがでしょう。

李　：では、そうさせていただきます。

［ビルの中(なか)で］

李　：一人(ひとり)で大丈夫(だいじょうぶ)ですから、先(さき)に戻(もど)っていてください。

渡辺：では、お先(さき)に。李(イー)さん、わたしは休憩室(きゅうけいしつ)にいますから。

李　：ええ、用(よう)が済(す)みしだい、戻(もど)ります。

응용 회화

식사가 끝난 뒤 길에서 이야기를 나누다

이경민 : 저 이 근처에 은행은 없습니까?

와타나베 : 네, 여기는 비즈니스거리라서 은행은 도처에 있는데, 어떤 용건이세요?

이경민 : 실은 출발 전에 공항이 혼잡해서 돈을 바꾸지 못해 지금 가지고 있는 일본 돈이 별로 없어서요. 그래서 여행자수표를 약간 현금으로 바꾸려고 해서요.

와타나베 : 그러시다면, 우리 회사 건물 안에도 거래 은행이 들어와 있으니 거기에서 바꾸시지요.

이경민 : 그럼, 그렇게 하겠습니다.

[건물 안에서]

이경민 : 혼자서도 괜찮으니 먼저 돌아가 계세요.

와타나베 : 그럼 먼저 가 보겠습니다. 이경민 씨, 저는 휴게실에 있을 테니까.

이경민 : 네, 볼일이 끝나는 대로 돌아가겠습니다.

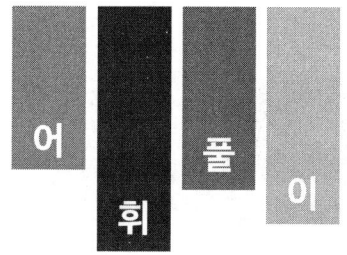

- おしゃべりする – 잡담하다 / 이야기하다
- この辺(へん) – 이 부근 / 이 근처
- ビジネス街(がい) – 비즈니스거리
- 至(いた)るところに – 도처에
- どんなご用(よう)でしょう – 어떤 용건이세요?
- 出発前(しゅっぱつまえ) – 출발전
- [空港(くうこう)が]混雑(こんざつ)する – [공항이]혼잡하다 : 한국어의「혼잡하다」는 형용사이고「混雑(こんざつ)する」는 동사임.
- 両替(りょうがえ)する – 환전하다 : 換金(かんきん)する 환전하다
- [両替(りょうがえ)]できず – [환전]하지 못해서
- 持(も)ち合(あ)わせ – 가지고 있는 것
- [あまりない]もので – [별로 없어]서 :「～もので」는 원인・이유를 나타내는 접속조사
- トラベラーズ・チェック – 여행자 수표
- 思(おも)いまして – 생각해서요 :「～まして」에 의한 문 중지 용법
- それでしたら – 그러시면 :「それだったら」의 정중체
- うちの[会社(かいしゃ)] – 우리 [회사]
- 取引(とりひき)銀行(ぎんこう) – 거래 은행
- [両替(りょうがえ)]なさる – [환전]하시다
- ～たらいかがでしょう – ～하는 것이 어떠십니까 : 제안
- そうさせていただきます – 그렇게 하겠습니다 :「～(さ)せていただく」는 겸양표현 I
- お先(さき)に – 먼저 :「お先(さき)に」의「お」는 겸양어
- 休憩室(きゅうけいしつ) – 휴게실
- 用(よう)が済(す)む – 용무가 끝나다
- [用(よう)が済(す)み]しだい – [용무가 끝나는] 대로

45

관련사항

[남에게서 받은 물건을 다시 남에게 나누어 줄 때 쓰는 관용표현]

例 お試(ため)しいただけたらと思(おも)いまして。
(시험 삼아 드시면 어떨까 해서요.)
お口(くち)に合(あ)えばよろしいのですが。
(입에 맞으시면 좋겠는데요.)
高山(たかやま)さまのお口(くち)に合(あ)いますと、よろしいのですが。
(다카야마 님의 입에 맞으시면 좋겠는데요.)
皆様(みなさま)で楽(たの)しんでいただけると光栄(こうえい)です。
(여러분 모두 즐거워하시면 영광입니다.)
○○をお送(おく)りしました。お酒(さけ)のおつまみにどうぞ。
(○○을 보냈습니다. 술안주로 드시기 바랍니다.)
島浦(しまうら)さんの、お口(くち)に合(あ)いますかどうか。
(시마우라 씨의 입에 맞으실지 어떨지 모르겠습니다만.)
福岡県(ふくおかけん)の実家(じっか)からブドウが届(とど)きましたので、心(こころ)ばかりですが、よろしければ召(め)し上(あ)がってください。
(후쿠오카 현의 친정에서 포도가 도착했기에 얼마 안 됩니다만, 괜찮으시면 드십시오.)
当地(とうち)の産物(さんぶつ)のリンゴを、少(すこ)しばかり送(おく)らせていただきました。お口(くち)に合(あ)いますかどうか。
(이곳의 산물인 사과를 입에 맞으실지 어떨지 모르겠습니다만 조금 보냈습니다.)
ちょうど、松茸(まつたけ)の旬(しゅん)でございますので。
(지금이 딱 송이버섯의 제철이어서.)

<u>つまらないものですが</u>、私(わたし)の田舎(いなか)でとれたリンゴです。
(별거 아닙니다만 제 시골에서 수확한 사과입니다.)

<u>お口(くち)に合(あ)うかどうかわかりませんが</u>、お受(う)けくださいませ。
(입에 맞으실지 어떨지 모르겠습니다만, 받아 주시기 바랍니다.)

よろしければ、<u>召(め)し上(あ)がっていただけませんか?</u>
(괜찮으시면 드시기 바랍니다.)

<u>ほんの少(すこ)しだけですが</u>、おすそ分(わ)けします。
(정말 얼마 안 되는 것입니다만 같이 나누어 드셨으면 합니다.)

おいしいリンゴをいただいたので、<u>おすそわけいたします。</u>
(맛있는 사과를 받았기에 같이 나누어 드셨으면 합니다.)

リンゴが秋田(あきた)から届(とど)き、うちではとても食(た)べきれませんので。
(사과가 아키타에서 도착했는데 우리 집에서 다 먹을 수가 없어서요.)

<u>いただき物(もの)で失礼(しつれい)ではございますが。</u>
(남에게 받은 물건이라서 죄송합니다만.)

田舎(いなか)の特産品(とくさんひん)がうちに届(とど)きましたので、よろしければご家族(かぞく)でお召(め)し上(あ)がりください。
(시골 특산품이 집에 도착했기에 괜찮으시다면 가족 분들과 함께 드시기 바랍니다.)

<u>松本(まつもと)さんへおすそわけです。</u>よろしかったらどうぞ。
(남에게서 받은 물건인데 마쓰모트 씨와 같이 나누었으면 합니다. 괜찮으시면 받아 주십시오.)

<u>気持(きも)ちばかりですが</u>、ご気分(きぶん)のよろしいときにでも、どうぞ。
(단지 성의에 불과합니다만 기분이 좋으실 때라도 드시기 바랍니다.)

<u>お口(くち)に合(あ)うかわかりませんが</u>、よろしかったらお召(め)し上(あ)がりください。
(입에 맞으실지 어떨지 모르겠습니다만 괜찮으시다면 드시기 바랍니다.)

実家(じっか)の母(はは)が送(おく)ってきたものですが、<u>どうぞお召(め)し上(あ)がりください。</u>
(친정어머니가 보내온 것입니다만, 부디 드시기를 부탁합니다.)

<u>珍(めずら)しい品(しな)なので</u>、ぜひ召(め)し上(あ)がってみてください。
(흔한 것이 아니오니 꼭 드셔 주시면 고맙겠습니다.)

[기타 관용표현]

> 例 リンゴをお送(おく)りしました。ご賞味(しょうみ)ください。
> (사과를 보냈습니다. 상미해 주십시오.)
> ご賞味(しょうみ)くだされば幸(さいわ)いでございます。
> (상미해 주시면 고맙겠습니다.)
> 召(め)し上(あ)がってくだされば幸(さいわ)いです。
> (드셔 주시면 고맙겠습니다.)
> お気(き)に召(め)していただければ、幸(さいわ)いでございます。[4]
> (마음에 드시면 고맙겠습니다.)

[음식을 권할 때 쓰는 관용표현]

> 例 どうぞ、召(め)し上(あ)がってください。
> (자 드십시오.)
> どうぞ、遠慮(えんりょ)なさらず、召(め)し上(あ)がってください。
> (자 사양치 마시고 드십시오.)
> どうぞ、ごゆっくりと召(め)し上(あ)がってくださいませ。
> (자 천천히 드십시오.)
> どうぞ、温(あたた)かいうちに、召(め)し上(あ)がってください。
> (자 따뜻할 때 드십시오.)
> どうぞ、冷(さ)めないうちに、召(め)し上(あ)がってください。
> (자 식기 전에 드십시오.)
> どうぞ、遠慮(えんりょ)なさらず、召(め)し上(あ)がってください。
> (자 사양치 마시고 드십시오.)

---

[4] 話術.com에서 인용해서 번역. http://www.wajyutu.com/?%C2%A3%A1%C3%BF%A9%A4%D9%CA%AA

식사는 무엇으로 하시겠습니까?

[술을 권할 때 쓰는 관용표현]

> 例　ビールをおつぎいたしましょう。
> (맥주를 따라 드리겠습니다.)
> おひとつどうぞ。
> (한 잔 드십시오.)
> まずは一献(いっこん)、差(さ)し上(あ)げましょう。
> (먼저 한 잔 올리겠습니다.)
> まずは一杯(いっぱい)、差(さ)し上(あ)げましょう。
> (먼저 한 잔 올리겠습니다.)[5]

---

5) 話術.com에서 인용해서 적의 번역.
　http://www.wajyutu.com/?%B4%AB%A1%C3%B0%FB%BF%A9%A4%CE%B4%AB%A4%E1

49

第 2 課

こちらにサインをお願いできますか

여기에 사인을 해 주십시오

第2課

こちらにサインをお願いできますか
여기에 사인을 해 주십시오

회화 본문

李(イー)、銀行(ぎんこう)で両替(りょうがえ)する

銀行員 ：はい、[1]いらっしゃいませ。
李　　 ：すみません、[2]トラベラーズ・チェックを現金(げんきん)に替(か)えたいんですが。
銀行員 ：[3]パスポートはお持(も)ちですか。
李　　 ：はい。

　　　[銀行員(ぎんこういん)、トラベラーズ・チェックとパスポートを受(う)け取(と)る]

銀行員 ：では、こちらにサインを[4]お願(ねが)いできますか。
李　　 ：ここですね。
銀行員 ：はい、全部(ぜんぶ)、一万円札(いちまんえんさつ)でよろしいですか。
李　　 ：そうですね。一万円札(いちまんえんさつ)4枚(よんまい)と五千円札(ごせんえんさつ)2枚(にまい)、残(のこ)りは千円札(せんえんさつ)でお願(ねが)いします。
銀行員 ：[5]はい、かしこまりました。しばらくお待(ま)ちくださいませ。

　　　　　　　　　　　[しばらくしてから]

銀行員 ：[6]李(イー)さま、お待(ま)たせいたしました。六万円(ろくまんえん)ですね。

李	: 一(いち)、二(に)、……、九(く)、十(じゅう)。はい、[7]確(たし)かに。
銀行員	: どうもありがとうございました。
李	: どうも。

이경민, 은행에서 환전하다

은행원 : 네, 어서 오십시오.

이경민 : 저, 여행자 수표를 현금으로 바꾸고 싶은데요.

은행원 : 여권은 가지고 계십니까?

이경민 : 네.

[은행원, 여행자 수표와 여권을 받는다]

은행원 : 그럼, 여기에 사인을 해 주십시오.

이경민 : 여기 말이죠?

은행원 : 네. 전부 만 엔짜리 지폐로 드릴까요?

이경민 : 음, 가만있자, 만 엔 권 4장과 5천 엔 권 2장, 그리고 나머지는 천 엔짜리로 주십시오.

은행원 : 네, 알겠습니다. 잠시만 기다려 주십시오.

[잠시 후]

은행원 : 이경민 손님, 많이 기다리게 해서 죄송합니다. 6만 엔이지요?

이경민 : 일, 이, ……, 구, 십. 네, 틀림없이 맞습니다.

은행원 : 감사합니다.

이경민 : 고마워요.

第 2 課　こちらにサインをお願いできますか

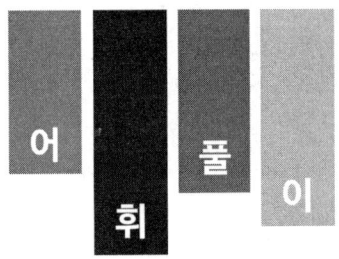
어휘풀이

- 両替(りょうがえ)する － 환전하다 :「換金(かんきん)する」: 환전하다 / 돈을 바꾸다
- 銀行員(ぎんこういん) － 은행원
- はい、いらっしゃいませ － 네, 어서 오십시오 :「いらっしゃる」의 명령형「いらっしゃい」에 정중의 조동사「～ます」의 명령형인「～ませ」가 접속된 것
- すみません － 저 : 상대방을 부를 때 쓰는 표현
- トラベラーズ・チェック － 여행자 수표
- 現金(げんきん) － 현금
- 替(か)える － 바꾸다
- パスポート － 여권
- [パスポート]お持(も)ちですか － [여권을] 가지고 계십니까? :「お～ですか」는 존경 표현
- 受(う)け取(と)る － 수령하다 / 받다
- こちら － 이쪽 / 여기 :「ここ」의 정중표현
- サインをお願(ねが)いできますか － 사인을 부탁드릴 수 있겠습니까 / 사인해 주십시오
- 全部(ぜんぶ) － 전부
- 一万円札(いちまんえんさつ) － 만 엔 권
- よろしい － 좋다 :「いい・よい」의 정중어
- 五千円札(ごせんえんさつ) － 5천 엔 권
- 残(のこ)り － 나머지
- 千円札(せんえんさつ) － 천 엔 권
- [千円札(せんえんさつ)]でお願(ねが)いします － [천 엔 권]으로 부탁합니다 / [천 엔 권]으로 주십시오

- かしこまりました – 알겠습니다 :「分(わ)かりました」의 겸양어 I
- しばらくお待(ま)ちくださいませ – 잠시만 기다리십시오
- しばらくしてから – 잠시 지나고 나서 / 잠시 후
- 李(イー)さま – 이경민 손님
- お待(ま)たせいたしました – 기다리게 해서 죄송합니다 / 많이 기다리셨습니다
- 確(たしか)に – 틀림없이 [맞습니다 / 잘 받았습니다]
- どうもありがとうございました – 감사합니다.
- どうも – 고마워요 :「どうも{ありがとう・すみません}」의 축약형

중요 어구 해설

[1] いらっしゃいませ

□「～ませ」:「～ます」의 명령형

「いらっしゃいませ」는「いらっしゃる」의 명령형「いらっしゃい」에 정중의 조동사「～ます」의 명령형인「～ませ」가 접속된 것으로「어서 오십시오」의 뜻을 나타내는 인사말이다.

제1과에서도 이미 설명한 바와 같이 특정형 존경어「いらっしゃる・なさる・おっしゃる・くださる」의 명령형「いらっしゃい・なさい・おっしゃい・ください」는 경의도가 하락되기 때문에「ください」를 제외하면 통상 손윗사람과 같은 경어적 상위자를 대상으로 해서는 사용하지 않는다.

낮아진 경의도를 높이기 위해서는「～ます」의 명령형인「～ませ」나「～まし」를 후접한다.

「～ませ」는 원래 여성어로서 사용되기 시작했는데 근년에는 상업 경어에 많이 쓰이고 있다.「～ませ」는「東京(とうきょう)의 山(やま)の手(て)」에서,「～まし」는「下町(したまち)」에서 쓰인다는 구별이 있었지만, 지금은 그와 같은 지역적 구분은 거의 없다.

여기에서「～ませ」가 쓰인 예를 유형별로 정리하면 다음과 같다.

(1)「挨拶(あいさつ)の言葉(ことば):인사말」

> 例　いらっしゃいませ。本日(ほんじつ)は山田(やまだ)とお約束(やくそく)でいらっしゃいますか。
> (어서 오십시오. 오늘은 야마다 씨와 약속하셨습니까?)
> それでは、気(き)をつけて。お早(はや)くお帰(かえ)りなさいませ。
> (그러면, 조심해서 다녀와요. 빨리 돌아오세요.)
> お帰(かえ)りなさいませ。お疲(つか)れになったでしょう。
> (이제 오세요. 피곤하시지요.)

여기에 사인을 해 주십시오

> それでは、皆様(みなさま)、また明日(あした)です。お休(やす)みなさいませ。
> (그럼, 여러분 내일 다시 뵙겠습니다. 안녕히 주무십시오.)
> さようでございますか。それは、それは、どうぞお休(やす)みになって下(くだ)さいませ。ただいまお茶(ちゃ)をお持(も)ちいたしましょう。
> (그러십니까? 이거 참 쉬고 계십시오. 곧 차를 가지고 오겠습니다.)
> それでは、皆様(みなさま)、行(い)ってらっしゃいませ。
> (그럼, 여러분 다녀 오십시오.)
> お正月(しょうがつ)はどこかへ出(で)かけますか。気(き)をつけていってらっしゃいませ。
> (설날에는 어디 갑니까? 조심해서 다녀오십시오.)
> ごめんくださいませ。お茶(ちゃ)でよろしゅうございましょうか。
> (실례하겠습니다. 차로 괜찮으시겠습니까?)
> 毎度(まいど)ありがとうございました。またお越(こ)しくださいませ。
> (매번 이용해 주셔서 감사합니다. 또 오십시오.)
> 〇〇円(えん)でございます。ありがとうございました、またお越(こ)しくださいませ。
> (거스름돈은 〇〇엔입니다. 감사합니다. 또 오십시오.)

(2)「くださいませ」

> 例　どうかしばらくお時間(じかん)をくださいませ。
> (부디 잠시만 시간을 주십시오.)
> とりあえず何(なに)もしなくてもいいという事(こと)でしょうか? お知恵(ちえ)をくださいませ。
> (우선 아무 것도 하지 않아도 된다는 것인가요? 지혜를 빌려 주십시오.)

57

(3)「～てくださいませ」

> 例
>
> 先(さき)ほど平河(ひらかわ)さんがおっしゃったことを思(おも)い出(だ)してくださいませ。
> (조금 전에 히라카와 씨가 말씀하신 것을 상기해 주십시오.)
>
> ご存(ぞん)じの方(かた)、お知恵(ちえ)を貸(か)してくださいませ。
> (알고 계신 분께서는 지혜를 빌려 주십시오.)
>
> これからも是非(ぜひ)、是非(ぜひ)、頑張(がんば)ってくださいませ。
> (앞으로도 제발 꼭 분발해 주십시오.)
>
> なにとぞ今(いま)のうちに撤退(てったい)を命(めい)じてくださりませ。
> (아무쪼록 지금 철수를 명해 주십시오.)
>
> また、なぜこんなことになったかをも、教(おし)えてくださいませ。
> (그리고 왜 일이 이렇게 되었는지도 가르쳐 주십시오.)
>
> 話(はなし)が分(わ)からない方(かた)は、以前(いぜん)の記事(きじ)を参考(さんこう)にしてくださいませ。
> (이야기를 알지 못하는 분께서는 이전 기사를 참고해 주십시오.)

(4)「お～くださいませ」

> 例
>
> 残(のこ)りのアルバムがもう一(ひと)つありますので、最後(さいご)までお付(つ)き合(あ)いくださいませ。
> (남은 앨범이 하나 더 있으니 마지막까지 같이 해 주시기 바랍니다.)
>
> しばらくお待(ま)ちくださいませ。主人(しゅじん)を呼(よ)んでまいりますので…。
> (잠시 기다려 주십시오. 남편을 불러 올 테니까요….)
>
> 体調(たいちょう)管理(かんり)を十分(じゅうぶん)に、ゆったりと休日(きゅうじつ)をお過(す)ごしくださいませ。
> (몸 상태 관리를 충분히 하시고 푹 휴일을 보내십시오.)

心(こころ)ばかり同封(どうふう)いたします。ご無礼(ぶれい)お許(ゆる)しくださいませ。
(아주 적은 성의만 동봉합니다. 무례함을 용서해 주십시오.)
それでは、ごゆっくりお楽(たの)しみくださいませ。
(그러면 천천히 즐기십시오.)
残(のこ)りあと二名(にめい)になってしまいました。ぜひお早(はや)めお申(もう)し込(こ)み下(くだ)さいませ。
(이제 앞으로 2명만 남았습니다. 꼭 일찍 신청해 주십시오.)
お近(ちか)くの方(かた)は友人(ゆうじん)・知人(ちじん)をお誘(さそ)い合(あ)わせの上(うえ)、是非(ぜひ)ともお立(た)ち寄(よ)りくださいませ。
(근처에 사시는 분께서는 친구와 지인에게 이야기해서 다 같이 꼭 들려주십시오.)
どうぞお入(はい)りくださいませ。
(자 들어오십시오.)
受(う)けるとしたら何時間(なんじかん)くらいですか? お分(わ)かりになる方(かた)、お教(おし)えくださいませ。
(받는다고 한다면 몇 시간정도일까요? 아시는 분께서 가르쳐 주십시오.)
他(ほか)のユーザーに迷惑(めいわく)になるかもしれません。よくお考(かんが)え下(くだ)さいませ。
(다른 사용자에게 폐가 될지도 모릅니다. 잘 생각해 주십시오.)
ご意見(いけん)をお聞(き)かせ下(くだ)さいませ。
(의견을 들려주십시오.)
ご希望(きぼう)の方(かた)はオークション終了後(しゅうりょうご)メールにて必(かなら)ずお知(し)らせくださいませ。
(원하시는 분께서는 옥션 종료 후에 메일로 반드시 알려 주십시오.)
それではみなさん、よいお年(とし)をお迎(むか)えくださいませ。
(그러면, 여러분 좋은 한 해가 되기를 기원합니다.)
おやめくださいませ。わたくし、一人(ひとり)でできますから。
(그만두십시오. 저 혼자서도 할 수 있으니까요.)

(5)「ご~くださいませ」

> **例**
>
> 次回(じかい)は満足(まんぞく)な回答(かいとう)を差(さ)し上(あ)げる所存(しょぞん)ですので、ご期待(きたい)くださいませ。
> (다음번에는 만족스러운 회답을 드릴 생각이오니 기대해 주십시오.)
>
> マツタケご飯(はん)の美味(おい)しく、なおかつ簡単(かんたん)な作(つく)り方(かた)をどなたかご教授(きょうじゅ)くださいませ。
> (송이버섯 밥을 맛있고 또한 간단하게 만드는 법을 누군가 교시해 주십시오.)
>
> 記念(きねん)に全員(ぜんいん)の作品展(さくひんてん)を開催(かいさい)します。ぜひ、ご高覧(こうらん)くださいませ。
> (기념으로 전원의 작품전을 개최합니다. 꼭 고람해 주십시오.)
>
> 天候(てんこう)不順(ふじゅん)につき、見(み)づらい映像(えいぞう)となっていますが、ご容赦(ようしゃ)くださいませ。
> (일기가 불순한 관계로 보기 힘든 영상이 되었습니다만, 용서하십시오.)
>
> お気軽(きがる)にご予約(よやく)くださいませ。
> (부담 없이 예약해 주십시오.)
>
> 少々(しょうしょう)お時間(じかん)を頂(いただ)きますのをご理解(りかい)下(くだ)さいませ。
> (다소 시간이 걸리는 것을 이해해 주십시오.)
>
> 梱包(こんぽう)資材(しざい)にはリサイクル品(ひん)を使用(しよう)させていただいております。ご了承(りょうしょう)くださいませ。
> (곤포 자재에는 재생품을 사용하고 있습니다. 양해해 주시기 바랍니다.)
>
> 四日(よっか)以上(いじょう)手元(てもと)に届(とど)いていなければ、ご連絡(れんらく)下(くだ)さいませ。
> (4일 이내에 댁에 도착하지 않으면 연락해 주십시오.)

(6) 「존경·겸양 I + てくださいませ」

> 例
>
> 詳細(しょうさい)は旅(たび)の概要(がいよう)とルールを<u>ご覧(らん)くださいませ</u>。
> (상세한 내용은 여행 개요와 규칙을 보십시오.)
> どうぞ、<u>ご覧(らん)になってくださいませ</u>。
> (자 보시기 바랍니다.)
> さあ、薬湯(やくとう)を<u>お上(あ)がりになってくださいませ</u>。
> (자 탕약을 드시기 바랍니다.)
> 一度(いちど)下見(したみ)に<u>いらして下(くだ)さいませ</u>。
> (한번 사전 조사 차 와 주시기 바랍니다.)
> ご身分(みぶん)に傷(きず)をつけるようなことがあってはいけません。努(つと)めてお体(からだ)を<u>大切(たいせつ)になさいませ</u>。
> (신분에 손상을 가하는 일이 있어서는 안 됩니다. 부디 건강에 유의하시기 바랍니다.)
> お客様(きゃくさま)のお好(す)きな時(とき)に、お好(す)きな分(ぶん)だけ<u>お召(め)し上(あ)がりくださいませ</u>。
> (손님의 편한 시간에 좋아하시는 만큼 드시기 바랍니다.)
> お分(わ)かりの方(かた)、おられましたら、お知恵(ちえ)を<u>拝借(はいしゃく)させて下(くだ)さいませ</u>。
> (아시는 분이 계시면 지혜를 빌려 주십시오.)

(7) 「～ないでくださいませ」

> 例
>
> 皆様(みなさま)、どうぞ<u>怒(おこ)らないで下(くだ)さいませ</u>。
> (여러분 부디 화를 내지 말아 주십시오.)
> どうぞ、そんな事(こと)を<u>おっしゃらないで下(くだ)さりませ</u>。
> (부디 그런 말씀은 하지 말아 주십시오.)

[2] トラベラーズ・チェックを現金に替えたいんですが

□「〜を〜たい」: 희망을 나타내는 구문

「トラベラーズ・チェックを現金(げんきん)に替(か)えたいんですが」는 「여행자 수표를 현금으로 바꾸고 싶은데요」의 뜻으로 희망을 나타내는 구문인데, 「〜を替(か)えたい」와 같이 희망의 대상을 「を」격으로 표현하고 있다.

타동사문을 희망의 구문으로 바꾸면 그 대상을 「〜が〜たい」와 같이 「が」격으로도 혹은 「〜を〜たい」와 같이 「を」격으로도 표시할 수 있다. 그런데 일본어 교육 관계 교재에서는 대부분 타동사문이 희망의 구문이 되면 「〜が〜たい」로 의무 변형하는 것처럼 설명하고 있다. 그러나 실제로는 「〜が〜たい」보다 「〜を〜たい」의 예가 더 많이 관찰된다.

여기에서는 「〜が〜たい」와 「〜を〜たい」 선택에 어떤 조건이 관여하는지에 관해 먼저 검토한다.

□「〜が〜たい」와 「〜を〜たい」

타동사문에서 파생된 희망 구문에서는 「〜が〜たい / 〜を〜たい」와 같이 희망의 대상을 「〜が」격으로도 「〜を」격으로도 나타낼 수도 있는데, 조사 선택에 있어서는 대략 다음과 같은 요인이 관여하고 있는 것으로 되어 있다.

※이것은 절대적 기준은 아니니 참고로 하기 바란다

1.「〜が〜たい」

「食(た)べる : 먹다」・「飲(の)む : 마시다」・「見(み)る : 보다」와 같이 일상적인 행위에 많이 쓰이는 동사의 경우 특히 스스럼없는 회화체에서 「〜が」가 많이 쓰이는데, 이때는 동작의 대상에 초점이 놓여 있다.

> **例**
> 暖(あたた)かいものが食(た)べたいな。
> (따뜻한 것이 먹고 싶군.)
> ※今日(きょう)はちょっと珍(めずら)しいものを食(た)べたいです。
>   (오늘은 좀 색다른 것을 먹고 싶습니다.)
> 暑(あつ)い、暑(あつ)い、水(みず)が飲(の)みたい。
> (아, 더워, 물이 먹고 싶어.)
> お茶(ちゃ)でもコーヒーでもなくて、お酒(さけ)が飲(の)みたいです。
> (차도 커피도 아니고 술을 마시고 싶습니다.)

※暑(あつ)い日(ひ)にはシャワーを浴(あ)びてから、冷(つめ)たいビールを飲(の)みたい。

(더운 날에는 샤워를 한 다음 시원한 맥주를 마시고 싶다.)

わたしもいい服(ふく)が着(き)たいですわ。

(저도 좋은 옷을 입고 싶어요.)

これがそんなに見(み)たいなら、見(み)せてあげるよ。

(이것이 그렇게 보고 싶으면 보여 줄 게.)

※めったにない機会(きかい)だから、ぜひこの展覧会(てんらんかい)を見(み)たいんです。

(좀처럼 없는 기회이니 꼭 이 전람회를 보고 싶습니다.)

그리고「～が～たい」로 쓰인 예를 추가로 들면 다음과 같다.

例

いったい何(なに)が言(い)いたいんですか。

(도대체 무슨 말을 하고 싶은 겁니까?)

岡田(おかだ)さんはどんなスポーツがやりたいんですか。

(오카다 씨는 어떤 운동을 하고 싶습니까?)

将来(しょうらい)、社会(しゃかい)のために、役立(やくだ)つ仕事(しごと)がしたいよね。

(장차, 사회를 위해 도움이 되는 일을 하고 싶다. 안 그래?)

A：一度(いちど)でもいいから、ああいう女性(じょせい)と恋(こい)がしたいよな。

(한 번이라도 좋으니까, 그런 여성과 사랑을 하고 싶어, 안 그래?)

B：うん。でも、きみには無理(むり)な注文(ちゅうもん)だよ。

(응. 하지만, 자네한테는 무리야.)

2.「~を~たい」

문 구조가 복잡하거나 논리적인 관계가 요구되는 경우에는 문 이해라는 측면에서 본래의 타동사문의 격 관계가 그대로 유지되어『~を』가 많이 쓰인다. 그리고 이때는 행위 자체에 초점이 놓여 있다.

> **例**
>
> 事件(じけん)の真相(しんそう)をもっと詳(くわ)しく聞(き)きたい。
> (사건의 진상을 좀 더 자세히 듣고 싶다.)
> 窓(まど)をちょっと閉(し)めたいのですが、いいですか。
> (창을 좀 닫고 싶은데, 좋습니까?)
> 一度(いちど)でいいから、オーケストラの指揮をしてみたいです。
> (한 번이라도 좋으니까 오케스트라 지휘를 하고 싶습니다.)

다음은『~を~たい』로 쓰인 예를 추가로 살펴보자.

> **例**
>
> A：タマゴッチを買(か)いたいんですけれども。
>   (「다마고치：오락의 일종」을 사고 싶은데요.)
> B：あ、今(いま)品切(しなぎ)れですね。
>   (아, 지금은 품절인데요.)
>
> A：コイン・ランドリーを使(つか)いたいんですが、どうすればいいんですか。
>   (코인 란도리[동전 넣고 세탁하는 기계]를 사용하고 싶은데 어떻게 하면 됩니까?)
> B：まず、この中(なか)に洗濯物(せんたくもの)と洗剤(せんざい)を入(い)れます。それから、ここにお金(かね)を入(い)れて、このボタンを押(お)せばいいんですよ。
>   (우선 이 안에 세탁물과 세제를 넣습니다. 그리고 나서 여기에 돈을 넣고 이 단추를 누르면 됩니다.)
>
> 日本語(にほんご)の実力(じつりょく)を速(はや)く伸(の)ばしたいので、一日(いちにち)も欠(か)かさず毎日(まいにち)授業(じゅぎょう)に出(で)ることにしています。

(일본어 실력을 빨리 늘리고 싶어서 하루도 빠짐없이 매일 수업에 나가도록 하고 있습니다.)
もしもし、きのう、こちらに引(ひ)っ越(こ)して来(き)たので、届(とど)けを出(だ)したいたいんですけど。
(여보세요, 어제 이쪽으로 이사 와서 신고를 하고 싶은데요.)
自分(じぶん)の意見(いけん)を通(とお)したい時(とき)は、出来(でき)るだけ、最後(さいご)に発言(はつげん)することです。
(자기 의견을 관철하고 싶을 때는 가능한 한 마지막에 발언해야 합니다.)
今度(こんど)の事件(じけん)に関(かん)して先生(せんせい)のご意見(いけん)を承(うけたまわ)りたいと存(ぞん)じます。
(이번 사건에 관해 선생님의 의견을 청취했으면 합니다.)
小包(こづつみ)を韓国(かんこく)まで送(おく)りたいのですが。
(이 소포를 한국에 보내고 싶은데요.)
ぼくはいいものを作(つく)りたいから、一生懸命(いっしょうけんめい)にやっただけですよ。お金(かね)儲(もう)けなんてとんでもないですよ。
(나는 좋은 것을 만들고 싶어서 열심히 했을 뿐이에요. 돈벌이라니요 당치도 않아요.)
突然(とつぜん)隣(となり)の男(おとこ)の髪(かみ)を引(ひ)っ張(ぱ)りたい欲望(よくぼう)が起(お)きてしかたがなかった。
(갑자기 옆에 있는 남자의 머리카락을 잡아당기고 싶은 욕망이 일어나서 참을 수 없었습니다.)
今(いま)から使(つか)いの者(もの)をそちらにやりたいのですが、ご都合(つごう)はよろしいですか。
(지금부터 심부름할 사람을 그 쪽으로 보내고 싶습니다만, 사정은 괜찮으십니까?)
今度(こんど)の土曜日(どようび)に送別会(そうべつかい)をしたいと思(おも)います。
(이번 토요일에 송별회를 했으면 합니다.)
以前(いぜん)から海外(かいがい)へ出(で)て、仕事(しごと)をしたいと思(おも)ってました。
(이전부터 해외에 나가 일을 하고 싶다고 생각하고 있었습니다.)

大宮(おおみや)さんは絵(え)が好(す)きだから、絵(え)の勉強(べんきょう)をしたいだろうと思(おも)います。
(오미야 씨는 그림을 좋아하니까, 그림 공부를 하고 싶어 할 것 같습니다.)
是非(ぜひ)お礼(れい)をいたしたいので、差(さ)し支(つか)えなければ、お名前(なまえ)をお教(おしえ)えくださいませんか。
(꼭 감사 인사를 드리고 싶으니 괜찮으시면 성함을 가르쳐 주시겠습니까?)
この問題(もんだい)をどうにかして解決(かいけつ)したいんですが、私(わたし)の足(た)りない頭(あたま)では到底(とうてい)無理(むり)ですので、課長(かちょう)に助(たす)け船(ぶね)を出(だ)していただきたいんですが。
(이 문제를 어떻게 해서라도 해결하고 싶습니다만, 제 부족한 머리로는 도저히 무리여서 과장님께서 도와주셨으면 합니다만.)
この本(ほん)をしばらくお借(か)りしたいんですけど。
(이 책을 잠시 빌리고 싶은데요.)

A : 何(なに)かご伝言(でんごん)はおありでしょうか。
　　(뭐 전하실 말씀은 있으십니까?)
B : ええ、直接(ちょくせつ)話(はなし)をしたいので、もどりしだい、電話(でんわ)をいただけますか。
　　(네, 직접 이야기를 하고 싶으니, 돌아오는 대로 전화 주시겠습니까?)

管理課(かんりか)の高橋(たかはし)ですが、今月(こんげつ)の在庫(ざいこ)を確認(かくにん)したいんですが。
(관리과의 다카하시인데요, 이번 달 재고를 확인하고 싶은데요.)
あのう、航空券(こうくうけん)の予約(よやく)をお願(ねが)いしたいんですが。
(저, 항공권 예약을 부탁드리고 싶은데요.)
あした午後(ごご)2時(にじ)にお会(あ)いすることになっていたんですが、ちょっと急用(きゅうよう)ができましたもので、約束(やくそく)の時間(じかん)を変更(へんこう)したいと、お伝(つた)え願(ねが)えませんか。
(내일 오후 2시에 만나 뵙기로 되어 있습니다만, 좀 급한 일이 생겨서 약속 시간을 변경하고 싶다고 전해 주시겠습니까?)

> A : あのう、モデルルームを見(み)たいんですが、見(み)られるでしょうか。
> (저, 모델하우스를 보고 싶은데, 볼 수 있을까요?)
> B : ええ、いつでも見(み)られますよ。
> (네, 언제든지 볼 수 있어요.)

[3] パスポートはお持ちですか

□「お・ご〜だ」「お・ご〜です」: 존경표현

본문의「パスポートはお持(も)ちですか」는「パスポートは持(も)っていらっしゃいますか : 여권은 가지고 계십니까」의 뜻으로 이때의「お〜です」는 [동작의 진행]을 명사문에 기초한 존경표현으로 나타낸 것이다.

Ⅰ.「お・ご〜だ(보통체)」나「お・ご〜です(정중체)」는「お・ご〜になる」「お・ご〜なさる」와 마찬가지로 동사를 존경표현으로 만드는 형식인데,「お / ご〜になる」등과는 달리 [텐스(tense, 時制)]와 [아스펙트(aspect, 相)]가 중화된다고 하는 특징이 있다.

즉「お・ご〜だ / お・ご〜です」는 쓰이는 문맥이나 동사의 종류에 따라 ①완료(실현), ②현재 진행, ③미실현(미완료)을 두루 나타낼 수 있다.

※종래 연구에서는「お・ご〜だ / お・ご〜です」가 [1]과거 사실, [2]현재 상태, [3]가까운 미래 사실을 모두 나타낸다고 되어 있으나, 다음과 같이「お〜であった」나「お〜でした」의 예가 가능하다는 점에서 이를 다음과 같이 바로잡는다.

例　しかし彼(かれ)自身(じしん)は艫(とも)で枕(まくら)をしてお眠(ねむ)りであった。弟子(でし)たちはお起(お)ししていった、「先生(せんせい)、おぼれます。よろしいのですか」と。
[電子ブック前田護郎訳聖書(1983)-02-マルコ福音書-4章-38]
(그러나 그 자신은 고물에서 베개를 베고 주무시고 계셨다. 제자들은 깨워서 말했다.「선생님, 물에 빠집니다. 괜찮겠습니까?」

> 彼(かれ)らは神(かみ)を知(し)ることを無価値(むかち)としましたので、神(かみ)も彼(かれ)らを無価値(むかち)な精神(せいしん)に<u>おまかせでした</u>。それで、彼(かれ)らはしてならぬことをしました。
> [電子ブック前田護郎訳聖書(1983)-06-ローマ書-1章-28]
> (그들은 하나님을 아는 것을 가치가 없다고 했기 때문에 하나님도 그들을 가치가 없는 정신에게 맡기셨습니다. 그래서 그들은 해서는 한 되는 일을 했습니다.)
> 『主(しゅ)よ、五(ご)タラント<u>お預(あず)けでした</u>が、ごらんください、もう五タラント得(え)ました』と。
> [電子ブック前田護郎訳聖書(1983)-01-マタイ福音書-25章-20]
> (『주인이여, 내게 다섯 달란트를 맡기셨는데, 보십시오. 또 다섯 달란트를 얻었습니다』라고.)

〈1〉「お·ご〜だ / お·ご〜です」는 ①완료(실현), ②현재 진행, ③미실현(미완료)을 나타내고,
〈2〉「お〜であった / お〜でした」가 과거를 나타낸다고 설명하는 것이 타당하다.
〈3〉 다만, 「お〜であった / お〜でした」는 동사에 따라 성부(成否)에 차이가 있기 때문에 「お〜であった / お〜でした」가 가능한 동사와 불가능한 동사를 발견하여 이를 일반화하는 것이 금후의 과제라고 하겠다.

Ⅱ. 「お·ご〜だ(보통체)」나 「お·ご〜です(정중체)」의 「〜」가 전형적인 명사가 아니라, 동사의 연용형이나 한자와 같은 동작성명사라는 차이를 제외하면

「お買(か)い物(もの)ですか : 장보러 가십니까」
「ご出張(しゅっちょう)ですか : 출장가십니까」

와 같은 명사문과 같은 유형에 속한다. 이런 점에서 시상(時相)에 구속되지 않고 두루 쓰일 수 있다고 해석된다. 즉 「お·ご〜だ / お·ご〜です」에 의한 존경표현은 문맥적·상황적 조건이 만족되면, 동사문을 간결하게 명사문으로 표현할 수 있다는 점에서 일본어 회화체 문에서는 다용되고 있는데, 한국어에는 이와 같은 표현 방식이 발달되어 있지 않으니 가능한 한 많은 예를 접함으로써 사용에 익숙해지도록 각별한 주의가 요구된다.

그리고「お・ご〜だ」→「お・ご〜です」→「お・ご〜でいらっしゃいます」순으로 경의도가 높아진다.

Ⅲ.「お・ご〜だ / お・ご〜です」의 의미·용법

1.「완료(실현)」: [종전의 과거]

「お〜だ」가「완료(실현)」를 나타낼 경우에는「お〜になった」로 치환할 수 있다.

> **例**
> 先生(せんせい)、{お呼(よ)びでしょうか・お呼びになりましたでしょうか}。
> (선생님, 부르셨습니까?)
> 田中(たなか)さん、この挟(はさ)み、もう{お使(つか)いですか・お使いになりましたか}。
> (다나카 씨, 이 가위 이제 다 쓰셨습니까?)
> 彼(かれ)が会社(かいしゃ)をおやめになった話(はなし)、{お聞(き)きですか・お聞きになりましたか}。
> (그가 회사를 그만두셨다는 이야기, 들으셨습니까?)
> 森下(もりした)さん、ここでのご用(よう)は{お済(す)みですか・お済(す)みになりましたか}。
> (모리시타 씨 이곳에서의 용건은 끝나셨습니까?)

2.「현재 진행」: [종전의 현재 상태]

「お〜だ」가「현재 진행」을 나타낼 때, 즉「〜ている」의 존경표현으로 쓰일 경우에는「お〜になっている」나「〜ていらっしゃる」형식으로 치환할 수 있다.

> **例**
> この電話(でんわ)、{お使(つか)いですか・お使いになっていますか・使っていらっしゃいますか}。
> (이 전화 쓰고 계십니까?)
> 皆(みな)さん{おそろいです・おそろいになっています・そろっていらっしゃいます}から、そろそろ始(はじ)めましょうか。
> (다들 모이셨으니까, 슬슬 시작할까요?)

> お客様(きゃくさま)、どんなものを{お探(さが)しでしょうか・お探しになっていますでしょうか・探していらっしゃいますでしょうか}。
> (손님, 무엇을 찾으십니까?)
> パンフレットを{お持(も)ちですか・お持ちになっていますか・持っていらっしゃいますか}。
> (팸플릿을 가지고 계십니까?)
> 面白(おもしろ)そうですね。何(なに)を{お読(よ)みですか・お読みになっていますか・読んでいらっしゃいますか}。
> (재미있게 보이는군요. 무엇을 읽고 계십니까?)
> お兄(にい)さんは今(いま)どちらに{お勤(つと)めですか・お勤めになっていますか・勤めていらっしゃいますか}。
> (형님은 지금 어디에 근무하고 계십니까?)

3. 「미실현(미완료)」: [종전의 실현 직전의 상태(미래)]

「お・ご~だ」가 「미실현(미완료)」를 나타낼 경우에는 「お~になる」로 치환할 수 있다.

例
> 部長(ぶちょう)、もう{お帰(かえ)りですか・お帰りになりますか}。今日(きょう)はお早(はや)いですね。
> (부장님, 벌써 돌아가십니까? 오늘은 이르시네요.)
> 高田(たかだ)さん、次(つぎ)の駅(えき)で{お降(お)りですか・お降りになりますか}。
> (다카다 씨, 다음 역에서 내리십니까?)
> お客(きゃく)さま、こちらの品(しな)は{お届(とど)けですか・お届けになりますか}。
> (손님, 이 물건은 배달하실 겁니까?)

4. 존재 여부나 상태를 나타내는 경우

「お・ご~だ」가 존재 여부나 상태를 나타내는 경우에는 다른 표현으로 바꾸면 어색하다.

> 例　みなさんはそういった経験(けいけん)、おありですか?
> (여러분께서는 그런 경험 있으십니까?)
> とてもよくお似合(にあ)いです。
> (무척 잘 어울리십니다.)

5. 한어동사와「ご～だ」

「欠席(けっせき)する」와 같은 한어동사는「ご[欠席(けっせき)]だ」와 같이 만든다.

> 例　社長(しゃちょう)は本日(ほんじつ)の会議(かいぎ)にはご欠席(けっせき)です。
> (사장님께서는 오늘 회의에는 참가 안 하십니다.)
> 今度(こんど)の海外(かいがい)出張(しゅっちょう)には部長(ぶちょう)もご同行(どうこう)です。
> (이번 해외 출장에는 부장님도 동행하십니다.)

6.「お・ご～だ」의 연체수식

「お・ご～だ」형식으로 명사를 수식할 때, 즉 연체수식으로 쓰일 경우에는「お・ご～＋の＋명사」와 같이 된다.

> 例　転職(てんしょく)希望(きぼう)や正規(せいき)職員(しょくいん)でのお仕事(しごと)をお探(さが)しの方(かた)、就労(しゅうろう)支援(しえん)が受(う)けられます。
> (전직을 희망하거나 정규 사원으로서의 일을 찾고 계신 분은 취업 지원을 받을 수 있습니다.)
> 出来(でき)ましたら、お帰(かえ)りの際(さい)に、こちらのクリックをお願(ねが)い致(いた)します。
> (가능하면 돌아가실 때 이쪽 클릭을 부탁드리겠습니다.)
> お降(お)りの方(かた)はこのボタンをお押(お)しください。
> (내리실 분은 이 단추를 눌러 주십시오.)
> 複数(ふくすう)でのご参加(さんか)の場合(ばあい)は、申込(もうしこみ)の際(さい)に、その人数(にんずう)をお知(し)らせください。
> (복수로 참가하시는 경우에는 신청할 때 그 인원수를 알려 주십시오.)

> 文化(ぶんか)センターの駐車場(ちゅうしゃじょう)が大変(たいへん)混(こ)み合(あ)いますので、自家用車(じかようしゃ)をご利用(りよう)の場合(ばあい)は乗(の)り合(あ)わせでご来場(らいじょう)ください。
> (문화센터 주차장이 대단히 혼잡하오니 자가용 차를 이용하시는 경우에는 함께 타시고 내왕하시기 바랍니다.)

7.「お・ご〜だ」의 부정

「お・ご〜だ」형식의 부정은 명사술어와 마찬가지로「お・ご〜でない」가 된다.

例
> 入場券(にゅうじょうけん)をお持(も)ちでない方(かた)は、こちらでお求(もと)めください。
> (입장권을 가지고 계시지 않은 분은 이쪽에서 구입해 주십시오.)

8.「お・ご〜だ」→「お・ご〜です」→「お・ご〜でいらっしゃいます」

「お・ご〜だ」의 정중체는「お・ご〜です」이고 이보다 경의도가 높은 것은「お・ご〜でいらっしゃいます」인데, 명사술어나 형용동사의 존경표현을 만드는 것과 같은 방식을 적용하면 된다.

例
> チケットはお持(も)ちでいらっしゃいますか。
> (표는 가지고 계십니까?)
> お客様(きゃくさま)、どんなものをお探(さが)しでいらっしゃいますか。
> (손님, 어떤 것을 찾고 계십니까?)
> 例(れい)の話(はなし)は、もうお聞(き)きでいらっしゃいますか。
> (요전 이야기는 벌써 들으셨습니까?)
> 社長(しゃちょう)は本日(ほんじつ)の会議(かいぎ)にはご欠席(けっせき)でいらっしゃいます。
> (사장님께서는 오늘 회의에는 참가 안 하십니다.)
> 今度(こんど)の海外(かいがい)出張(しゅっちょう)には部長(ぶちょう)もご同行(どうこう)でいらっしゃいます。
> (이번 해외 출장에는 부장님도 동행하십니다.)

[4] お願いできますか

□「お願(ねが)いできますか」: 의뢰표현

　본문의「こちらにサインをお願(ねが)いできますか」는「여기에 사인을 해 주십시오」의 뜻으로「お願(ねが)いできますか」는 겸양표현인「お願いする : 부탁하다」에 가능의「〜できる」가 접속되어「부탁할 수 있겠습니까 → (해) 주십시오」와 같이「ください」나「〜てください」에 상당하는 의뢰표현을 나타낸다.

1.「お願(ねが)いします」:「ください」/「〜てください」

　「お願(ねが)いします」의 사전적인 의미는「부탁합니다」이지만, 일상회화에서는「ください」나「〜てください」의 대용표현으로도 사용된다.

> 例
> すみません、これ、お願(ねが)いします。→「ください」
> (저, 아가씨, 이거 주세요.)
> ここにサイン、お願(ねが)いします。→「してください」
> (여기에 사인 해 주세요.)
> もう一度(いちど)ゆっくりお願(ねが)いします。→「話(はな)してください」
> (다시 한번 천천히 말해 주세요.)
> {船便(ふなびん)・航空便(こうくうびん)}でお願(ねが)いします。→「送(おく)ってください」
> ({배편으로・항공편으로} 보내 주세요.)
> すみません、コーヒーと紅茶(こうちゃ)をお願(ねが)いします。それからケーキもください。
> (저, 커피와 홍차를 주세요. 그리고 케이크도 주세요.)

2.「お願(ねが)いできますか」:「くださいますか」/「〜てくださいますか」
　「お願(ねが)いできませんか」:「くださいませんか/「〜てくださいませんか」

「お願(ねが)いしますか」의 가능표현인「お願(ねが)いできますか」의 사전적인 의미는「부탁드릴 수 있습니까」인데,「くださいますか : 주시겠습니까」「〜てくださいますか : 〜(해) 주시겠습니까」와 같은 의뢰표현으로도 사용된다.

그리고 「お願(ねが)いできませんか」의 사전적인 의미는 「부탁드릴 수 없습니까」인데 「くださいませんか : 주시지 않겠습니까」・「～てくださいませんか : ～(해)주시지 않겠습니까」와 같은 의뢰표현으로도 사용된다.

> **例**
>
> 金額(きんがく)と日付(ひづけ)、それから署名(しょめい)はペンでお願(ねが)いできますか。
> (금액과 날짜, 그리고 서명은 펜으로 해 주시겠습니까?)
> お名前(なまえ)、お願(ねが)いできますか。
> (성함을 말씀해 주시겠습니까?)
> 呼(よ)び出(だ)し、お願(ねが)いできませんか。
> (호출 좀 부탁할 수 있겠습니까?)
> この資料(しりょう)、コピー、お願(ねが)いできませんか。
> (이 자료, 복사해 주시지 않겠습니까?)
> もう一度(いちど)簡単(かんたん)な日本語(にほんご)でお願(ねが)いできませんか。すみません、恐縮(きょうしゅく)です。
> (다시 한 번 간단한 일본어로 말씀해 주시지 않겠습니까? 저, 죄송합니다.)

3. 「お願(ねが)いできますでしょうか」: 「くださいますでしょうか」/
　　　　　　　　　　　　　　　「～てくださいますでしょうか」
　「お願(ねが)いできませんでしょうか」: 「くださいませんでしょうか /
　　　　　　　　　　　　　　　「～てくださいませんでしょうか」

「お願(ねが)いします」에 완곡한 질문 형태가 붙는 「お願(ねが)いできますでしょうか」의 사전적인 의미는 「부탁드릴 수 있을까요」인데, 「くださいますでしょうか : 주시겠습니까」 「～てくださいますでしょうか : ～(해) 주시겠습니까」의 대용표현으로도 사용된다.

그리고 「お願(ねが)いできません」에 완곡한 질문 형태가 붙는 「お願(ねが)いできませんでしょうか」의 사전적인 의미는 「부탁드릴 수 없을까요」인데, 「くださいませんでしょうか : 주시지 않겠습니까」 「～てくださいませんでしょうか : ～(해) 주시지 않겠습니까」와 같은 의뢰표현으로도 사용된다.

> 例
>
> 相席(あいせき)でお願(ねが)いできますでしょうか。
> (합석을 해 주시겠습니까?)
>
> サインをお願(ねが)いできますでしょうか。
> (사인을 해 주시겠습니까?)
>
> ご確認(かくにん)をお願(ねが)いできませんでしょうか。
> (확인을 해 주시지 않겠습니까?)
>
> こちらにご記入(きにゅう)をお願(ねが)いできませんでしょうか。
> (여기에 기입해 해 주시지 않겠습니까?)

[5] はい、かしこまりました

□「はい、かしこまりました」: 네, 알겠습니다.

「畏(かしこ)まる」는 「分(わ)かる: 알다」「引(ひ)き受(う)ける: 일을 떠맡다」의 겸양어 I 인데, 「かしこまりました」의 형태로 상대에게 존경의 뜻을 나타내며 명령이나 지시를 받아 드릴 때 쓴다. 그리고 「わかりました」는 「かしこまりました」보다 정중도가 낮다.

1. 「わかりました」

> 例
>
> A: コーヒーを三人分(さんにんぶん)、砂糖(さとう)抜(ぬ)きで。
>   (커피 석 잔, 설탕 넣지 말고.)
>
> B: はい、わかりました。
>   (네, 알겠습니다.)
>
>
> A: 明日(あした)は、朝一(あさいち)で会議(かいぎ)があるから、遅(おく)れないように。
>   (내일은 아침 일찍 회의가 있으니까, 늦지 않도록 해.)
>
> B: はい、わかりました。
>   (네, 알겠습니다.)

第 2 課　こちらにサインをお願いできますか

> A：これ、二部(にぶ)ずつコピーお願(ねが)い。
> 　　(이거, 2부씩 복사해 줘.)
> B：はい、わかりました。
> 　　(네, 알겠습니다.)

2.「かしこまりました」

> 例
> A：入札(にゅうさつ)の結果(けっか)がどうなったか、聞(き)いてみてくれないか。
> 　　(입찰 결과가 어떻게 되었는지 물어 봐 주지 않겠어?)
> B：かしこまりました。早速(さっそく)調(しら)べてみます。
> 　　(알겠습니다. 즉시 알아보겠습니다.)
>
> A：あのブラウス、ちょっと見(み)せていただけませんか。
> 　　(저 블라우스, 좀 보여 주지 않겠습니까?)
> B：はい、かしこまりました。これでございますね。この手(て)の品物(しなもの)はなかなか人気(にんき)がございまして。
> 　　(네, 알겠습니다. 이것 말씀이시지요? 이런 종류의 물건은 상당히 인기가 있어서요.)
>
> A：日本語(にほんご)学校(がっこう)の野村(のむら)でございます。
> 　　(일본어학교의 노무라입니다.)
> B：「あ、本社(ほんしゃ)からの紹介(しょうかい)ですか。東京(とうきょう)日本語(にほんご)学校(がっこう)の野村様(のむらさま)でいらっしゃいますね。かしこまりました。はい、お受(う)けいたします。で、見学(けんがく)なさりたい方(かた)は。
> 　　(아, 본사로부터 소개를 받으셨습니까? 도쿄일본어학교의 노무라 님이십니까? 알겠습니다. 네, (견학을) 받아드리겠습니다. 그런데, 견학하시고 싶은 분은 누구십니까?)
>
> A：はい、どうぞ。
> 　　(네, 말씀하십시오.)

B：あのう、お帰(かえ)りになったら、こちらにお電話(でんわ)、いただきたいんですが。
   (저, 돌아오시면 저에게 전화를 주셨으면 하는데요.)
A：はい、かしこまりました。そう申(もう)し伝(つた)えます。
   (네, 알겠습니다. 그렇게 말씀을 전하겠습니다.)

A：こちらなんかいかがでしょう。お似合(にあ)いですよ。
   (이런 거, 어떠십니까? 잘 어울리십니다.)
B：それじゃ、これ、いただこうかしら。
   (그럼, 이거 살까?)
A：かしこまりました。こちらにどうぞ。
   (알겠습니다. 이쪽으로 오시지요.)

A：コーヒーは食事(しょくじ)の後(あと)になさいますか。
   (커피는 식사 후에 하시겠습니까?)
B：ええ、食後(しょくご)にお願(ねが)いします。
   (네, 식후에 주세요.)
A：かしこまりました。
   (알겠습니다.)

3. 「承知(しょうち)しました」

「承知(しょうち)する」도 「かしこまる」와 같은 뜻을 나타내는데, 여성보다는 남성 쪽이 많이 사용한다. 승낙을 나타낼 때는 「承知(しょうち)しました」「承知(しょうち)いたしました」순으로 정중도가 높아진다.

例 そのことなら、先日(せんじつ)一緒(いっしょ)にお話(はなし)を伺(うかが)いましたので、よく承知(しょうち)しております。
(그 일은 지난번에 함께 말씀을 들었기 때문에 잘 알고 있습니다.)

A：田中君(たなかくん)、安心(あんしん)するのはまだ早(はや)いぞ。他社(たしゃ)も必死(ひっし)だから、契約(けいやく)が済(す)むまでは油断(ゆだん)できないぞ。
(다나카 군, 안심하는 것은 아직 빨라. 다른 회사도 필사적이니까, 계약이 끝날 때까지는 방심할 수는 없단 말이야.)

B：はい、重々(じゅうじゅう)承知(しょうち)いたしております。
(네, 충분히 잘 알고 있습니다.)

A：デコボコ社(しゃ)との約束(やくそく)時間(じかん)の確認(かくにん)をとってくれませんか。
(데코보코사와의 약속 시간을 확인해 주지 않겠어요?)

B：はい、承知(しょうち)しました。
(네, 알겠습니다.)

A：彼(かれ)一人(ひとり)だけで行(い)かせると、どうも遊(あそ)びがちだから、君(きみ)も一緒(いっしょ)に取引先(とりひきさき)について行(い)ってくれないかね。
(그 사람 혼자만 보내면 아무래도 노는 경향이 있으니, 자네도 같이 거래처에 따라 갔다 오지 않겠어?)

B：はい、承知(しょうち)いたしました。お言葉(ことば)ですが、どうして…。
(예, 알겠습니다. 말씀은 잘 알았습니다만, 어째서 그러시죠?)

A：この間(あいだ)、偶然(ぐうぜん)彼(かれ)が街(まち)で遊(あそ)んでいるところを見(み)かけたんだよ。
(요전에 우연히 그가 거리에서 놀고 있는 것을 봤어.)

[6] 李さま、お待たせいたしました

□「お待(ま)たせいたしました」: 오래 기다리게 해서 죄송합니다

　본문의「李(イー)さま、お待(ま)たせいたしました」는「이경민 손님, 많이 기다리게 해서 죄송합니다」의 뜻인데, 여기에서는 존경의 접미사인「~さま」와 남을 기다리게 했을 때 사용하는「お待(ま)たせしました・お待(ま)たせいたしました」의 용법을 학습한다.

◇「~様(さま)」

　「~様(さま)」는 존경의 접미사인「~さん」보다 경의도(敬意度)가 높은 말로서 은행이나 백화점과 같이 손님을 상대하는 곳에서는「~さん」을 쓰지 않고「~さま」를 쓰니 주의한다.

> **例**
> お客(きゃく)さま、こちらへどうぞ。
> (손님, 이쪽으로 오십시오.)
> お二人(ふたり)さまでいらっしゃいますか。お待(ま)たせ致(いた)しました。奥(おく)へどうぞ。
> (두 분이십니까? 많이 기다리게 해서 죄송합니다. 안으로 들어가시지요.)
> お知(し)らせ致(いた)します。松本(まつもと)からお越(こ)しの田中(たなか)大介(だいすけ)さま、田中大介さま、お連(つ)れの方(かた)がお探(さが)しでいらっしゃいます。1階(いっかい)正面(しょうめん)玄関(げんかん)までお越(こ)しくださいませ。
> (안내 말씀 드리겠습니다. 마쓰모토에서 오신 다나카 다이스케 손님, 다나카 다이스케 손님, 일행 분께서 찾고 있사오니 1층 정면 현관으로 오시기 바랍니다.)

◇「お待(ま)たせしました・お待(ま)たせいたしました」

1.「お待(ま)たせしました」

　「お待(ま)たせしました」는「待(ま)つ」의 사역형「待(ま)たせる」에 겸양어Ⅰ「お~する」가 접속된「お待(ま)たせする」에서 나온 말이다.

　「お待(ま)たせしました」는 상점 등에서 손님을 기다리게 했을 때, 또는 자기에게 걸려온 전화를 받을 때 쓰는 표현으로 한국어의「{많이/오래} 기다리시게 해서 죄송합니다」「{많이/오래} 기다리셨습니다」에 해당한다.

第 2 課　こちらにサインをお願いできますか

例 ランチセットのお客様(きゃくさま)、お待(ま)たせしました。
(런치 세트를 주문하신 손님, 많이 기다리게 해서 죄송합니다(음식 나왔습니다).)

A：お待(ま)たせしました。104(ひゃくよん)です。
　　(네[많이 기다리게 해서 죄송합니다], 114번입니다.)
B：あのう、ホテルニューオータニは何番(なんばん)でしょうか。
　　(저, 호텔 뉴오타니는 몇 번입니까?)

「お待(ま)たせしました」笑顔(えがお)で看護婦(かんごふ)が対応(たいおう)する。
(『많이 기다리게 해서 죄송합니다』웃는 얼굴로 간호사가 응대한다.)
その女(おんな)の子(こ)が、やっと伝票(でんぴょう)と鉛筆(えんぴつ)を手(て)にやって来(く)る。「すみません、お待(ま)たせしました」と、額(ひたい)の汗(あせ)を拭(ぬぐ)う。
(그 여자가 이윽고 전표와 연필을 들고 다가온다. 「기다리게 해서 미안합니다」하며 이마의 땀을 닦는다.)
お待(ま)たせしてすまなかった。
(기다리게 해서 미안해.)
どうも、お待(ま)たせしてすいません。
(정말 기다리게 해서 미안합니다.)
お急(いそ)ぎのところ、お待(ま)たせして申(もう)し訳(わけ)ありません。
(바쁘신 데 기다리게 해서 죄송합니다.)

A：もしもし、お待(ま)たせております。ちょっと終(お)わりそうもないので、後(のち)ほどこちらからおかけしましょうか。
　　(여보세요. 많이 기다리게 해서 죄송합니다. 금방 끝날 것 같지도 않으니 나중에 저희들이 전화를 드릴까요?)
B：じゃ、お願(ねが)いします。
　　(그럼 부탁합니다.)

2. 「お待(ま)たせいたしました」

「お待(ま)たせいたしました」는「待(ま)つ」의 사역형「待(ま)たせる」에 겸양어Ⅰ 겸 겸양어Ⅱ인「お~いたす」가 접속된「お待(ま)たせいたす」에서 나온 말로「お待(ま)たせしました」보다 정중한 표현이다.

> **例**
>
> 長(なが)らくお待(ま)たせいたしました。
> (오랫동안 기다리시게 해서 죄송합니다.)
> 長(なが)らくお待(ま)たせいたしまして、申(もう)し訳(わけ)ございません。
> (오랫동안 기다리시게 해서 죄송합니다.)
> お待(ま)たせいたしました。レシートと三百円(さんびゃくえん)のお返(かえ)しです。
> (많이 기다리셨습니다. 영수증과 거스름돈 300엔입니다.)
> お待(ま)たせいたしました。A定食(ていしょく)の方(かた)は、どちらさまでしょうか。
> (오래 기다리시게 해서 죄송합니다. A정식을 주문하신 분은 어느 분이시지요?)
> お待(ま)たせいたしました。営業(えいぎょう)担当(たんとう)部長(ぶちょう)の佐々木(ささき)でございます。
> (전화 바꿨습니다. 영업 담당 부장인 사사키입니다.)
> お忙(いそが)しいところ、お待(ま)たせいたしました。
> (바쁘신데 많이 기다리시게 해서 죄송합니다.)
>
> A：はい、李(イー)でございますか。李(イー)はただいまほかの電話(でんわ)に出(で)ておりますが、しばらくお待(ま)ちいただけませんでしょうか。
>   (예, 이경민 씨 말씀입니까? 이경민 씨는 지금 다른 전화를 받고 있는데, 잠시만 기다려 주시겠습니까?)
> B：はい。[しばらくしてから、李(イー)、電話(でんわ)に出(で)る]
>   (예. [잠시 후 이경민, 전화를 받다])
> C：はい、大変(たいへん)お待(ま)たせいたしました。李(イー)でございます。
>   (예, 오래 기다리시게 해서 죄송합니다. 이경민입니다.)

[7] 確に

□「確(たし)かに」: 틀림없이 맞습니다

본문의「はい、確(たし)かに」는「틀림없이 맞습니다」의 뜻으로「確(たし)かに」뒤에 술어 상당의 내용이 생략된 채 쓰이고 있다.

「確(たし)かに」는「確(たし)かだ」의 연용형인데, 여기에서「確(たし)かだ」의 의미·용법을 정리해 보면 다음과 같다.

① 「基礎(きそ)が確(たし)かだ : 기초가 탄탄하다」와 같이 위험하게 보이지 않고 든든한 상태를 나타내는 경우,

② 「腕前(うでまえ)は確(たし)かだ : 솜씨는 믿을 수 있다」「確(たし)かな情報(じょうほう) : 틀림없는 정보」「確(たしか)な証拠(しょうこ) : 확실한 증거」「明日(あした)こそ確(たし)かに払(はら)います : 내일은 틀림없이 갚겠습니다」와 같이 신뢰할 수 있거나 안심할 수 있는 모양이나 확실한 것을 나타내는 경우,

③ 「記憶力(きおくりょく)は確(たし)かだ : 기억력은 아직 자신이 있다」「おい、気(き)は確(たし)かか : 이봐 제 정신이야?」와 같이 기능이나 능력이 정상적인 것을 나타내는 경우,

④ 「確(たし)かな人数(にんずう)はつかんでいない : 정확한 인원수는 파악하고 있지 않다」와 같이 정확한 것을 나타내는 경우로 나누어 볼 수 있다.

본문에서는 ②와 같이 어떤 대상이나 사항에 대해 그것이 성립하는 것은 틀림없다고 하는 판단을 나타낼 때 쓴다.

例　確(たし)かに人生(じんせい)は思(おも)いがけない展開(てんかい)をします。
(확실히 인생은 예기치 않은 전개를 합니다.)
確(たし)かに彼(かれ)は成功(せいこう)している。
(확실히 그는 성공했다.)
子供(こども)たちの行儀(ぎょうぎ)は確(たし)かに良(よ)くなっています。
(아이들의 예의는 확실히 좋아졌습니다.)
なるほど、言(い)われてみれば、確(たし)かにそうですね。
(정말 이야기를 듣고 보니 확실히 그렇군요.)
あなたの言(い)う通(とお)り、確(たし)かにこの間(あいだ)はぼくが悪(わる)かった。
(당신이 말한 대로 확실히 요전에는 내가 잘못했어.)

ゆっくり、でも確(たし)かに。貴方(あなた)の好(す)きな事(こと)もこの先(さき)ずっと好(す)きとは限(かぎ)りません。
(천천히, 하지만 틀림없어. 당신이 좋아하는 일도 앞으로 계속해서 좋다고는 할 수 없습니다.)
「そうだね、確(たし)かに。」と僕(ぼく)は言(い)った。
(『그래. 틀림없어.』라고 나는 말했다.)
「忘(わす)れられない出会(であ)いになりましたね」。確(たし)かに。でも取材(しゅざい)の先行(さきゆ)きが不安(ふあん)になってきたぞ。
(『잊을 수 없는 만남이 됐군요.』틀림없어요. 하지만 취재의 전망이 불안해졌어.)
確(たし)かに。一人(ひとり)は何(なに)も知(し)らない無垢(むく)な娘(むすめ)。もう一人(ひとり)はすべてが成熟(せいじゅく)した女(おんな)。
(맞습니다. 한 사람은 아무 것도 모르는 때 묻지 않은 처자. 다른 한 사람은 모든 것이 성숙한 여자.)
日本(にほん)には天才(てんさい)がたくさんいます！ 思(おも)わず「確(たし)かに！」と頷(うなず)いてしまう。
(일본에는 천재가 많이 있습니다. 나도 모르게『맞습니다』라고 수긍하게 된다.)
お手紙(てがみ)、確(たし)かに受(う)け取(と)りました。
(편지, 틀림없이 잘 받아 보았습니다.)
先日(せんじつ)依頼(いらい)いたしました〇〇の書類(しょるい)は、本日(ほんじつ)確(たし)かに受領(じゅりょう)いたしました。
(지난번 의뢰 드린 〇〇서류는 금일 틀림없이 수령했습니다.)

A：間違(まちが)いはないと思(おも)いますが、念(ねん)のためにお調(しら)べください。
　　(틀림없다고 생각합니다만, 혹시 모르니 조사해 보세요.)
B：はい。確(たし)かに。
　　(네, 틀림없이 맞습니다.)

A：わざわざそんなふうにしたことはないわ。
　　(일부러 그런 식으로 한 적은 없어.)
B：確(たし)かに。
　　(맞아.)

응용회화

李(イー)、銀行(ぎんこう)を出(で)て通行人(つうこうにん)に道(みち)を聞(き)く

李　　：［さて、郵便局(ゆうびんきょく)はどこだろうか。］
　　　　あのう、すみません。
女性1：はい。何(なに)か。
李　　：あのう、近(ちか)くに郵便局(ゆうびんきょく)はありませんでしょうか。
女性1：すみませんが、わたしもこの辺(へん)ははじめてなので。
李　　：あ、すみません。

［李(イー)、通(とお)りがかりの別(べつ)の女性(じょせい)に聞(き)く］

李　　：ちょっと失礼(しつれい)します。
女性2：アンケートなら、お断(ことわ)りよ。それから、わたしは宗教(しゅうきょう)には全然(ぜんぜん)興味(きょうみ)ないの。
李　　：［やっぱり最近(さいきん)の日本(にほん)の若(わか)い女性(じょせい)には変(か)わった人(ひと)が多(おお)いな。］
　　　　あの、そんなんじゃないんです。わたしは旅行者(りょこうしゃ)で、ただ郵便局(ゆうびんきょく)へ行(い)きたいと思(おも)って。
女性2：あら、ごめんなさい。郵便局(ゆうびんきょく)ならこの道(みち)を隔(へだ)てたあの白(しろ)いビルにあります。

이경민, 은행에서 나와 지나가는 사람에게 길을 묻는다

이경민 : [그런데, 우체국은 어딜까?]
저, 말 좀 묻겠습니다.

여성1 : 네. 무슨 일입니까?

이경민 : 저, 근처에 우체국은 없습니까?

여성1 : 미안합니다. 저도 이 근처는 처음이라서요.

이경민 : 아, 미안합니다.

[이경민, 지나가는 다른 여성에게 묻는다]

이경민 : 저, 말 좀 묻겠습니다.

여성2 : 앙케트 조사라면 사양하겠어요. 그리고 저는 종교에는 관심이 전혀 없어요.

이경민 : [역시 요즘 일본 젊은 여성 중에는 이상한 사람이 많군]
저, 그런 게 아닙니다. 저는 여행 온 사람인데 단지 우체국에 가는 길을 알고 싶어서요.

여성2 : 어머, 죄송해요. 우체국은 이 길 건너편에 있는 저 흰색 건물에 있습니다.

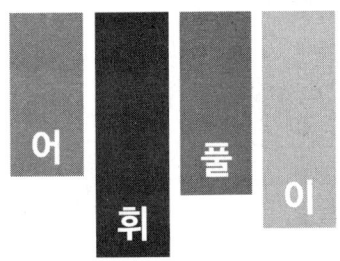

- 通行人(つうこうにん) – 통행인 / 지나가는 사람
- さて – 그런데 / 그럼 : 화제 제시
- 近(ちか)くに – 근처에
- [郵便局(ゆうびんきょく)は]ありませんでしょうか – [우체국은] 없습니까?
  「ありませんでしょうか」:「ありません」에「でしょうか」가 붙은 정중체 질문.
- この辺(へん) – 이 부근
- 通(とお)りがかりの別(べつ)の女性(じょせい) – 지나가는 다른 여성
- ちょっと失礼(しつれい)します – 좀 실례하겠습니다 / 저, 말 좀 묻겠습니다
- アンケートなら – 앙케트라면 / 앙케트는 ;「～なら」는 화제 제시 용법
- お断(ことわ)りよ – 사양이에요
- 宗教(しゅうきょう) – 종교
- 全然(ぜんぜん) – 전혀
- 興味(きょうみ)ない – 흥미가 없다
- 変(か)わった[人(ひと)] – 별난 / 이상한 [사람]
- [多(おお)い]な – [많]군 :「な」는 독백조의 종조사
- そんなんじゃないんです – 그렇지 않습니다
- 旅行者(りょこうしゃ) – 여행자
- ごめんなさい – 죄송해요
- 郵便局(ゆうびんきょく)なら – 우체국이라면 / 우체국은 :「～なら」는 화제 제시 용법
- 隔(へだ)てる – 사이를 떼다 / 사이에 두다

관련사항

□「確(たし)かに」와「確(たし)か」

1.「確(たし)かに」는 형용동사의 연용형으로 확실한 정도가 강하다.

> 例　書類(しょるい)は、確(たし)かに受(う)け取(と)りました。
> (서류는 틀림없이 잘 받았습니다.)

와 같이 틀림이 없는 것이나 확실한 것을 나타내거나,

> 例　まだ頭(あたま)は確(たし)かだ。
> (아직 머리는 문제가 없는 것 같다.)
> 身元(みもと)の確(たし)かな人(ひと)だ。
> (신원이 확실한 사람이다.)

와 같이 안전한 것이나 신용할 수 있는 것을 나타내거나,

> 例　確(たし)かな証拠(しょうこ)があります。
> (확실한 증거가 있습니다.)
> これは出所(でどころ)の確(たし)かな骨董品(こっとうひん)です。
> (이것은 출처가 분명한 골동품입니다.)

와 같이 확실한 것이나 명료한 것을 나타낸다.

2. 「確(たし)か」는 부사로서「[자기 기억에 의하면] 일단 틀림없지만」이라는 의미인데 최근 그 확실한 정도가 다소 약해져서「思(おも)います : 생각합니다」의 의미가 강해졌다. 따라서 한국어로는「아마 틀림없이」로 번역하는 것이 무난하다.

> **例**
>
> それは、確(たし)か去年(きょねん)の6月(ろくがつ)だったと思(おも)います。
> (그것은 아마 틀림없이 작년 6월이었다고 생각합니다.)
> 確(たし)か、君(きみ)の家(いえ)の近(ちか)くの寺(てら)だと思(おも)う。
> (아마 틀림없이 자네 집 근처 절이라고 생각해.)

따라서「確(たし)かに」는 확실하고 틀림없다는 것을,「確(たし)か」는 그다지 확실하지 않다는 것을 나타낸다는 점에서 의미적 차이가 있다.

第3課

これ、韓国まで普通でお願いします

이거 한국에 보통으로 부쳐 주세요

第3課

これ、韓国まで普通でお願いします
이거 한국에 보통으로 부쳐 주세요

회화 본문

李(イー)、[1]郵便局(ゆうびんきょく)で手紙(てがみ)を出(だ)す

李 ：あのう、これ、[2]韓国(かんこく)まで普通(ふつう)でお願(ねが)いします。

窓口：はい。韓国(かんこく)までですね。80円(はちじゅうえん)かかります。

李 ：1万円(いちまんえん)なんですが、[3]細(こま)かいのがなくて…

[李(イー)、1万円(いちまんえん)を出(だ)す]

窓口：[4]1万円(いちまんえん)お預(あず)かりします。[5]九千(きゅうせん)と九百(きゅうひゃく)二十円(にじゅうえん)のお返(かえ)しです。

李 ：あ、それから記念(きねん)切手(きって)を買(か)いたいんですが。

窓口：[6]今月(こんげつ)の記念(きねん)切手(きって)はこちらとなっております。

李 ：じゃ、これください。

窓口：申(もう)し訳(わけ)ございません。そちらは売切(うりき)れとなっております。

李 ：じゃ、[7]こっちのをください。

窓口：何枚(なんまい)でしょうか。20枚(にじゅうまい)[8]一組(ひとくみ)で、1(ワン)シートとなっておりますが。

李 ：それでは1(ワン)シートだけください。

窓口：[9]千円(せんえん)になります。はい、ありがとうございます。

이경민, 우체국에서 편지를 부치다

이경민 : 저, 이거 한국에 보통으로 부쳐 주세요.

창구 : 네. 한국에 보내시는 것이군요. 80엔입니다.

이경민 : 만 엔인데, 잔돈이 없어서 미안합니다.

[이경민, 만 엔을 내다]

창구 : 만 엔 받았습니다. 거스름돈 9,920엔입니다.

이경민 : 아, 그리고 기념우표를 사고 싶은데요.

창구 : 이번 달 기념우표는 이것입니다.

이경민 : 그럼, 이거 주세요.

창구 : 죄송합니다. 그것은 다 팔렸습니다.

이경민 : 그럼, 이쪽 것을 주세요.

창구 : 몇 장입니까? 20매 한 묶음으로 1시트입니다.

이경민 : 그럼, 1시트만 주세요.

창구 : 천 엔입니다. 자, 여기 있습니다. 감사합니다.

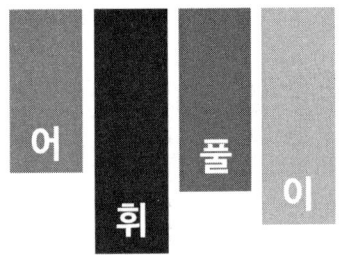

- 手紙(てがみ)を出(だ)す - 편지를 부치다
- [韓国(かんこく)]まで - [한국]까지 / [한국]에
- 普通(ふつう)でお願(ねが)いします - 보통으로 부탁합니다(부쳐 주세요)
- 窓口(まどぐち) - 창구
- [韓国(かんこく)]までですね - 한국에 보내시는 것이군요
- [80円(はちじゅうえん)]かかります - 80엔 듭니다 / 80엔입니다
- 細(こま)かいのがなくて - 잔돈이 없어서 (미안합니다)
- [1万円(いちまんえん)]お預(あず)かりします - 만 엔 받았습니다 : 「お預(あず)かりする」는 「預(あず)かる」의 겸양어 I
- お返(かえ)し - 돌려주는 것 / 거스름돈
- 記念(きねん)切手(きって) - 기념우표
- [こちら]となっております - 이것으로 되어 있습니다 / 이것입니다
- 申(もう)し訳(わけ)ございません - 죄송합니다
- 売切(うりき)れ - 다 팔리는 것
- こっちの - 이쪽 것 :「こっち」는「こちら」의 축약형
- 何枚(なんまい) - 몇 장
- 一組(ひとくみ) - 한 묶음
- 1(ワン)シート - 1시트 : シート(sheet, 시트) 낱장으로 떼지 않은 한 판의 우표.
- [千円(せんえん)]になります - [천 엔]이 됩니다 / [천 엔]입니다
- はい、ありがとうございます - 자, 여기 있습니다. 감사합니다.

중요 어구 해설

[1] 郵便局

□ 「郵便局(ゆうびんきょく) : 우체국」에서 많이 쓰이는 용어

일본에 가서 우체국에서 볼일을 보고자 할 때 용어를 모르면 곤란을 겪게 된다. 다음 용어에 익숙해지도록 연습한다.

例
切手(きって) : 우표.
記念(きねん)切手(きって) : 기념우표.
葉書(はがき) : 엽서.
官製(かんせい)はがき : 관제 엽서.
年賀(ねんが)ハガキ : 연하장.
航空書簡(こうくうしょかん) : 항공 서한.
EMS(イーエムエス : 国際(こくさい)エクスプレスメール) : 국제 특급 우편.
往復(おうふく)ハガキ : 왕복 엽서.
封筒(ふうとう) : 봉투.
便箋(びんせん) : 편지지.
郵便為替(ゆうびんかわせ) : 우편환.
現金書留(げんきんかきとめ) : 현금 등기(우리나라에서는 없는 제도인데 현금을
　　　　　　　　　　　　　현금 등기용 봉투에 넣어 보낼 수 있다.)
簡易書留(かんいかきとめ) : 간이 등기.
普通(ふつう) : 보통.
速達(そくたつ) : 속달(빠른 우편).
書留郵便(かきとめゆうびん) : 등기 우편.

> ゆうパック：정형 우편물.
>
> チルドゆうパック：냉동 정형 우편물.
>
> 航空郵便(こうくうゆうびん)：항공 우편.
>
> 郵便小包(ゆうびんこづつみ)：우편 소포.
>
> 船便(ふなびん)：배편.
>
> 航空便(こうくうびん)：항공편.
>
> 郵便貯金(ゆうびんちょきん)：우편 예금.
>
> 郵便保険(ゆうびんほけん)：우편 보험.

[2] 韓国まで普通でお願いします / 韓国までですね

□「韓国(かんこく)まで」：조사

「〜まで」는 종점이나 도달점을 나타내는 격조사로, 한국어로는「〜까지」로 번역하는 것이 일반적이지만, 본문의「韓国(かんこく)まで普通(ふつう)でお願(ねが)いします：한국에 보통으로 부쳐 주세요」과 같이 도착점을 나타내는「〜에」에 대응하니 주의한다.

例

> A：ひもをかけて、それからこちらに宛先(あてさき)を書(か)いて、貼(は)ってください。
> (끈으로 묶고, 그리고 여기에 보내는 곳을 쓴 다음 붙여 주세요.)
>
> B：はい。
> (네.)
>
> A：ええと、これはアメリカまでですね。
> (음. 이것은 미국에 보내는 것이군요.)
>
> A：何(なに)かお買(か)い物(もの)ですか。
> (뭐 사시러 가십니까?)
>
> B：ええ、デパートまで行(い)きます。
> (네, 백화점에 갑니다.)

[3] 細かいのがなくて…

□「細(こま)かいのがなくて」:「テ形」에 의한 문 중지 용법

본문의「細(こま)かいのがなくて」는「잔돈이 없어서 미안합니다」의 뜻으로 형용사「ない」가 원인·이유를 나타내는「テ形」으로 끝나고 있다.

일본어에서는 뒤에 오는 귀결이나 결과를 나타내는 표현 즉 후건(後件)을 생략하고 접속조사「テ形」으로 끝나는 소위「문 중지 용법」이 발달되어 있다. 이 용법은「テ形」으로 문을 도중에서 맺음으로써 자기의 의견을 강하게 제시하지 않고 결과적으로 상대에게 부드러운 감정을 전달하고자 하는 표현 의도가 담겨 있는 표현 형식이다.

먼저 형용사의「テ形」으로 문을 종지하고 있는 예를 살펴보자.

> 例
>
> A : やはりあしたもだめですか。
>   (역시 내일도 안 됩니까?)
> B : ええ、最近(さいきん)ちょっと忙(いそが)しくて。
>   (네, 요즘은 좀 바빠서요. [도저히 시간이 안 나요])
>
> A : 引(ひ)っ越(こ)しの準備(じゅんび)はもう終(おわ)りですか。
>   (이사 준비는 이제 끝났습니까?)
> B : ええ、でも、荷物(にもつ)が多(おお)くて。
>   (네, 하지만 짐이 많아서요. [걱정이 태산 같아요])
>
> A : 急(きゅう)にどうしたんですか。
>   (갑자기 왜 그래요?)
> B : ちょっと気分(きぶん)が悪(わる)くて。
>   (좀 몸이 안 좋아서요. [그래요])

그 밖의「テ形」을 술어 종류별로 살펴보면 다음과 같다.

1.「～がなくて」
「～がない：～가 없다」가「～がなくて」와 같이「テ形」으로 문을 종지하는 예를 들면 다음과 같다.

> 例　駅(えき)の東口(ひがしぐち)方面(ほうめん)はなかなか行(い)く機会(きかい)がなくて。
> (역 동쪽 출구 방면은 좀처럼 갈 기회가 없어서.)
> 元々(もともと)映画(えいが)学校(がっこう)出身(しゅっしん)だし、映画(えいが)を撮(と)りたいんだけど、時間(じかん)がなくて。
> (원래 영화 학교 출신여서 영화를 찍고 싶지만 시간이 없어서.)
> もっと彼女(かのじょ)とは会(あ)って話(はな)したりしたいんだけど、何(なん)だかあんまり暇(ひま)がなくて。
> (그녀와는 더 만나서 이야기하거나 하고 싶지만 왠지 별로 여유가 없어서.)

2.「～くなくて」
형용사의 부정인「～くない」가「～くなくて」, 그리고 형용사 활용을 하는 조동사「～たい」의 부정인「～たくない」가「～たくなくて」와 같이「テ形」으로 종지하는 예를 들면 다음과 같다.

> 例　やっぱり状態(じょうたい)が思(おも)わしくなくて。
> (역시 상태가 안 좋아서.)
> そうか。大変(たいへん)ですね。ぼくの方(ほう)はあまり親類(しんるい)という奴(やつ)が多(おお)くなくて。
> (그래? 힘들겠군요. 나는 별로 친척이라는 것이 많지 않아서.)
> いや、おまえに余計(よけい)な心配(しんぱい)をかけたくなくて。
> (아냐, 너한테는 쓸데없는 걱정을 끼치고 싶지 않아서.)

3.「〜ではなくて・〜じゃなくて」

　명사술어나 형용동사의 부정인「〜ではない」「〜じゃない」가「〜ではなくて」「〜じゃなくて」와 같이「テ形」으로 종지하는 예를 들면 다음과 같다.

> 例　それができるか出来(でき)ないかの問題(もんだい)ではなくて。
> (그것을 할 수 있을 지 어떨 지의 문제가 아니라.)
> それは体質的(たいしつてき)に難(むずか)しくなっている、経済(けいざい)状況(じょうきょう)ばかりではなくて。
> (그것은 체질적으로 어려워지고 있는 경제 상황뿐만 아니라.)
> いえ、違(ちが)います。彼女(かのじょ)が嫌(きら)いではなくて。
> (아뇨, 그렇지 않습니다. 그녀가 싫은 것이 아니라.)
> 体(からだ)も不自由(ふじゆう)で自由(じゆう)に動(うご)くこともできぬ人(ひと)をとらえて人質(ひとじち)にするのは卑怯(ひきょう)ではなくて。
> (몸이 불편해서 자유롭게 움직일 수도 없는 사람을 잡아 인질로 삼는 것은 비겁하지 않고.)
> そうじゃなくて。わかっているだろう。
> (그게 아니라. 알았지?)
> 修辞的(しゅうじてき)誇張(こちょう)じゃなくて。私(わたし)、走(はし)って逃(に)げたわ。
> (수사적 과장이 아니라 저, 달려서 도망쳤어.)
> これが争点(そうてん)でしょうね、実際(じっさい)の費用(ひよう)じゃなくて。
> (이것이 쟁점이겠지요. 실제 비용이 아니라.)
> いや。人物(じんぶつ)じゃなくて。そう。この子(こ)を見(み)ていると、なにかを連想(れんそう)させられるんだ。
> (아니, 인물이 아니라. 맞아, 이 아이를 보고 있으면 뭔가를 연상하게 돼.)
> そのウサギは、タヌキのこと、あんまり好(す)きじゃなくて。
> (이 토끼는 너구리를 그다지 좋아하지 않아서.)
> 一瞬(いっしゅん)、日本(にほん)にいることを忘(わす)れてしまいそうな気分(きぶん)。ホント大袈裟(おおげさ)じゃなくて。
> (그 순간 일본에 있는 것을 잊어버리는 그런 기분. 정말 과장이 아니라.)

4.「～でして」

　명사술어나 형용동사의 긍정 정중체인「～です」가「～でして」와 같이「テ形」으로 종지하는 예를 들면 다음과 같다.

> 例　絵(え)をかけるのによい背景(はいけい)でして。
> (그림을 걸기에는 좋은 배경이어서.)
> わたしはなにぶん時代(じだい)に取(と)り残(のこ)された老人(ろうじん)でして。
> (저는 여하튼 시대에 뒤쳐진 노인인지라.)
> この絵(え)に描(えが)かれた方(かた)は、五人目(ごにんめ)の奥様(おくさま)でして。
> (이 그림을 그리신 분은 5번째 부인이어서.)
> ぼくはこのイラストが大好(だいす)きでして。
> (나는 이 삽화를 대단히 좋아해서.)
> 残念(ざんねん)ながら、恋人(こいびと)はおりません。どうも女性(じょせい)は苦手(にがて)でして。
> (유감이지만 연인은 없습니다. 도무지 여성을 상대하는 것은 자신이 없어서.)

5.「～なくて」

　동사의 부정인「～ない」가「～なくて」와 같이「テ形」으로 종지하는 예를 들면 다음과 같다. 원인・이유를 나타내는「～なくて」로 문을 도중에서 맺고 귀결이나 결과를 나타내는 후건을 생략하는 경우가 있다.

> 例　何年(なんねん)もバイクから離(はな)れていて最近(さいきん)のものは全(まった)く知(し)らなくて。
> (몇 년이나 오토바이에서 멀어져 있어 요즘 것은 전혀 몰라서.)
>
> Ａ：お食事(しょくじ)はお済(す)みですか? あら、全然(ぜんぜん)召(め)し上(あ)がらなかったんですか?
> 　　(식사는 다 끝나셨습니까? 어머, 전혀 안 드셨습니까?)

B：お腹(なか)が空(す)かなくて。
   (배가 고프지 않아서.)

A：ところで、部長(ぶちょう)はゴルフがお好(す)きだと伺(うかが)っておりますが、よくおやりになるんですか。
   (그런데 부장님께서는 골프를 좋아하신다고 들었습니다만, 자주 하십니까?)
B：ええ、もっとも、下手(へた)の横好(よこず)きというのでしょうか。腕(うで)の方(ほう)は一向(いっこう)に上(あ)がらなくて。
   (네. 그렇다고 하더라도 서투른 주제에 좋아한다고 할까요? 실력은 전혀 나아지지 않고.)

なにぶん年寄(としより)なものですから、仕事(しごと)もなかなかはかどらなくて。
(아무래도 나이를 먹어서 일도 좀처럼 진척되지 않아서.)
今日(きょう)は、あまりおもてなしできなくて。
(오늘은 별로 대접을 하지 못해서 [죄송해요].)

6.「～まして」

「～まして」는 정중의 조동사「～ます」에 접속조사「～て」가 접속된「テ形」으로 원인·이유를 정중하게 말할 때 쓴다. 그런데 실제 회화에서 용건을 꺼내거나, 혹은 사정을 설명하고자 할 때는 결과나 귀결을 나타내는 후건을 생략하고 원인·이유를 나타내는「～まして」로 문을 도중에서 중지하는 경우가 많다.

例 当社(とうしゃ)の場合(ばあい)はパックツアーといいましてもいろいろありまして。
(당사의 경우에는 패키지 투어라고 해도 여러 가지 종류가 있어서요.)
ご存(ぞん)じかもしれませんが、一応(いちおう)お耳(みみ)に入(い)れておいた方(ほう)がいいと思(おも)いまして。
(아실지도 모르겠습니다만, 일단 말씀드리는 것이 좋을 것 같아서요.)
実(じつ)は、送別会(そうべつかい)を開(ひら)こうと思(おも)いましてね。
(실은 송별회를 열까 생각해서요.)

A：渡辺(わたなべ)はただいま会議中(かいぎちゅう)ですが、どうしましょうか。何(なに)かお急(いそ)ぎですか。
(와타나베 씨는 지금 회의 중인데 어떻게 할까요? 뭐 급하신 일입니까?)

B：いいえ、ちょっと、お尋(たず)ねしたいことがありまして。
(아니오, 좀 여쭤 보고 싶은 것이 있어서요.)

A：家(うち)が遠(とお)いので、今日(きょう)はこれで失礼(しつれい)します。すっかりごちそうになりまして。
(집이 멀어서 오늘은 이쯤에서 실례하겠습니다. 정말 잘 먹었습니다.)

B：何(なに)もおかまいできませんで。また、ぜひいらしてくださいね。
(아무런 대접을 못해서 죄송합니다. 꼭 다시 오세요.)

この度(たび)はすっかりお世話(せわ)になりまして。ありがとうございました。
(이번에는 정말 폐를 많이 끼쳤습니다. 감사합니다.)

A：先輩(せんぱい)、今度(こんど)、わたしたち、結婚(けっこん)します。
(선배님, 이번에 저희들 결혼합니다.)

B：それはおめでとう。式(しき)はどこ。
(그거 축하해. 식은 어디에서 하지?)

A：東急(とうきゅう)ホテルですることになりまして。それで、結婚式(けっこんしき)に出(で)ていただきたいのですが。
(도큐호텔에서 하는 것으로 되어서요. 그래서 결혼식에 참석해 주셨으면 해서요.)

「あのう、見学(けんがく)の申(もう)し込(こ)みの件(けん)でお電話(でんわ)したんですけれど…。本社(ほんしゃ)の前田(まえだ)さんからご紹介(しょうかい)いただきまして。こちら、東京(とうきょう)日本語(にほんご)学校(がっこう)の野村(のむら)でございます。」
(「저, 견학 신청 건으로 전화를 드렸는데요, …. 본사 마에다 씨에게서 소개를 받아서. 저는 도쿄일본어학교의 노무라입니다.」)

> A:あ、そうですか。それでしたら、ご夕食(ゆうしょく)でもご一緒(いっしょ)に
> 　　いかがでしょうか。
> 　　　(아, 그렇습니까? 그러시면 저녁식사라도 함께 하시는 것이 어떻습니까?)
> B:あ、どうも。お気(き)づかいいただきまして。
> 　　　(아, 감사합니다. 여러 가지로 신경을 써 주셔서.)
>
> いやあ、お待(ま)たせして、申(もう)し訳(わけ)ございません。店内(てんない)を
> 見(み)て回(まわ)りましたが、なにぶん混(こ)んでおりまして。
> (정말, 기다리게 해서 죄송합니다. 가게 안을 여기저기 둘러보았는데, 여하튼 붐벼서 말이죠.)
> あのう、実(じつ)は、先週(せんしゅう)から子供(こども)がちょっと入院(にゅう
> いん)していまして。
> (저, 실은 지난주부터 아이가 좀 입원하고 있어서요.)

7.「〜ませんで」

그리고「〜まして」의 부정으로는「〜ません」에서 파생된「〜ませんで」가「テ形」으로 쓰인다. 다음과 같이 자기주장을 끝까지 제시하지 않고 원인이나 이유의「〜ませんで」로 문을 도중에서 중지하고, 그 결과나 귀결을 생략하는 경우가 있다.

> **例**
> A:あ、李(イー)さんですね。この度(たび)はすっかりお世話(せわ)になりまして。
> 　　　(아, 이경민 씨이군요. 이번에는 정말 신세를 많이 졌습니다.)
> B:いいえ、こちらこそ。行(ゆ)き届(とど)きませんで。
> 　　　(아니에요. 저야 말로요. 별로 신경을 쓰지 못해서 [죄송합니다].)
>
> 当日(とうじつ)は急用(きゅうよう)ができまして、お伺(うかが)いできませんで。
> (당일은 급한 일이 생겨 찾아뵙지 못해서.)
>
> A:すみません。少(すこ)しそちらにつめてくださらない。
> 　　　(미안합니다. 좀 그쪽으로 좁혀 주지 않겠어요?)
> B:あ、はい、わたくしとしたことが、気(き)づきませんで。
> 　　　(아, 네, 나 좀 봐, 미처 몰라서.)

A：あのう、飛行機(ひこうき)のチケットはなんとかとれたんですが、ホテルのほうがどうもとれませんで。それで、どこか適当(てきとう)なところをご紹介(しょうかい)いただければと。
(저, 비행기 표는 어떻게 구했습니다만, 호텔을 도저히 구하지 못 해서요. 그래서 어디 적당한 데를 소개해 주셨으면 해서요.)

B：あ、宿(やど)のことですか。そうですね。あの、値段(ねだん)とか場所(ばしょ)とか、何(なに)かご希望(きぼう)がおありでしょうか。
(숙소를 말씀하시는 것입니까? 글쎄요? 저, 가격이라든가 장소라든가 뭐 특별히 원하시는 것이 있으십니까?)

[4] 一万円お預かりします

□「預(あず)かる」: 동사

1.「預(あず)かる」는「(남의 것을) 보관하다 / ～을 맡다 / ～을 책임지다」에 해당하는 타동사로 여격을 취하는 타동사「～を～に預(あず)ける」와 쌍을 이루고 있다.

> **例**
> 保護者(ほごしゃ)の皆(みな)さんが安心(あんしん)して働(はたら)けるように、責任(せきにん)を持(も)ってお預(あず)かりします。
> (보호자 여러분께서 안심하고 일할 수 있도록 책임을 지고 맡겠습니다.)
>
> 「コートをお預(あず)かりします」蝶(ちょう)ネクタイの男(おとこ)はいった。
> (「코트를 제게 주십시오.」나비넥타이를 맨 남자는 말했다.)
>
> 患者(かんじゃ)さんの、大切(たいせつ)な情報(じょうほう)をお預(あず)かりして、データとして次(つぎ)の医療(いりょう)に繋(つな)げる。
> (환자 분의 소중한 정보를 받아 데이터로 다음 의료에 연결한다.)
>
> 拝啓(はいけい) いつもお世話(せわ)になっております。お預(あず)かりしておりましたコピー機(き)の修理(しゅうり)が終了(しゅうりょう)いたしましたので、別便(べつびん)でお送(おく)りしました。[手紙文(てがみぶん)]
> (배계 늘 신세를 지고 있습니다. 저희들이 맡았던 복사기 수리가 종료되었기에 별편으로 발송했습니다.)[서간문]

一時的(いちじてき)にお子(こ)さんの面倒(めんどう)を見(み)ることができない方(かた)のために、お子(こ)さんを<u>お預(あず)かりする</u>「一時(いちじ)保育(ほいく)」を四(よん)カ所(しょ)の保育所(ほいくしょ)で行(おこな)っています。
(일시적으로 자제분을 돌볼 수 없는 분을 위해 자제분을 맡는 「일시 보육」을 네 군데 보육소에서 행하고 있습니다.)

お届(とど)けにあがりましたが、ご不在(ふざい)でしたので、こちらで<u>お預(あず)かりしております</u>。[メールで書(か)く場合(ばあい)]
(배달하러 찾아뵀습니다만, 계시지 않아서 저희 쪽에서 보관하고 있습니다.) [메일로 쓰는 경우]

2. 금전을 수령할 때 회비 납입 등 [금전의 수령 = 수령인의 소유]가 되지 않는 경우가 있는데, 이때 수령한 금전이 수령인이 일시적으로 보관한다는 것을 명시할 목적으로 일본어에서는 「○○円(えん){お預(あず)かりします・お預(あず)かりいたします}: ○○엔 받았습니다」가 사용된다.

본문의 「一万円(いちまんえん)お預(あず)かりします」는 「1만 엔 받았습니다」의 뜻으로 손님이 돈을 냈을 때 카운터 등에서 사용하는 말이다. 「お預(あず)かりします」보다 정중한 표현으로는 「お預(あず)かりいたします」가 쓰인다.

「お預(あず)かりします」나 「お預(あず)かりいたします」를 둘러싼 논쟁은 「一万円(いちまんえん)<u>から</u>お預(あず)かりします」와 「2,000円(にせんえん)、<u>ちょうどお預(あず)かりします</u>」의 적부 판단을 중심으로 여전히 진행형이다.

例 まずいことに女性(じょせい)アルバイトは、この時(とき)つい「<u>千円(せんえん)お預(あず)かりしたのですが…</u>」とやや自信(じしん)なさそうに応答(おうとう)してしまいました。
(난처하게도 여성 아르바이트는 이때 그만 「천 엔 받았습니다만…」이라고 다소 자신이 없는 것처럼 응답하고 말았습니다.)

確(たし)かに深夜(しんや)のコンビニで、バイトの店員(てんいん)がこちらの顔(かお)も見(み)ずに「千円(せんえん)からお預(あず)かりします」と小声(こごえ)で言(い)うのはちょっと寒々(さむざむ)しいものがあります。
(확실히 심야 편의점에서 아르바이트 점원이 이쪽 얼굴도 보지 않고 「천 엔부터 받았습니다」라고 작은 소리로 말하는 것은 좀 썰렁한 데가 있습니다.)

「千円(せんえん)からお預(あず)かりします」は「千円(せんえん)からでよろしいですか」と「それでは千円(せんえん)お預(あず)かりします」がマズイ具合(ぐあ)いにつながってしまった言葉(ことば)のように思(おも)えます。
(「천 엔부터 받았습니다」는 「천 엔부터로 괜찮으십니까?」「그럼 천 엔 받았습니다」가 안 좋은 형태도 연결된 말처럼 생각됩니다.)

A:レジで「丁度(ちょうど)お預(あず)かりいたします」と言(い)うのは間違(まちが)いですか。
    (계산대에서 「정확히 받았습니다」라고 하는 것은 틀린 것입니까?)
B:「ちょうど頂戴(ちょうだい)いたします」と、サービス研修(けんしゅう)で教(おそ)わりました。
    (「정확히 받았습니다」라고 서비스연수에서 배웠습니다.)

☞ 참고

이하 일본에서 문제가 되고 있는 소위 「バイト敬語(けいご):아르바이트 경어」를 살펴보면 다음과 같다.

1.「1,000円(せんえん)になります」
「~になる」라고 하는 것은 변화하는 경우에 사용하는 말이다. 계산이 1,000엔으로 변화하는 것은 아니기 때문에 이 경우에는 「1,000円(えん)でございます」라고 하는 것이 바람직하다.

2.「1,000円(せんえん)からお預(あず)かりします」
「~から」는 「~から~まで」와 같이 기점을 나타낼 때 쓰는 말이다. 따라서 이 경우에는 「1,000円(せんえん)、お預(あず)かりします」라고 말하는 것이 규범의식에 맞다.

3.「1,000円(せんえん)ちょうどお預(あず)かりします」
상품 대금을 정확히 받았을 때는 돌려줄 잔돈이 존재하지 않기 때문에「お預(あず)かりします」이 아니라「1,000円(せんえん)ちょうど頂戴(ちょうだい)いたします」라고 말하는 것이 맞다.

4.「レシートのお返(かえ)しです」
「お返(かえ)し : 거스름돈」은 맡았던 것을 돌려줄 경우에 사용하는 말이다.「レシート : 영수증」은 손님으로부터 맡은 것이 아니기 때문에 이럴 경우에는「レシートでございます : 영수증입니다」와 같이 표현하는 것이 맞다.

질 문
상품 값을 정산할 때 손님이 1만 엔 권을 계산대에 냈을 때의 대답은?

A:1万円(いちまんえん)頂戴(ちょうだい)します。
B:1万円お預(あず)かりします。
C:1万円からお預(あず)かりします。

정답은 A와 B이다. 상품 대금이 정확히 1만 엔일 때는「1万円(いちまんえん)頂戴(ちょうだい)します」와 같이 사용하고, 거스름돈이 있을 경우에는「1万円お預(あず)かりします」와 같이 1만 엔을 받고 거스름돈을 건넨다.

흔히 틀리기 쉬운 것은 C이다.「〜から」라는 말은 필요 없기 때문에「1万円(いちまんえん)頂戴(ちょうだい)します」「1万円お預(あず)かりします」라고 말하면 된다.

---

[5] 九千と九百二十円のお返しです

□「お返(かえ)し」
「九千(きゅうせん)と九百(きゅうひゃく)二十円(にじゅうえん)のお返(かえ)しです」는「거스름돈 9,920엔입니다」의 뜻으로「お返(かえ)し」는 ①「답례 / 답례품」, ②「거스름(돈)」등을 뜻하는데 본문에서는 ②의 용법 즉「お釣(つ)り : 거스름돈」의 정중어로 쓰이고 있다.

第 3 課　これ、韓国まで普通でお願いします

| 例 | 実家(じっか)の両親(りょうしん)から、入園(にゅうえん)祝(いわ)いを現金(げんきん)でもらいました。お返(かえ)しはするものなのでしょうか?
(친정 부모님으로부터 유치원 입학 축하금을 현금으로 받았습니다. 답례는 하는 것일까요?)
ごちそうになったんで、お返(かえ)しなくちゃと銀座(ぎんざ)に招待(しょうたい)した。
(대접을 받아서 답례를 하지 않으면 안 된다고 생각해서 긴자에 초대했다.)

A：2,800円(にせんはっぴゃくえん)ですか。細(こま)かいのがなくて、すみません。
　　(2,800엔입니까? 잔돈이 없어서 미안합니다.)
B：はい、1万円(いちまんえん)お預(あず)かりいたします。7,200円(ななせんにひゃくえん)のお返(かえ)しです。
　　(네, 만 엔 받았습니다. 거스름돈 7,200엔입니다.)

レシートを見直(みなお)し、お釣(つ)りのコインをトレーに入(い)れて、「千円(せんえん)のお預(あず)かりで、三七〇円(さんびゃくななじゅうえん)のお返(かえ)しでございます」と差(さ)し出(だ)したところ、その男性客(だんせいきゃく)がいきなり、「エッ? さっき一万円(いちまんえん)渡(わた)したんだけど」と言(い)い出(だ)したのです。
(영수증을 다시 보고 거스름 동전을 트레이에 넣고「천 엔 받았고, 거스름돈 370엔입니다」라고 내밀었더니 그 남성 손님이 갑자기「엣! 아까 만 엔 건넸는데」라고 말을 꺼내는 것입니다.)

질 문
손님으로부터 대금을 받고 영수증을 건넬 때의 대답은?

A：レシートでございます。
B：レシートをお返(かえ)しします。
C：レシートのお返(かえ)しになります。

정답은 A이다. 영수증(レシート)은 손님에게 건네는 것이지 돌려주는 것이 아니기 때문에 B와 C와 같이 말하는 것은 틀린 것이다. 특히 C와 같이 말하는 사람이 많은데 주의가 필요하다. 심플하고 알기 쉬운「レシートでございます：영수증입니다」라고 말하면 충분하다. 잔돈(おつり)이 있을 때만「お返(かえ)しは200円(にひゃくえん)です：거스름돈 200엔입니다」라고「お返(かえ)し」를 사용하면 된다.

[6] 今月の記念切手は<u>こちらとなっております</u> / <u>そちらは売切(うりき)れとなっております</u>

◻「こちら・そちら」: 정중어

「今月(こんげつ)の記念(きねん)切手(きって)はこちらとなっております」는「이번달 기념우표는 이것입니다」이고「そちらは売切(うりき)れとなっております」는「그것은 다 팔렸습니다」의 뜻인데, 이때의「こちら」와「そちら」는 방향을 나타내는 지시대명사로서가 아니라, 사물을 나타내는 지시대명사「これ」와「それ」의 정중어로 쓰이고 있다.

「こちら・そちら・あちら・どちら」와 대우표현[6]

방향을 나타내는 지시대명사「こちら・そちら・あちら・どちら(이쪽・그쪽・저쪽・어느쪽)」의 의미・용법을 대우표현(待遇表現) 즉 경어(敬語) 측면에서 검토하면 다음과 같다.

1.「こちら」계열은 원래는 방향을 나타내는 지시대명사인데, 사물을 나타내는「これ」계열과 장소를 나타내는「ここ」계열의 정중한 표현으로 쓰인다.
「これ」나「ここ」계열의 지시대명사는 그 성격상 특정 사물이나 특정 장소를 지시한다고 하는 특정성을 지니고 있는데 이에 대해「こちら」계열은 방향을 가리킨다는 점에서 사물이나 장소를 비특정화(非特定化)하는 역할을 한다.
「こちら」계열의 지시대명사는 간접적인 지시라는 성질이 강하기 때문에 대우표현과 궤를 같이 한다.

---

[6] 李成圭・權善和(2006b)『현대일본어 문법연구Ⅰ』시간의물레. pp. 91-94에서 인용.

例 (1a) <u>これ</u>がアパートの名簿(めいぼ)です。
　　　(이것이 아파트 명부입니다.)
(1b) 大学(だいがく)付近(ふきん)は<u>こちら</u>の名簿(めいぼ)です。
　　　(대학 부근은 여기에 있는 명부입니다.)

(2a) <u>これ</u>はなかなかいい物件(ぶっけん)ですよ。
　　　(이것은 상당히 좋은 (부동산) 물건이에요.)
(2b) お客(きゃく)さま、<u>こちら</u>の物件(ぶっけん)はいかがですか。
　　　(손님, 이쪽 물건은 어떠십니까?)

(3a) 高木(たかぎ)部長(ぶちょう)は、<u>どちら</u>にいらっしゃいますか。
　　　(다카기 부장은 어디에 계십니까?)
(3b) <u>あちら</u>です。
　　　(저기에 계십니다.)

(4a) 出口(でぐち)は<u>あそこ</u>です。
　　　(출구는 저기입니다.)
(4b) お客(きゃく)さま、お出口(でぐち)は<u>あちら</u>です。
　　　(손님, 나가시는 곳은 저쪽입니다.)

2. 그리고「こちら」계열의 대명사는「{この・その・あの}人(ひと) : {이・그・저} 사람」의 정중어로도 쓰인다. 따라서 한국어로 번역할 때 반드시「○○ 쪽」으로 번역할 필요는 없다.

例　A : <u>こちら</u>は、東京商事(とうきょうしょうじ)の田中(たなか)さんです。
　　　(이 분은 도쿄상사의 다나카 씨입니다.)
　　B : はじめまして。田中(たなか)です。よろしくどうぞ。
　　　(처음 뵙겠습니다. 다나카입니다. 잘 부탁합니다)

A：そちらは、どなたさまでしょうか。
　　（그쪽에 계신 분은 어디에서 오셨습니까?）

B：あ、はい。わたくし、高橋(たかはし)と申(もう)します。
　　（아, 네. 저는 다카하시라고 합니다.）

A：そちらから、簡単(かんたん)に自己紹介(じこしょうかい)をお願(ねが)いします。
　　（그쪽부터 간단히 자기소개를 해 주십시오.）

B：わたしからですか。
　　（저부터 말입니까?）

□「〜は〜となっております」：「〜는 {〜입니다/〜에 있습니다}」

「こちらとなっております」는 「이것입니다 : これです」 또는 「여기에 있습니다 : ここにあります」에 해당하는 표현을 「なる : 되다」동사를 이용해서 정중하게 표현한 예이다. 일반적으로 손님을 상대하는 접객표현에서는 「〜です/〜にあります」와 같은 단정표현 대신에 「〜となっております・〜になっております」와 같은 간접적이고 우회적인 표현이 많이 쓰인다.

例

A：トイレはどこですか。
　　（화장실은 어디입니까?）

B：おトイレは三階(さんかい)の奥(おく)となっております。
　　（화장실은 3층 안쪽에 있습니다.）

A：このカーテンをください。
　　（이 커튼을 주세요.）

B：申(もう)し訳(わけ)ございません。こちらはただいま品切(しなぎ)れとなっております。ですから、お取(と)り寄(よ)せとなりますが。
　　（죄송합니다. 이것은 지금 물건이 없습니다. 그러니 주문을 하셔야 합니다.）

「～になっております」와「～となっております」가 쓰인 예문을 들면 다음과 같다.

1.「～になっております」

> 例
>
> 新婚(しんこん)のご夫婦(ふうふ)の方(かた)や、ご家族(かぞく)でペットと暮(く)らしたい方(かた)などに大変(たいへん)オススメの物件(ぶっけん)<u>になっております</u>。
> (신혼 부부 분이나 가족이 애완동물과 살고 싶은 분 등에 꼭 권해 드리고 싶은 물건입니다.)
> 十二月(じゅうにがつ)の十一日(じゅういちにち)に小淵(おぶち)総理大臣(そうりだいじん)に手渡(てわた)す予定(よてい)<u>になっております</u>。
> (12월 11일에 오부치총리대신에게 건넬 예정입니다.)
> 「自動機(じどうき)が動(うご)いていれば構(かま)わない」が六三・七％というように、圧倒的(あっとうてき)に多数(たすう)<u>になっております</u>。
> (『자동기가 움직이고 있으면 상관없다』가 63.7%와 같이 압도적으로 다수입니다.)
> 放火(ほうか)三人(さんにん)、暴行(ぼうこう)二人(ふたり)、それから殺人(さつじん)や暴力(ぼうりょく)行為(こうい)がそれぞれ一名(いちめい)など、こんな数字(すうじ)<u>になっております</u>。
> (방화가 3명, 폭행이 2명, 그리고 살인이나 폭력 행위가 각각 1명 등, 이런 수치입니다.)
> 五十六年(ごじゅうろくねん)が五十二億(ごじゅうにおく)<u>でございます</u>。五十五年(ごじゅうごねん)が五十五億(ごじゅうごおく)、五十四年(ごじゅうよねん)が九十二億(きゅうじゅうにおく)というような数字(すうじ)<u>になっております</u>。
> (1981년이 52억입니다. 1980년이 55억, 54년이 92억과 같은 수치입니다.)
> そして高等学校(こうとうがっこう)については、もちろん国(くに)の直接(ちょくせつ)の補助金(ほじょきん)というのは八％ぐらい<u>でありますが</u>、交付税(こうふぜい)が入(はい)っておりまして、そうすると、全体(ぜんたい)で高等学校(こうとうがっこう)は三十％<u>になっております</u>。
> (그리고 고등학교에 관해서는 물론 국가의 직접 보조금이라는 것이 8% 정도 입니다만, 교부세가 들어 있어 그렇게 하면 전체로 고등학교는 30%입니다.)

2. 「～となっております」

例
なお、当(とう)コーナーは編集(へんしゅう)記事(きじ)ですので、掲載(けいさい)は無料(むりょう)となっております。
(또한 당 코너는 편집기사이기 때문에 게재는 무료입니다.)
残念(ざんねん)ながら、本日(ほんじつ)はすべて満席(まんせき)となっております。
({안 됐지만 / 죄송합니다만} 오늘은 전부 만석입니다.)
ＨＤＤレコーダーさえお求(もと)めいただければ大丈夫(だいじょうぶ)です。お値段(ねだん)は2,300(にせんさんびゃく)ドルとなっております。
(ＨＤＤ레코더만 구입하시면 괜찮습니다. 가격은 2300달러입니다.)
成田(なりた)空港(くうこう)の天候(てんこう)は曇(くも)り、気温(きおん)は三度(さんど)となっております。
(나리타공항 날씨는 구름이 끼여 있고 기온은 3도입니다.)
今日(きょう)の新島(にいじま)の天気(てんき)は晴(は)れです。今日はいい天気(てんき)となっております。
(오늘 니지마 날씨는 맑음입니다. 오늘은 날씨가 좋습니다.)
ぼくはこの曲(きょく)を聴(き)くとすべての人を思(おも)い出(だ)します。そういう意味(いみ)でとても大切(たいせつ)な1曲(いっきょく)となっております。
(나는 이 곡을 들으면 모든 사람을 떠올립니다. 그런 의미에서 매우 소중한 1곡입니다.)
それが彼(かれ)の綱領(こうりょう)であり、その点(てん)において、彼(かれ)はもっとも近代的(きんだいてき)な思想家(しそうか)、政治家(せいじか)の一人(ひとり)となっております。
(그것이 그의 강령으로 그 점에 있어서 그는 가장 근대적인 사상가, 정치가의 한 사람입니다.)

[7] こっちのをください

ㅁ「こっち」:「こちら」의 축약형

본문의「こっちのをください」는「이쪽 것을 주세요」의 뜻으로「こっち」는「こちら」의 축약형이다.

第 3 課　これ、韓国まで普通でお願いします

◇「こっち・そっち・あっち・どっち」

「こっち・そっち・あっち・どっち」는 한국어의 「이쪽・그쪽・저쪽・어느 쪽」에 해당하는 말로, 방향을 나타내는 지시대명사인 「こちら・そちら・あちら・どちら」의 축약형(縮約形)인데 스스럼없는 회화체에 쓰인다.

예를 들어 「こっちです」는 「こちらです : 이쪽입니다」보다 스스럼없는 표현으로 정중도는 낮다.

> **例**
>
> A : 田中(たなか)さん、そっちのよりこっちのほうが安(やす)いですね。
> 　　(다나카 씨, 그것보다 이것이 싸네요.)
> B : そうですね。どっちにしようかな。
> 　　(그렇군요. 어느 것으로 할까?)
>
>
> A : 鈴木(すずき)さん、あっちに何(なに)があるんですか。
> 　　(스즈키 씨, 저기에 무엇이 있습니까?)
> B : あっちには何(なに)もありあせんけど。
> 　　(저기에는 아무 것도 없는데요.)
>
>
> A : こっちにはいませんね。そっちはどうですか。
> 　　(이쪽에는 없네요. 그쪽은 어떻습니까?)
> B : いいえ、いなかったです。
> 　　(아니오, 없었습니다.)
> A : どこに行(い)ったんだろう。じゃあ、みんなであっちに行(い)ってみましょう。
> 　　(어디에 갔나? 그럼, 다 같이 저기로 가 봅시다.)
>
>
> あっちの言(い)うことばかり聞(き)かないで、少(すこ)しはこっちの言(い)うことも聞(き)いてくれよ。
> (저쪽에서 하는 말만 듣지 말고 조금은 내 말도 들어 줘요.)

[8] 一組

□「一組(ひとくみ)」: 수량사 읽기

1. 일본어로 수량사 읽기에 익숙해지기 위해서는 상당한 연습을 필요로 한다. 그리고 수량사 중에는 『~組(くみ) : ~세트 / ~쌍 / ~짝』과 같이 수사에 고유어 계열과 한어 계열이 공존하는 경우도 있으니 읽기에 주의한다.

2. 수사 읽기

기준이 되는 수사 발음		一(いち)・二(に)・三(さん)・四(よん)・五(ご)・六(ろく)・七(なな)・八(はち)・九(きゅう)・十(じゅう) 단, [四(し)・七(しち)・九(く)라고 읽는 경우도 있다]
한어	한어 수사 등에 접속	一(いち)・二(に)・三(さん)・四(よん)・五(ご)・六(ろく)・七(なな)・八(はち)・九(きゅう)・十(じゅう) 뒤에 오는 조수사(助数詞)에 따라 一(いっ)・六(ろっ)・八(はっ)・十(じっ)(じゅっ)의 경우도 있다. ※어종(語種)에 따라 예외도 있다. 1) 한어명사가 붙는 경우 : 一(ひと)・二(ふた)・四(よ・し)・七(しち)・九(く)도 있다. 2) 외래어명사가 붙는 경우 : 一(ひと)・二(ふた)도 있다.
고유어	고유어 수사 등에 접속	一(ひと)・二(ふた)・三(み)・四(よ)・五(いつ)・六(む)・七(なな)・八(や)・九(ここの)・十(と) ※3 이하는 각각의 관용에 따라 반드시 三(み)・四(よ)가 되는 것은 아니다. ①一(ひと)・二(ふた)・三(さん)・四(よん)… ②一(ひと)・二(ふた)・三(み)・四(よん)… ③一(ひと)・二(ふた)・三(み)・四(よ)・五(ご)… 가 되는 예도 많으니 주의가 필요하다.
영어	영어 수사 등에 접속	1(ワン)　2(ツー)　3(スリー)……

3. 수사에 고유어 계열과 한자어 계열이 혼용되는 수량사[7]

(1)「〜組(くみ)」

「〜組(くみ) : 세트 / 쌍 / 짝」은 커피 잔과 같은 세트나 이불, 넥타이핀과 같이 한 쌍으로 되어 있는 물건을 셀 때 쓴다.

1組(ひとくみ)　　1세트　　4組(よんくみ)　　4세트　　7組(ななくみ)　　7세트　　10組(じゅっくみ) 10세트
2組(ふたくみ)　　2세트　　5組(ごくみ)　　　5세트　　8組(はちくみ)　　8세트
3組(さんくみ)　　3세트　　6組(ろっくみ)　　6세트　　9組(きゅうくみ)　9세트

(2)「皿(さら)」

「〜皿(さら) : 접시」는 접시의 수를 셀 때 쓴다.

1皿(ひとさら)　　　　　1접시　　5皿(ごさら)　　　5접시　　9皿(きゅうさら)　　9접시
2皿(ふたさら)　　　　　2접시　　6皿(ろくさら)　　6접시　　10皿(じゅっさら)　10접시
3皿(みさら・さんさら)　3접시　　7皿(ななさら)　　7접시
4皿(よんさら)　　　　　4접시　　8皿(はちさら)　　8접시

(3)「セット」

「〜セット : 세트」는 세트로 되어 있는 상품을 셀 때 쓴다.

1セット(いちセット・ワンセット)　　1세트　　6セット(ろくセット)　　　6세트
2セット(にセット・ツーセット)　　　2세트　　7セット(ななセット)　　　7세트
3セット(さんセット・スリーセット)　3세트　　8セット(はちセット)　　　8세트
4セット(よんセット)　　　　　　　　4세트　　9セット(きゅうセット)　　9세트
5セット(ごセット)　　　　　　　　　5세트　　10セット(じゅっセット)　10세트

---

7) 李成圭・権善和(2006b)『현대일본어 문법연구Ⅰ』시간의물레. pp. 125-126에서 인용.

(4) 「箱(はこ)」

「~箱(はこ)」는 책.과일.과자 등의 상자를 셀 때 쓴다.

1箱(ひとはこ)	1상자	5箱(ごはこ)	5상자	9箱(きゅうはこ)	9상자
2箱(ふたはこ)	2상자	6箱(ろっぱこ)	6상자	10箱(じゅっぱこ)	10상자
3箱(さんぱこ)	3상자	7箱(ななはこ)	7상자		
4箱(よんはこ)	4상자	8箱(はちはこ)	8상자		

(5) 「房(ふさ)」

「~房(ふさ)」는 꽃송이·포도송이 등을 셀 때 쓴다.

1房(ひとふさ)	1송이	5房(ごふさ)	5송이	9房(きゅうふさ)	9송이
2房(ふたふさ)	2송이	6房(ろくふさ)	6송이	10房(じゅうふさ)	10송이
3房(みふさ)	3송이	7房(ななふさ)	7송이		
4房(よんふさ)	4송이	8房(はちふさ)	8송이		

(6) 「部屋(へや)」

「~部屋(へや)」는 방수를 셀 때 쓴다.

1部屋(ひとへや)	방 1개	6部屋(ろくへや)	방 6개
2部屋(ふたへや)	방 2개	7部屋(ななへや)	방 7개
3部屋(みへや)	방 3개	8部屋(はちへや)	방 8개
4部屋(よへや)	방 4개	9部屋(きゅうへや)	방 9개
5部屋(ごへや)	방 5개	10部屋(じゅうへや·とおへや)	방 10개

[9] 千円になります。

□ 「~になります」:「~です」의 정중표현

본문에서는 「千円(せんえん)です」의 정중 표현으로 「千円(せんえん)になります」를 사용하고 있고, 편의점·패밀리레스토랑 등의 접객표현이나 비즈니스 등의 상업경어에서는 「~です」 대신에 「~になります」를 다용하고 있는 것이 현실이다.

第 3 課　これ、韓国まで普通でお願いします

　그런데 규범의식 입장에서 경어 사용의 적부를 논하는 자리에서는 많이 사용되고 있어 현실적으로 이미 시민권을 획득하고 있는「〜になります・〜となります」나「〜になっております・〜となっております」에 대해 역시 부정적인 시각으로 바라보고 있다. 즉「〜です」의 공손한 말씨로서는「〜になります」가 아니라「〜でございます」라는 점을 강조하고 있다.

　다음은 실제 사용되고 있는「〜になります」의 예를 제시해 둔다.

> **例**　こちらビールになります。
> (이것은 맥주입니다. → 맥주 나왔습니다.)
> こちらが和風(わふう)セットになります。
> (이것은 일본식 세트입니다)
> こちら、カレーライスになります。
> (이것은 카레라이스 입니다. → 여기 카레라이스를 가지고 왔습니다.)
> 英語(えいご)1(いち)の採点表(さいてんひょう)はこちらになります。
> (영어1의 채점표는 이쪽입니다.)
> これが偽札(にせさつ)のコピーになります。
> (이것이 위조지폐 복사본입니다.)
> 確定(かくてい)申告(しんこく)会場(かいじょう)は長野県(ながのけん)自治(じち)会館(かいかん)になります。
> (확정 신고 장소는 나가노현 자치회관입니다.)

이거 한국에 보통으로 부쳐 주세요

郵便局(ゆうびんきょく)で

李 : すみません。現金(げんきん)書留用(かきとめよう)の封筒(ふうとう)を5枚(ごまい)ください。

窓口 : はい、5枚(ごまい)ですね。

李 : あ、それと、こういう紙(かみ)1枚(いちまい)に書(か)いてそのまま航空便(こうくうびん)で出(だ)せるのがありましたね。

窓口 : 航空書簡(こうくうしょかん)のことですね。

李 : ええ、そう、そう。それです。
　　　［どうして、肝心(かんじん)な時(とき)に言葉(ことば)が出(で)ないんだ、このどあほう。］
　　　その航空(こうくう)なんとかというのも5枚(ごまい)ください。
　　　［また、忘(わす)れちゃったな。こりゃ、まいった。］

窓口 : あとはよろしいですか。

李 : ええ、結構(けっこう)です。

窓口 : 合(あ)わせて600円(ろっぴゃくえん)です。

우체국에서

이경민 : 저, 현금등기용 봉투를 5장 주세요.

창구 : 네, 5장이지요.

이경민 : 아, 그리고 이런 종이 한 장에 써서 그대로 항공편으로 보낼 수 있는 것이 있지요.

창구 : 항공서한을 말씀하시나요.

이경민 : 네, 맞아요. 맞아. 그것입니다.
　　　［어째서 중요할 때 말이 안 나오는 것이지. 참 멍청하군.］
　　　그 항공 뭐라든가 하는 것도 5장 주세요.
　　　［또 잊어버렸네. 이거 대책이 안 서는군.］

창구 : 다른 것은 괜찮습니까?

이경민 : 네, 됐습니다.

창구 : 전부 600엔입니다.

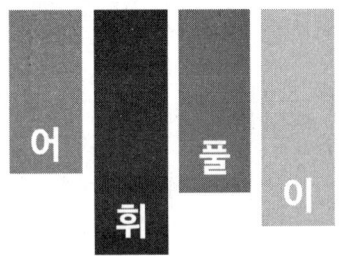

- 現金(げんきん)書留用(かきとめよう) - 현금등기용
- 封筒(ふうとう) - 봉투
- 窓口(まどぐち) - 창구
- こういう[紙(かみ)] - 이런 [종이] :「こういう(이런) + 명사」,「そういう(그런) + 명사」,「ああいう(저런 / 그런) + 명사」,「どういう(어떤) + 명사」는 연체사.
- そのまま - 그대로
- 航空便(こうくうびん) - 항공편
- [航空便(こうくうびん)で出(だ)せるの]がありましたね - [항공편으로 보낼 수 있는 것이] 있지요 :「ありました」는 동의 / 확인
- 航空書簡(こうくうしょかん) - 항공서한
- 肝心(かんじん)だ - 중요하다
- 言葉(ことば)が出(で)ない - 말이 안 나오다
- どあほう - 바보 / 멍청이 :「阿保(あほ) : 阿呆(あほう)」→「ド阿呆(あほう)」:
  「ど」는 강조의 의미.
  「田舎(いなか) : 시골」→「ド田舎(いなか) : 깡촌」
  「チンピラ : 양아치」→「ドヂンピラ : 생양아치」
- [その航空(こうくう)]なんとか - [그 항공] 뭐라든가
- 忘(わす)れちゃったな - 잊어버렸네 :「忘(わす)れてしまった → 忘れちまった → 忘れちゃった」
- こりゃ、まいった - 이거 야단났네 :「まいる」는「곤란하다 / 난처하다」
- あとはよろしいですか - 나머지는 괜찮습니까 / 다른 것은 괜찮습니까
- 結構(けっこう)です - 됐습니다
- 合(あ)わせて[600円(ろっぴゃくえん)です] - 합쳐서 / 전부 [600엔입니다]

관련사항

이하「～になります」의 적부(適否)에 관한 주장을 소개하니 참고하기 바란다.

Ⅰ. 먼저 『NHK放送文化研究所』『最近気になる放送用語』의 [「～になります」?] 항목에 실린 기사를 소개하면 다음과 같다.

질문 : 중계에서「こちらが入(い)り口(ぐち)になります : 이쪽이 입구가 됩니다」라고 했더니 아나운서 상사로부터 주의를 받았습니다.

답변 : 이 경우,「こちらが入り口です : 이쪽이 입구입니다」가 아니고「～になります」라고 말한 이유를 좀 생각해 보세요. 무슨 의도하는 바가 있어 일부러 말한 것이라면 상관없지만, 그렇지 않으면 이 말씨를 이상하다고 느끼는 사람이 있는 것을 알아 두는 편이 좋겠지요. 이「～になります」는 근년「～です」와 거의 동일한 의미(혹은「보다 정중한 말씨」라고 생각하고 있는 사람도 있는 것 같습니다)로 사용되고 있고, 특히 패밀리 레스토랑이나 편의점 등에서 듣는 기회가 많아지고 있습니다.

해설 : 먼저 동사「なる」를 살펴봅시다. 이것은 다의어입니다만, 조사「に」를 붙여「～になる」라고 말한 경우에는 대략 다음과 같은 의미가 생깁니다(그밖에도 여러 가지 용법이 있습니다만).

第 3 課 これ、韓国まで普通でお願いします

1. 변화·이행한 결과가 출현한다.

> **例**
> 大人(おとな)になる。
> (어른이 되다.)
> 冬(ふゆ)になる。
> (겨울이 되다.)
> 中止(ちゅうし)になる。
> (중지가 되다.)
> 合計(ごうけい)すると二千円(にせんえん)になる。
> (합계하면 2천 엔이 되다.)

2. 결과로서 일정한 역할을 다하다.

> **例**
> 番組(ばんぐみ)製作(せいさく)の参考(さんこう)になる。
> (프로그램 제작의 참고가 된다.)
> 励(はげ)みになる。
> (격려가 된다.)

여기에서 중계에서의「こちらが入り口になります」에 관해 생각해 봅시다.

[1] 먼저 (1)의 용법으로 생각한 경우에는 예를 들어 이제부터 집이 세워지는 생지(生地)와 같은 곳(혹은 건축 중인 곳)에서「このあたりが入(い)り口(ぐち)になる予定(よてい)です : 이 부근이 입구가 될 예정입니다」라는 의미로 말한 것이라고 하면 전혀 문제가 없습니다.

[2] 다음으로 (2)의 용법이라고 한다면 눈앞에 있는 것이「결과로서」입구 역할을 담당하고 있다는 그런 의미가 됩니다. 이것은 일견 문제가 없는 것처럼 생각할지도 모릅니다만, 이 경우「원래 입구로서 사용할 것을 의도해서 만들어진 것인데 그것을「入り口になります」등과 같이 말하는 것은 이상하지 않을까」라고 느끼는 사람도 있는 것입니다.

[3] 다만, 사람에 따라서는 예를 들어,「(「入り口」라는 것은 본래 멋져야 하는 것인데 일단 우리 집에서는) 이쪽이 입구가 됩니다」와 같이 겸손의 기분을 담아 사용하는 경우도 있기 때문에 일괄적으로 부정할 수 없는 것이 어려운 점입니다.

확실하지 않은 설명으로 죄송합니다만, 이상이 답변이 됩니다.
(メディア研究部・放送用語 塩田雄大)[8]

II. 「～になります」의 올바른 경어에 관해서

1. 「～になります」를 잘못 사용하는 경우가 많다.

> 例 「こちらが領収書(りょうしゅうしょ)になります」
> (이것이 영수증이 됩니다 → 이것이 영수증입니다.)
> 「お手洗(てあら)いはあちらになります」
> (화장실은 저쪽이 됩니다 → 화장실이 저쪽입니다.)

와 같이 「～になります」라는 말은 자주 듣는 표현입니다. 어감이 부드럽고 정중한 느낌을 주기 때문에 비즈니스맨뿐만 아니라 일상생활에서도 다용됩니다. 레스토랑이나 편의점 등에서 듣는 분도 많은 것입니다.
 그러나 「～になります」라고 하는 표현, 일본어로서 잘못 사용되는 경우가 많습니다.

2. 오용이 확대된 말

 편의점 용어, 패밀리 컴퓨터 용어라는 표현이 있듯이 일상에서 사용되는 경어나 정중어 표현 중에도 편의점 등에서 일하는 젊은 세대의 말씨로서 오용이 확대되어 정착된 말도 있습니다. 예를 들어「よろしかったですか」등과 같이 과거형 표현과 정중어를 섞은 표현이 있습니다. 「よろしかった」는 사건이 완료된 이후에 되묻는 형태가 되기 때문에 무엇인가를 확인하는 경우에는「よろしいでしょうか」가 올바른 표현이 됩니다.

3. 「～になります」의 올바른 사용법을 이해하자

 「なる」라는 말은 복수의 의미가 있습니다. 예를 들어「実(み)がなる : 열매가 열리다」「音(おと)がなる : 소리가 나다」등, 사용법은 다양합니다. 일상에서 사용되는 「～になります」

---

[8] https://www.nhk.or.jp/bunken/summary/kotoba/term/074.html 인용하여 번역함.

의 어원을 살펴볼 경우, 「成(な)る」「為(な)る」의 정중표현이 됩니다. 경어로서도 오용이 아니고 원래는 일본어로서 바른 말입니다. 그러나 「～になります」가 경어나 정중어로서 오용되는 것은 그 사용법이 원인입니다.

3. 「なる」의 의 오용예

원래 「～になります」의 어원, 「なる」는 어떤 의미일까요? 사전 등을 찾아보면 「成(な)る」「為(な)る」는 사물이 새로운 모양을 취한 상태로 나타나는 것이나 이전 상태에서 새로운 상태로 변하는 것을 가리키는 것으로 되어 있습니다. 예를 들어

「こちらが領収書(りょうしゅうしょ)になります : 이것이 영수증이 됩니다」는 원래부터 영수증은 영수증에서 변화하지 않기 때문에 잘못된 표현이 되고, 바르게는

「こちらが領収書(りょうしゅうしょ)です : 이것이 영수증입니다」라고 표현하는 쪽이 올바릅니다. 마찬가지로

「お手洗(てあら)いはあちらになります : 화장실은 저쪽이 됩니다」는

「お手洗いはあちらです : 화장실은 저쪽입니다」라고 하는 것이 올바른 표현이 됩니다.

4. 「～になります」의 올바른 경어표현을 외워 두자

비즈니스 장면에서 자주 사용되는 것은 보급률이나 사용률 등의 숫자의 변화나 실제로 사용해서 기간이 경과된 것의 샘플을 제시할 때 등입니다.

「こちらが前年(ぜんねん)の実績(じっせき)をグラフにしたもので、こちらが今年(ことし)の実績(じっせき)をグラフにしたものになります : 이쪽이 전년 실적을 그래프로 한 것이고 이쪽이 금년 실적을 그래프로 한 것이 됩니다」나,

「三ヶ月(さんかげつ)使用(しよう)したものがこちらになります : 3개월 사용한 것이 이쪽이 됩니다」 등과 같이, 비교 대상과 세트로 해서 사용되면 시각적으로도 알기 쉽고 정녕어(丁寧語)나 경어로서 바른 사용법이라고 할 수 있습니다. 이밖에도

「○○経験(けいけん)は○年(ねん)になります : ○○경험은 ○년이 됩니다」 등과 같이 경력이나 실적을 설명하는 것에도 사용할 수 있습니다.

5.「～になります」와「～です」의 사용상의 구분을 의식해서 올바른 경어 표현을 하자

「～になります」라는 표현은 올바른 표현의 경우와 오용 표현이 있으니 주의가 필요합니다. 경어나 정녕어(丁寧語)를 사용하여 더 정중한 표현을 할 때는「～です」와 같은 짧은 말로서는 어딘가 부족하다고 느낄지 모릅니다. 그러나「～になります」라는 표현 자체가 오용이 되는 경우도 있고, 경어 사용이 이상해질 가능성을 염두에 두는 것이 좋겠지요.[9]

III.「～になります」와「～となります」의 차이 및 비즈니스에서의 올바른 사용과 예문

1.「～になります」의 의미는?

「～になります」는「～になる」의 정중체이다.「なる」라는 동사는 많은 의미를 지니고 있지만, 다음과 같이 격조사「に」와 연결시켜 변화나 이행한 결과를 나타낼 때 사용된다.

> **例**
> オタマジャクシがカエルになる。
> (올챙이가 개구리가 된다.)
> 水(みず)が氷(こおり)になる。
> (물이 얼음이 되다.)

그리고 동일 유형의 표현으로는「～になっております」도 있고,「～になります」와 마찬가지로 편의점(コンビニ)이나 패밀리레스토랑(ファミレス) 등에서 자주 듣는 말인데 비즈니스 장면에서는 사용에 주의가 필요하다.

2.「～になります」의 비즈니스 장면에서의 올바른 사용법

「～になります」를「～です」의 정녕어(丁寧語)로 사용하고 있는 것이 비즈니스 장면에서의 자주 보는 오용이다.

 본래는 상태변화를 나타낼 때 사용되기 때문에,

---

9) キャリアパーク https://careerpark.jp/54937에서 인용하여 적의 번역함.

> **例** 学生(がくせい)から社会人(しゃかいじん)になります。
> (학생에서 사회인이 됩니다.)
> 課長(かちょう)が部長(ぶちょう)になります。
> (과장이 부장이 됩니다.)

는 올바른 사용법이다.

> **例** 開業(かいぎょう)してから10年(じゅうねん)になります。
> (개업한 지 10년이 됩니다.)
> 営業職(えいぎょうしょく)についてから早(はや)5年(ごねん)になります。
> (영업직에서 일한 지 벌써 5년이 됩니다.)

라는 표현도 시간이 경과해서 이행·변화하고 있기 때문에 잘못된 사용법은 아니다.
또한 변화의 요소를 포함하지 않는 문맥에서도,

> **例** お世話(せわ)になります。
> (신세를 지겠습니다.)
> お言葉(ことば)が励(はげ)みになります。
> (말씀이 격려가 됩니다.)
> 商品(しょうひん)の発送(はっそう)は来月(らいげつ)になります。
> [이번 달이 아니고 다음 달이라는 것을 강조하고 싶다]
> (상품 발송은 다음 달이 됩니다.)

와 같이 사용할 수가 있다.

3.「～になります」의 잘못된 사용법과 올바른 예문

그럼,「～になります」의 잘못된 사용법을 들어 보자.

| 例 | × こちらがハンバーグになります。→
(이것이 햄버거가 됩니다.)
○ こちらがハンバーグでございます。
(이것이 햄버거입니다.)

× こちらが資料(しりょう)になります。→
(이것이 자료가 됩니다.)
○ こちらが資料でございます。
(이것이 자료입니다.)

× 会議室(かいぎしつ)は3階(さんかい)になります。→
(회의실은 3층이 됩니다.)
○ 会議室は3階でございます。
(회의실은 3층입니다.)

× おつりは300円(さんびゃくえん)になります。→
(거스름돈은 300엔이 됩니다.)
○ おつりは300円でございます。
(거스름돈은 300엔입니다.)
○ 300円お返(かえ)しいたします。
(300엔 [거스름돈으로] 돌려 드리겠습니다.)

이와 같이 「~です」를 더 공손하게 하고 싶을 때는 「~でございます」로 바꾸는 것이 올바른 사용법이다. 「~になります」를 사용하면 부드럽게 들리기 때문에 공손하게 말하고 있는 것처럼 느낍니다만, 함부로 사용하는 것은 오용의 근원이 되니 주의가 요구된다.

4. 예외도 있다

계산할 때 금액을 전달하고자 할 경우, 「～になります」를 사용하는 것은 오용이지만, 실은 예외도 있다.

　　AランチとBランチで2,000円(にせんえん)になります。
　　(A런치와 B런치 합해서 2,000엔이 됩니다.)

이와 같이 금액 합계를 전달하는 경우는, 「合(あ)わせて○○円(えん)になりました：합계 ○○엔이 되었습니다」라는 뉘앙스를 포함하기 때문에 잘못된 사용법이라고는 할 수 없다. 그리고

　　こちらが代替品(だいたいひん)になります。
　　(이쪽이 대체품이 됩니다.)

와 같이 당당하게 제시하는 것이 아니라 「예상과는 달라서 기대를 충족시키지 못할지도 모르겠습니다만…」이라는 의미를 담아 사용하는 것도 오용은 아니다.

5. 「～となります」의 의미는?

「～となります」는 「～となる」의 정중한 말씨로 「～なる」라는 동사에 격조사 「と」를 붙여 작용의 결과를 나타낸다. 또한 「～となっております」라는 표현도 자주 듣습니다.
이들 말씨는 「～になる」「～になっております」와 마찬가지로 비즈니스 장면에서 주의해야 할 표현의 하나이다.

6. 「～になります」와 「～となります」의 차이는?

　　秋(あき)から冬(ふゆ)になります。
　　(가을에서 겨울이 됩니다.)
　　秋(あき)から冬(ふゆ)となります。
　　(가을에서 겨울이 됩니다.)

와 같이 「に」와 「と」를 치환해도 의미 변화는 없다. 그럼 그 차이는 무엇일까?

「と」는 문서나 메일 등의 문장체 말씨에 사용되고 보다 격식을 차리는, 공적인 인상을 준다. 이에 대해 구어체 말씨에서는 「に」가 사용되는 경우가 많은 것 같다.

또 다른 차이는 화자의 의식의 차이에 있다. 즉 「〜になります」는 화자가 당연의 결과라고 받아들이고 있는 뉘앙스를 포함하고, 「〜となります」는 변화의 결과를 강조하고 싶다고 하는 의외성이 있다, 평가하고 싶다는 기분을 포함할 때 사용된다.

明日(あした)からお盆(ぼん)休(やす)みになります。
[매년 있는 백중맞이니까 당연한 것으로 느끼고 있다]
(내일부터 백중맞이 휴가가 됩니다. → 내일부터 백중맞이 휴가입니다.)

明日(あした)の土曜(どよう)は出勤(しゅっきん)となります。
[평소에는 휴일인 토요일에 출근해야 하니까 의외이다]
(내일 토요일은 출근이 됩니다. → 내일 토요일은 출근해야 합니다.)

業績(ぎょうせき)不振(ふしん)で異動(いどう)になる。
[어쩔 수 없는 당연의 결과로 받아들이고 있다]
(업적 부진으로 이동된다.)

長年(ながねん)の苦労(くろう)の末(すえ)、社長(しゃちょう)となります。
[사장 취임을 평가하고 강조하고 싶다고 생각하고 있다]
(오랫동안의 고생 끝에 사장이 됩니다.)

7. 「となります」는 책임 회피로 들릴 수도 있다

店内(てんない)は全席(ぜんせき)禁煙(きんえん)となります。
(가게 안은 전석 금연입니다.)

お支払(しはら)いはクレジットカードのみとなります。
(계산은 신용카드만 허용됩니다.)

ただいま満席(まんせき)となります。
(지금 현재 만석입니다.)

와 같이 「〜となります」는 말하기 어려운 내용을 전할 때도 자주 사용되고 있다. 「〜でございます」라고 잘라 말하는 것보다도 「〜となります」를 사용함으로써 「자기 탓은 아니지만 공교롭게도 이렇게 되어 있습니다」라는 뉘앙스가 전달되기 때문이다.
  그런데 듣는 사람에 따라서는 책임 회피처럼 느낄 수도 있으니 비즈니스 장면에서는 확실히 「〜でございます」라고 단언하는 쪽이 좋은 인상을 주는 경우도 있다.

8. 정리
  「〜になります」는 변화·이행의 의미를 수반할 때 사용하는 것이 기본이다. 예외도 있지만 「です」의 정녕어(丁寧語)로서 사용하는 것은 잘못이니 주의가 필요하다.
  「〜となります」는 문장체의 격식이 요구되는 장면에서 사용되는 경우가 많고 「〜になります」보다도 의외성이나 강조의 뉘앙스를 포함할 수 있다.
  따라서 비즈니스 장면에서는 「〜でございます」로 충분한 것을 「〜となります」와 같이 애매하게 함으로써 책임 회피처럼 들리는 경우도 있으니 주의가 요구된다.[10]

---

10) マナラボ https://docoic.com/3259에서 인용하여 적의 번역함.

Ⅳ. 계산대에서 자주 사용되는 잘못된 접객용어(接客用語)

1. 정확한 접객용어를 마스터하자!

お会計(かいけい)は○○円(えん)になります。○○円(えん)のお返(かえ)しになります。
(계산은 ○○엔입니다. 거스름돈은 ○○입니다.)

이런 표현은 이미 너무나도 일반화되어 있어 무엇이 잘못이야? 라는 소리가 들릴 것 같은 그런 레벨이다. 그러나 이「〜になります」라는 것은 올바른 접객용어는 아니다.
바르게는「〜でございます」라고 해야 한다.
거스름돈을 돌려 줄 때의「○○円(えん)のお返(かえ)しになります : 거스름돈은 ○○입니다」도 마찬가지이다. 바르게는「○○円(えん)のお返(かえ)しでございます : 거스름돈은 ○○입니다」라고 해야 한다. 그리고

「こちら、カレーになります」
(이것은 카레입니다.)

「店内(てんない)は全(すべ)て禁煙(きんえん)となっております」
(가게 안은 전부 금연입니다.)

이 경우도「〜になります」「〜となっております」가 아니라「〜でございます」를 쓰도록 하자.

2. 그 밖의 문제

　　○○円(えん)**から**お預(あず)かりします。
　　(○○엔부터 받았습니다.)

이와 같이 「～から」라는 말을 금액 뒤에 붙이는 것은 올바른 사용법이 아니다.

　　お客様(きゃくさま)**から**お預(あず)かりします。
　　(손님으로부터 받았습니다.)

와 같이 사용하는 것이 「～から」의 바른 사용법이다.

따라서 「～から」를 빼고 「○○円(えん)お預(あず)かりします : ○○엔 받았습니다」와 같이 사용하는 것이 바른 접객용어이다.
　또한 「お預かりする」는 거스름돈이 있을 때 일단 돈을 맡았다가 거기에서 돈을 돌려준다는 의미이다.
　거스름돈[お釣(つ)り]가 있는 경우에는 「○○円(えん)お預(あず)かりします」를, 금액이 딱 맞을 경우에는 「○○円(えん)頂戴(ちょうだい)します」라고 쓸 것을 권한다.[11]

---

11) http://business-labo.com/customer-service-terminology-1893에서 인용하여 적의 번역함.

第4課

折返し電話してほしいとのことでした

오시는 대로 전화해 달라는 이야기였습니다

第4課
折返し電話してほしいとのことでした
오시는 대로 전화해 달라는 이야기였습니다

회화 본문

李(イー)、ソウル本社(ほんしゃ)に電話(でんわ)を入(い)れる

田中：[1]さきほどソウルから**お電話(でんわ)がありました**。折返(おりかえ)し[2]**電話(でんわ)してほしいとのことでした**。

李　：あ、そうですか。ちょっとお電話(でんわ)[3]**拝借(はいしゃく)できませんでしょうか**。

田中：どうぞどうぞ。

[李(イー)、電話(でんわ)を切(き)ってから]

李　：[4]いやあ、**まいりました**。本社(ほんしゃ)から大至急(だいしきゅう)の仕事(しごと)を頼(たの)まれまして、大変(たいへん)申(もう)し訳(わけ)ないんですが、あしたのスケジュールをちょっと[5]ディレイする**わけにはいきませんか**。

田中：相当(そうとう)せっぱ詰(つ)まった感(かん)じで[6]電話(でんわ)して**いらしたから**。そうですか。[7]わたくしどもは**いっこうにかまいません**。

李　：申(もう)し訳(わけ)ありません。それともう一(ひと)つお願(ねが)いが。

田中：[8]**わたしにお手伝(てつだ)いできる**ことならなんなりと。

李　：実(じつ)は、電子(でんし)決済(けっさい)取引(とりひき)関係(かんけい)の資料(しりょう)を集(あつ)めたいんですが。

田中: そうですね。あ、その関係(かんけい)に詳(くわ)しい人(ひと)を知(し)っていますので、[9]ご紹介(しょうかい)しましょう。

李 : あいすみません。よろしくお願(ねが)い致(いた)します。

이경민, 서울 본사에 전화를 걸다

다나카 : 조금 전에 서울에서 전화가 걸려 왔습니다. 돌아오시는 대로 전화해 달라는 이야기였습니다.

이경민 : 아, 그렇습니까? 좀 전화를 써도 되겠습니까?

다나카 : 쓰십시오. 자, 쓰세요.

[이경민, 전화를 끊고 나서]

이경민 : 이거 야단났군요. 본사에서 급히 일을 하라는 부탁을 받아서요. 대단히 죄송합니다만, 내일 스케줄을 좀 연기할 수 없겠습니까?

다나카 : 상당히 다급하게 전화하고 계셔서. 그렇습니까? 저희들은 전혀 상관없습니다.

이경민 : 죄송합니다. 그리고 또 한 가지 부탁이 있는데요.

다나카 : 제가 도와드릴 수 있는 일이라면 무엇이든지 말씀하십시오.

이경민 : 실은 전자결제 거래 관계의 자료를 수집했으면 하는데요.

다나카 : 글쎄요? 아, 그 관계에 밝은 사람을 알고 있으니 제가 소개해 드리지요.

이경민 : 대단히 죄송합니다. 잘 부탁드리겠습니다.

- 電話(でんわ)を入(い)れる – 전화를 걸다 :「電話(でんわ)を{する・かける・入(い)れる}」:「전화를 {하다・걸다・걸다}」
- [ソウルから]お電話(でんわ)がありました – [서울에서] 전화가 걸려 왔습니다
- 折返(おりかえ)し – 돌아오는 대로
- 電話(でんわ)してほしい – 전화해 주었으면 하다
- [電話(でんわ)してほしい]とのことでした – [전화해 달라]고 했습니다 : 전문(伝聞)
- 拝借(はいしゃく)できませんでしょうか – 빌릴 수 없겠습니까 :「拝借(はいしゃく)する＋できる」
- 電話(でんわ)を切(き)る – 전화를 끊다
- いやあ、まいりました – 이거 야단났군요
- 大至急(だいしきゅう)の仕事(しごと) – 다급한 일
- 仕事(しごと)を頼(たの)まれる – 일을 부탁받다
- 申(もう)し訳(わけ)ない – 죄송하다
- [スケジュール]をディレイする – [스케줄]을 연기하다
- [ディレイする]わけにはいきません – [연기할] 수는 없습니다 ; 불가능
- せっぱ詰(つ)まった[感(かん)じ] – 다급한 [느낌]
- 電話(でんわ)していらした – 전화하고 계셨다 :「〜ていらした」는「〜ていらっしゃった」의 축약형
- わたくしども – 저희들
- いっこうにかまいません – 전혀 상관없습니다.
- わたしにお手伝(てつだ)いできる[こと] – 제가 도울 수 있는 [것]

- なんなりと － 무엇이든지
- 電子(でんし)決済(けっさい)取引(とりひき) － 전자결제거래
- [資料(しりょう)を]集(あつ)める － [자료를] 모으다
- [その関係(かんけい)]に詳(くわ)しい － [그 관계]에 밝다
- ご紹介(しょうかい)しましょう － 소개해 드리지요 :「ご紹介(しょうかい)する＋ましょう」
- あいすみません － 죄송합니다
- お願(ねが)い致(いた)します － 부탁드리겠습니다 : 겸양어Ⅰ 겸 겸양어Ⅱ「お願(ねが)いする → お願(ねが)い致(いた)す」

중요 어구 해설

[1] さきほどソウルからお電話がありました

□「電話(でんわ)がありました」: 전화가 걸려 왔습니다

「さきほどソウルからお電話(でんわ)がありました」는 「조금 전에 서울에서 전화가 걸려 왔습니다」의 뜻으로「電話(でんわ)がありました」는 한국어로는「전화가 걸려왔습니다」에 상당한다.

여기에서 [전화가 걸려왔다]는 것을 전할 때와 [전화가 걸려오면]의 상황에서 쓰이는 표현을 살펴보면 다음과 같다.

> 例
> 林様(はやしさま)から9時(くじ)にお電話(でんわ)がありました。お戻(もど)りになられたら、ご連絡(れんらく)をいただきたいそうです。
> (하야시 님으로부터 9시에 전화가 걸려왔습니다. 돌아오시면 연락해 달라고 합니다.)
> 橋本(はしもと)様(さま)とおっしゃる方(かた)から3時(さんじ)頃(ごろ)、お電話(でんわ)がありました。
> (하시모토 님이라고 하시는 분으로부터 3시경에 전화가 걸려왔습니다.)
> 住友社(すみともしゃ)の天野(あまの)様(さま)より、マフラーの件(けん)でお電話(でんわ)がありました。
> (스미토모사의 아마노 님으로부터 머플러 건으로 전화가 걸려 왔습니다.)
> 10時頃(じゅうじごろ)、奥様(おくさま)からお電話(でんわ)がありましたよ。
> (10시경에 사모님으로부터 전화가 걸려왔습니다.)
> もし、西原(にしはら)様(さま)よりお電話(でんわ)がありましたら、私(わたし)の携帯電話(けいたいでんわ)へお知(し)らせ願(ねが)えますか?
> (만일 니시하라 님으로부터 전화가 걸려오면 내 휴대전화에 연락해 주시겠습니까?)

井口(いのくち)様(さま)よりお電話(でんわ)がありましたら、おつなぎいたします。
(이노구치 님으로부터 전화가 걸려오면 연결해 드리겠습니다.)

[2] 電話してほしいとのことでした

□「~てほしい」:「~해 주었으면 한다」

본문의 「電話(でんわ)してほしいとのことでした」는 「전화해 달라는 이야기였습니다」의 뜻으로 「~てほしい」는 「~해 주었으면 한다」에 해당하는 표현인데 말하는 사람이 상대에게 무엇인가를 해 주기를 바랄 때 쓴다. 같은 뜻의 표현으로는 「~てもらいたい」가 있다.

例 妻(つま)がもっと家庭(かてい)のことを考(かんが)えてほしいって言(い)うんです。
(집사람이 가정을 더욱 생각해 달라고 해서요.)
大事(だいじ)な話(はなし)ですから、もう少(すこ)し真剣(しんけん)に考(かんが)えてほしいんですが。
(중요한 이야기이니까, 좀 더 진지하게 생각해 주었으면 합니다만.)

A: それに、男(おとこ)の人(ひと)はみんな妻(つま)に家(うち)にいてほしいって思(おも)っているんじゃありませんか。
(게다가 남자들은 모두 부인들이 집에 있어 주기를 원하지 않습니까?)
B: ぼくは違(ちが)います。妻(つま)にも働(はたら)いてもらいたいですよ。
一人(ひとり)では経済的(けいざいてき)にも大変(たいへん)ですし。
(나는 그렇지 않습니다. 집사람도 일해 주었으면 합니다. 혼자서는 경제적으로 힘들고 해서요.)

□「~とのことでした」: 전문

「~とのことだ」는 「~そうだ:~라고 한다」나 「~ということだ:~라고 한다」와 마찬가지로 전문을 나타내는 형식인데 본문에서는 「~とのことだ」의 과거 정중체인 「~とのことでした」가 「電話(でんわ)してほしいとのことでした:전화해 달라는 이야기였습니다」와 같이 쓰이고 있다.

그럼 여기에서 「〜とのことだ」에 의한 전문을 살펴보면 다음과 같다.

1. 「〜とのことだ」:「〜라고 한다」

「〜とのことだ / 〜とのことです」는 「〜ということだ / 〜ということです」와 마찬가지로 전문을 나타내는 표현 형식인데 「〜そうだ」에 비해 직접인용이라는 느낌이 강하다. 즉 「〜そうだ」는 말하는 사람의 주체적 판단 하에서 정보 내용을 전달하는 데에 비해 「〜とのことだ」・「〜ということだ」는 사실을 객관적으로 전달하려고 하는 점에 그 특징이 있다.

例
国(くに)の家族(かぞく)はみな元気(げんき)でいるとのことだ。
(고국에 있는 가족은 모두 잘 있다고 한다.)

A : そこの取引先(とりひきさき)が済(す)んだら、デコボコ社(しゃ)に行(い)くようにとのことだよ。
(거기 거래처 일이 끝나면 데코보코사에 가라고 해.)
B : わかりました。本社(ほんしゃ)に戻(もど)らずデコボコ社(しゃ)に直行(ちょっこう)します。
(알겠습니다. 본사에 돌아가지 않고 데코보코사에 직행하겠습니다.)

気象庁(きしょうちょう)の長期(ちょうき)予報(よほう)によると、この冬(ふゆ)は暖冬(だんとう)なので、桜(さくら)の開花(かいか)も例年(れいねん)より少(すこ)し早(はや)いとのことである。
(기상청 장기예보에 의하면, 이번 겨울은 따뜻해서 벚꽃이 피는 것도 예년보다 좀 빠르다고 한다.)

2. 「〜とのことだった」:「〜라고 했다」

例
それから、李(イー)、田中(たなか)に日本人(にほんじん)は野菜(やさい)はあまり食(た)べないのかと聞(き)いてみたところ、家庭料理(かていりょうり)ではよく食(た)べるとのことだった。

(그리고 이승민, 다나카에게 일본인은 야채는 별로 안 먹느냐고 물어 보았더니, 가정요리에서는 많이 먹는다고 했다.)

先週(せんしゅう)の新聞記事(しんぶんきじ)によると、大(おお)きな飛行機(ひこうき)事故(じこ)があった<u>とのことだった</u>。
(지난 주 신문기사에 의하면 큰 비행기사고가 있었다고 했다.)

3.「〜とのことです」:「〜라고 합니다」

例 警察(けいさつ)の発表(はっぴょう)によると、先週(せんしゅう)発生(はっせい)した誘拐(ゆうかい)犯人(はんにん)はまだ捕(つか)まっていない<u>とのことことです</u>。
(경찰 발표에 의하면 지난 주 발생한 유괴사건의 범인은 아직 잡히지 않았다고 합니다.)

新聞(しんぶん)で読(よ)んだんですが、最近(さいきん)剣道(けんどう)がとても人気(にんき)のあるスポーツだ<u>とのことです</u>。
(신문에서 읽었는데 요즘 검도가 무척 인기 있는 스포츠라고 합니다.)

A：単語(たんご)は少(すく)なくとも100回(ひゃっかい)は口(くち)にして
　　発音(はつおん)しなければ身(み)につかない<u>とのことです</u>。
　　(단어는 적어도 백 번은 입으로 소리 내어 발음하지 않으면 외어지지 않는다고 합니다.)
B：そうですか。じゃあ、今(いま)からそうします。
　　(그렇습니까? 그럼, 지금부터 그렇게 하겠습니다.)

A：普通(ふつう)の日本語(にほんご)の本(ほん)は、西洋人(せいようじん)のため
　　の日本語(にほんご)の本(ほん)をもとに作(つく)られている<u>とのことです</u>。
　　(보통 일본어 책은 서양인을 위한 일본어 책을 기본으로 해서 만들어져 있다고 합니다.)
B：そうですね。韓国人(かんこくじん)のための本(ほん)は数(かぞ)えるほどし
　　かないらしいですね。
　　(맞아요. 한국인을 위한 책은 손으로 셀 수 있을 정도 밖에 없는 것 같아요.)

4. 「〜とのことでした」:「〜라고 했습니다」

> 例　彼(かれ)が言(い)うには、円高(えんだか)ドル安(やす)兆候(ちょうこう)は当分(とうぶん)解消(かいしょう)しない<u>とのことでした</u>。
> (그가 말하기를 엔고 달러 약세 징후는 당분간 해소되지 않는다고 했습니다.)
> きのう北原(きたはら)先生(せんせい)にお会(あ)いしたところ、先生(せんせい)は来月(らいげつ)韓国(かんこく)にいらっしゃる<u>とのことでした</u>。
> (어제 기타하라선생님을 만나 뵈었는데 선생님께서는 다음 달에 한국에 가신다고 했습니다.)
>
> A:先生(せんせい)は今日(きょう)研究室(けんきゅうしつ)にいらっしゃる<u>とのことでしたか</u>。
> 　(선생님께서는 오늘 연구실에 계신다고 했습니까?)
> B:ええ、そうなさるつもりだ<u>とのことでしたよ</u>。
> 　(네, 그렇게 하실 생각이라고 했어요.)

5.「〜とのことで」:「〜라고 하니 / 〜라고 해서」

「〜とのことで」는 전문(伝聞)을 나타내는「〜とのことだ:〜라고 한다」에서 파생된 형식으로 한국어의「〜라고 하니」에 해당되는데, 서간문과 같은 데에서 많이 쓰인다.

> 例　コンクールで一位(いちい)をお取(と)りになった<u>とのことで</u>、本当(ほんとう)によかったですね。
> (콩쿠르에서 1등을 하셨다고 하니 정말 잘 됐군요.)
> 社長(しゃちょう)ご婦人(ふじん)が一命(いちめい)をとりとめた<u>とのことで</u>、社員(しゃいん)全員(ぜんいん)が胸(むね)を撫(な)で下(お)ろしております。
> (사장님 부인께서 목숨을 구하셨다는 소식을 듣고 사원 전체가 안도하고 있습니다.)
> 一時(いちじ)はどうなるかと心配(しんぱい)いたしましたが、峠(とうげ)を越(こ)した<u>とのことで</u>、一安心(ひとあんしん)いたしております。
> (한 때는 어떻게 될지 걱정했습니다만, 고비를 넘었다고 해서 한 시름 놓았습니다.)

다음은 「～とのことで」가 서간문에서 쓰인 예를 들면 다음과 같다.

> 例　皆様(みなさま)ご健在(けんざい)とのことで、何(なに)よりです。
> (다들 건재하고 계시다고 하오니 무척 다행스럽게 생각하고 있습니다.)
> ご家族(かぞく)の皆様(みなさま)もお元気(げんき)とのことで、何(なに)よりです。
> (가족 분들께서 다 안녕하시다고 하니 다행스럽게 생각하고 있습니다.)
> お見事(みごと)に優勝(ゆうしょう)なさったとのことで、家族(かぞく)一同(いちどう)喜(よろこ)んでおります。
> (멋지게 우승하셨다고 하니 가족 일동 기뻐하고 있습니다.)
> 念願(ねんがん)のオリンピックへの出場(しゅつじょう)がお決(き)まりとのことで、ご家族(かぞく)の方々(かたがた)もさぞお喜(よろこ)びのことと存(ぞん)じます。
> (염원하던 올림픽 출장이 정해졌다고 하시니 가족 분들께서도 필시 기뻐하고 계실 것으로 사료됩니다.)

6. 「～てほしいとのことでした」

다음은 본문의 「～てほしいとのことです : ～해 주었으면 한다고 했습니다 / ～해 달라고 했습니다」와 같이 쓰인 예를 다시 살펴보자.

> 例　ぜひその切符(きっぷ)を譲(ゆず)ってほしいとのことでした。
> (제발 그 표를 양보해 달라고 했습니다.)
> 部長(ぶちょう)からの話(はなし)なんですけど、これ、田中(たなか)さんに渡(わた)してほしいとのことでした。
> (부장님 이야기인데요, 이거, 다나카 씨에게 전해 달라고 했습니다.)
> すぐまいりますので、しばらく控室(ひかえしつ)でお待(ま)ちになっていてほしいとのことでした。
> (금방 올 테니까, 잠시만 대기실에서 기다리고 계셔 달라고 했습니다.)

第4課　折返し電話してほしいとのことでした

本社(ほんしゃ)からの指示(しじ)なんですけど、その契約(けいやく)を一週間(いっしゅうかん)ほど延(の)ばしてほしいとのことでした。
(본사로부터의 지시인데 그 계약을 1주일 정도 연기해 달라고 했습니다.)
課長(かちょう)から連絡(れんらく)がありましたが、1時(いちじ)からの会議(かいぎ)には間(ま)に合(あ)わないから、代(か)わりに鈴木(すずき)さんか誰(だれ)か出(で)てほしいとのことでした。
(과장님한테서 연락이 왔는데 1시 회의에는 댈 수 없으니 대신 스즈키 씨나 다른 사람이 나가 달라고 했습니다.)

[주의1] 전해지는 내용에 직접 관계하는 사람이 정보를 제공하고 있을 경우에는 「～という」는 쓰지 않고 「～そうだ」나 「～とのことだ・～ということだ」를 쓴다. 이것은 「～という」가 일반적으로 널리 알려진 사실을 전하고 있기 때문에 정보 주체를 특정인으로 한정시킬 수 없기 때문이다.

例　田中(たなか)さんの手紙(てがみ)によると、渡辺(わたなべ)さんは海外(かいがい)に飛(と)ばされる{× という / そうだ / とのことだ / ということだ}。
(다나카 씨 편지에 의하면, 와타나베 씨는 해외에 쫓겨난다고 한다.)
木下(きのした)さんの話(はなし)では、彼女(かのじょ)は会社(かいしゃ)をやめて、事業(じぎょう)を始(はじ)める{× という / そうだ / とのことだ / ということだ}。
(기노키타 씨 이야기로는 그녀는 회사를 그만두고 사업을 시작한다고 한다.)
部長(ぶちょう)から聞(き)いたところによると、営業(えいぎょう)実績(じっせき)が落(お)ち込(こ)んで、冬(ふゆ)のボーナスはなし{× という / そうだ / とのことだ / ということだ}。
(부장님에게서 들은 바에 의하면, 영업실적이 떨어져서 겨울 상여금은 없다고 한다.)
彼(かれ)は今日(きょう)は急用(きゅうよう)で出(で)られない{× という / そうだ / とのことだ / ということだ}。
(그는 오늘은 급한 일도 참석하지 못한다고 합니다.)

[주의2]
□「〜そうだ」와「〜ということだ」의 차이
　전문을 나타내는「〜そうだ」와「〜ということだ」는 의미 용법에 있어서 거의 차이가 없는 것처럼 보이지만 실은 다음과 같은 상위점이 있으니 주의한다.

1. 전문을 나타내는「〜そうだ」는 다른 곳으로부터 얻은 정보내용을 말하는 사람이 현시점에서 [참이다 : 真이다]라고 주체적 입장에서 판단하는 것을 나타내기 때문에

「× 〜そうではない(부정)」·
「× 〜そうだった(과거)」·
「× 〜そうだろう(추측)」·
「× 〜そうか(의문)」

과 같은 형식은 불가능하고「× 〜だろうそうだ」와 같이 추측을 나타내는 말에도 접속되지 않는다.
　이에 대해「〜ということだ」는 그러한 제한이 없어「〜ということだった(과거)」「〜ということか(의문) / 〜ということだったか(과거 의문)」등의 형식이 가능하며「〜だろうということだ」와 같이 추측을 나타내는 말에도 접속된다.

例　あのピアニストの演奏(えんそう)はすばらしいはずだ{× そうだった / ということだった}が、聞(き)いてみたら、それほどでもなかった。
(그 피아니스트의 연주는 틀림없이 훌륭할 것이라고 했는데, 막상 들어 보니, 그 정도는 아니었다.)
お医者(いしゃ)さんの話(はなし)では、二(に)、三日(さんにち)でよくなるだろう{× そうです / ということです}。
(의사 선생님의 이야기로는 2, 3일이면 좋아질 것이라고 합니다.)
鈴木(すずき)さんは急用(きゅうよう)ができて、今度(こんど)の旅行(りょこう)には行(い)けないだろう{× そうだった / ということだった}。
(스즈키 씨는 급한 일이 생겨 이번 여행에는 가지 못할 것이라고 했다.)

2. 앞에서 서술한 바와 같이「～そうだ」는 정보내용을 말하는 사람이 현시점에서 주체적인 입장에서 판단하여 전달하는 데에 그 특징이 있고, 이에 대해「～とのことだ・～ということだ」는 정보내용을 객관적으로 전달한다는 점에서 직접인용의 성격이 강하다.

① 先日(せんじつ)、雑誌(ざっし)に発表(はっぴょう)された黒田(くろだ)博士(はかせ)の説(せつ)では、半世紀(はんせいき)足(た)らずのうちに、必(かなら)ず世界的(せかいてき)な危機(きき)が訪(おとず)れる{とのことだ/そうだ}。
(지난번 잡지에 발표된 구로다 박사의 학설로는 반세기가 채 지나기 전에 반드시 세계적인 위기가 찾아온다고 한다.)
② 彼(かれ)はきのう来(く)る{とのことだった/×そうだった}から、外出(がいしゅつ)をとりやめたのに、来(こ)なかった。
(그는 어제 온다고 했기 때문에 외출을 취소했는데 오지 않았다.)
③ 天気予報(てんきよほう)では、午後(ごご)から雨(あめ)になる{とのことだった/×そうだった}のに、雲(くも)一(ひと)つなく晴(は)れ渡(わた)っている。
(일기예보에서는 오후부터 비가 올 것이라고 했었는데 구름 한 점 없이 맑게 개어 있다.)

따라서 ①의「訪れるということだ」는 미묘한 의미적 차이를 무시하면「訪れるそうだ」와 같이「～そうだ」로 바꿔 쓸 수 있지만, ②의「来るということだった ↔ 来なかった ; 온다고 했는데 오지 않았다」, ③의「雨になるということだった ↔ 晴れ渡っている ; 비가 온다고 했다 ; 맑게 개어 있다」와 같이 현시점에서의 정보내용과 사실 사이에 모순이 생기기 때문에「～そうだ」는 쓸 수가 없다.[12]

[3] 拝借できませんでしょうか

□「拝借(はいしゃく)できませんでしょうか」

「ちょっとお電話(でんわ)拝借(はいしゃく)できませんでしょうか」는「좀 전화를 써도 되겠습니까」의 뜻으로「拝借(はいしゃく)できませんでしょうか」는「借(か)りる」의 특정형 겸양어 I 인「拝借(はいしゃく)する」에 가능의「できる」가 접속한「拝借(はいしゃく)できる」의 부정 정중체이다.

---

12) 李成圭等著(1997)『홍익일본어독해 1, 2』홍익미디어. pp. 36-38에서 인용.

1. 「拝(はい)～」: 겸양어 I

「借(か)りる」의 겸양어 I 에는 일반형의 「お借(か)りする」와 특정형의 「拝借(はいしゃく)する」가 있는데 양자가 공존할 경우에는 특정형 쪽이 경의도가 높다. 그리고 「拝借(はいしゃく)する」를 더 정중하게 표현할 경우에는 「拝借(はいしゃく)いたす」와 같이 「する」의 겸양어 II (정중어)인 「いたす」를 사용한다.

「拝(はい)～」계열의 특정형의 겸양어 I 을 다시 정리하면 다음과 같다.

例

[見(み)る → 拝見(はいけん)する → 拝見(はいけん)いたす]
私(わたくし)もその契約書(けいやくしょ)は拝見(はいけん)いたしておりますが。
(저도 그 계약서는 보았습니다만.)

[借(か)りる → 拝借(はいしゃく)する → 拝借(はいしゃく)いたす]
広瀬(ひろせ)先生(せんせい)ですか?ちょっとお時間(じかん)を拝借(はいしゃく)したいと思(おも)いますが、よろしいでしょうか。
(히로세 선생님입니까? 시간을 좀 할애해 주셨으면 합니다만 괜찮겠습니까?)

[受(う)ける → 拝受(はいじゅ)する → 拝受(はいじゅ)いたす]
先頃(さきごろ)五月(ごがつ)二十日(はつか)のお手紙(てがみ)を拝受(はいじゅ)いたしました。
(지난번 5월 20일에 보내신 편지, 배수했습니다.)

[聞(き)く → 拝聴(はいちょう)する →拝聴(はいちょう)いたす]
皆様(みなさま)から貴重(きちょう)なご意見(いけん)を拝聴(はいちょう)いたしました。
(여러분들부터 귀중한 의견을 배청했습니다.)

[読(よ)む → 拝読(はいどく)する → 拝読(はいどく)いたす]
原稿(げんこう)の一部(いちぶ)を拝読(はいどく)いたしました。
(원고 일부를 배독했습니다.)

2.「拝借できませんでしょうか」

「拝(はい)~」계열의 특정형의 겸양어Ⅰ에 가능의 부정 정중체가 접속된 예를 들면 다음과 같다.

> **例**
> そのモンタージュ写真(しゃしん)、ちょっと拝見(はいけん)できませんでしょうか。
> (그 몽타주 사진, 좀 볼 수 없겠습니까?)
> その資料(しりょう)、しばらく拝借(はいしゃく)できませんでしょうか。
> (그 자료, 잠시 빌릴 수 없겠습니까?)
> この問題(もんだい)につきまして皆様(みなさま)のご意見(いけん)を拝聴(はいちょう)できませんでしょうか。
> (이 문제에 관해 여러분의 의견을 배청할 수 없겠습니까?)
> ご多忙(たぼう)の最中(さなか)とは存(ぞん)じますが、拝顔(はいがん)できませんでしょうか。
> (다망하시리라고 사료됩니다만, 뵐 수 없겠습니까?)

[4] いやあ、まいりました

□「まいる」: 야단나다 / 질리다 / 맥을 못 추다

「まいる」는 ①「行(い)く」・「来(く)る」의 겸양어Ⅱ(정중어), ②「(신사나 절에) 참배하다」의 뜻 이외에도 ③「지다 / 항복하다」, ④「야단나다 / 질리다 / 맥을 못 추다」, ⑤「약해지다」와 같이 다양한 의미를 지니고 있다. 본문의「いやあ、まいりました」는「이거 야단났군요」의 뜻으로, ④의 용법으로 쓰이고 있다.

> **例**
> 秋本(あきもと)は、頭(あたま)を抱(かか)え込(こ)んだ。「いや、まいりました。こんなことになるとは…」と、言(い)った。
> (아키모토는 머리를 감싸 쥐었다.「정말 야단났네요. 일이 이렇게 되다니」하며 말했다.)
> あの田中(たなか)さんが、またお見合(みあ)い失敗(しっぱい)ですか。まいりましたね。
> (그 [선만 보면 퇴짜를 맞는 것으로 유명한] 다나카 씨가 또 선 봐서 실패했습니까? 할 말이 없군요.)

いたずらっ子(こ)に財布(さいふ)を隠(かく)されたり、大事(だいじ)な本(ほん)を破(やぶ)られたりして、まいりました。
(장난꾸러기가 지갑을 감추지 않나 비싼 책을 찢지 않나, 두 손 들었습니다.)
何回(なんかい)もやらされてまいってしまったと言(い)うのです。
(몇 번이나 시키는 바람에 질리고 말았다고 합니다.)
ところが「ストレスがたまってしまい、まいってしまったよ」と言(い)うことができない。
(그런데「스트레스가 쌓이는 바람에 질리고 말았어」라고 할 수가 없다.)
東京(とうきょう)の物価(ぶっか)の高(たか)いのにはまいってしまいました。
(도쿄 물가가 비싼 데에는 두 손 들고 말았습니다.)
あまり意味(いみ)のない会議(かいぎ)が毎日(まいにち)続(つづ)くと、いいかげんまいっちゃいますよ。
(별로 의미가 없는 회의가 매일 계속되면, 정말 질려 버려요.)

[5] ディレイするわけにはいきませんか

본문의「あしたのスケジュールをちょっとディレイするわけにはいきませんか」는「내일 스케줄을 좀 연기할 수 없겠습니까」의 뜻으로 동사의 긍정에「〜わけにはいかない」가 접속되면「〜できない : 〜할 수 없다」와 같은 불가능을 나타낸다.

「〜わけにはいきません」은「〜わけにはいかない」의 정중체로 한국어의「(그렇게 간단히) 〜할 수 없습니다」에 해당한다.「〜わけにはいきません」을 더 정중하게 표현할 때는「〜わけにはまいりません」이라고 한다.

例
いくらあなたでも、このことだけは話(はな)すわけにはいきません。
(아무리 당신이라도 해도 이것만은 이야기할 수 없습니다.)
わたしはこの研修(けんしゅう)の責任者(せきにんしゃ)ですから、明日(あした)休(やす)むわけにはいきません。
(나는 이 연수의 책임자라서 내일 쉴 수 없습니다.)

1.「〜わけにはいかない」

동사의 긍정에「〜わけにはいかない」가 접속되면「〜できない」와 같은 불가능을 나타낸다.

> 例
>
> いくらあなたでも、このことだけは話(はな)すわけにはいかない。
> (아무리 당신이라고 해도 이것만은 이야기할 수 없다.)
> 引(ひ)き受(う)けてしまった以上(いじょう)、今(いま)さらやめるわけにもいかないでしょう。
> (일을 맡은 이상, 지금 와서 그만둘 수도 없겠지요?)

2.「〜わけにはいきません」

「〜わけにはいきません」은「〜わけにはいかない」의 정중체이다.

> 例
>
> わたしはこの研修(けんしゅう)を企画(きかく)した者(もの)ですから、当日(とうじつ)休(やす)むわけにはいきません。
> (나는 이 연수를 기획한 사람이라서 당일 쉴 수가 없습니다.)
> 上司(じょうし)の許可(きょか)を得(え)なければならないから、今日(きょう)すぐというわけにはいきません。
> (상사의 허가를 받아야 하니까, 오늘 당장은 안 됩니다.)

3.「〜わけにはまいりません」

「〜わけにはまいりません」은「〜わけにはいかない」의 정중체「〜わけにはいきません」을 더 정중하게 표현한 것이다.

> 例
>
> もう少(すこ)し落(お)とすわけにはまいりませんか。
> (좀 더 낮출 수 없습니까?)
> この本(ほん)、しばらく貸(か)していただくわけにはまいりませんか。
> (이 책, 잠시 빌려 주실 수 없습니까?)
> こちらは新製品(しんせいひん)なので、これ以上(いじょう)負(ま)けるわけにはまいりません。

(이것은 신제품이라서 더 이상 깎아줄 수 없습니다.)[13]

[6] 電話していらしたから

□「〜ていらした」: 축약형

「電話していらしたから」는「전화하고 계셨기 때문에」의 뜻으로「〜ていらした」는「〜ていらっしゃった」의 축약형으로 스스럼없는 말씨에 많이 쓰인다. 따라서「いらした」에서 잘못 유추해서「いらす」를 기본형으로 상정하는 그런 오분석(誤分析)은 하지 않도록 주의한다.

例　[いらした ← いらっしゃった]
失礼(しつれい)いたしますが、[韓国(かんこく)からいらした李(イー)さま・日本(にほん)からおいでの田中(たなか)さま]{でございますか・でいらっしゃいますか}。
(실례지만, [한국에서 오신 이경민 씨・일본에서 오신 다나카 씨]이십니까?)

[いらしたら ← いらっしゃったら]
A : 李(イー)さんがいらしたら、この資料(しりょう)を渡(わた)してもらいたいんですけど。
(이경민 씨가 오시면 이 자료를 전해 주었으면 하는데요.)
B : いいですよ。そこに置(お)いておいてください。
(좋아요. 거기에 놓아두세요.)

[いらしてください → いらっしゃってください]
それじゃ、また今度(こんど)、ぜひいらしてください。
(그럼, 다음번에 꼭 오세요.)

[探していらした ← 探(さが)していらっしゃった]
先輩(せんぱい)、机(つくえ)の下(した)にもぐって、何(なに)を探(さが)していらしたんですか。
(선배님, 책상 밑에 들어가서 무엇을 찾고 계셨습니까?)

---

13) 李成圭・権善和(2006e)『현대일본어 문법연구Ⅳ』시간의물레. pp. 80-82에서 인용.

> [通していらした ← 通(とお)していらっしゃった]
> あの、つかぬことを伺(うかが)うようですが、田中(たなか)さんはどうして今(いま)まで独身(どくしん)を通(とお)していらしたんですか。
> (저, 갑자기 이런 말씀 여쭤서 죄송합니다만, 다나카 씨는 어째서 지금까지 계속 독신으로 지내 오셨습니까?)
>
> [持っていらした ← 持(も)っていらっしゃった]
> 今日(きょう)専務(せんむ)はお嬢(じょう)さんの写真(しゃしん)を持(も)っていらしたよ。
> (오늘 전무님은 따님의 사진을 가지고 오셨어.)
>
> [待(ま)っていらした ← 待(ま)っていらっしゃった]
> さっきまでここで待っていらしたから、このあたりにまだいらっしゃると思(おも)います。
> (아까까지 여기서 기다리고 계셨으니까, 이 부근에 아직 계실 겁니다.)

[7] わたくしどもはいっこうにかまいません

□「いっこうに」: 전혀

「わたくしどもはいっこうにかまいません」는「저희들은 전혀 상관없습니다」의 뜻으로 「いっこうに」는 한국어의「전혀」에 해당하는 부사인데 뒤에 부정어나 부정적인 표현이 온다.

> 例　終(しゅう)バスを待(ま)っているが、いっこうに来(こ)ない。
> (마지막 버스를 기다리고 있는데 전혀 안 온다.)
> 風邪薬(かぜぐすり)を飲(の)んだんですが、いっこうによくなりません。
> (감기약을 먹었는데 전혀 좋아지지 않습니다.)
> 彼(かれ)には何回(なんかい)も注意(ちゅうい)したんですけど、いっこうになおりません。
> (그 사람에게는 몇 번이나 주의를 주었는데 전혀 고쳐지지 않습니다.)

手際(てぎわ)が悪(わる)くて仕事(しごと)がいっこうに捗(はかど)らず、もたもたしているうちに夕方(ゆうがた)になってしまった。
(됨됨이가 신통치 않아 일이 전혀 진척되지 않는데, 우물쭈물하고 있는 사이에 저녁이 되고 말았다.)
紙袋(かみぶくろ)が普及(ふきゅう)しても、昔(むかし)ながらの風呂敷(ふろしき)の人気(にんき)はいっこうに衰(おとろ)えません。
(종이봉지가 보급되어도 옛날 그대로의 보자기의 인기는 전혀 쇠퇴되지 않습니다.)

[8] わたしにお手伝いできることならなんなりと

□「なんなりと」: 부사(문 중지 용법)

「わたしにお手伝(てつだ)いできることならなんなりと」는 「제가 도와드릴 수 있는 일이라면 무엇이든지 [말씀하십시오]」의 뜻으로 「なんなりと」로 문을 도중에서 맺고 있는 문 중지 용법이다. 본문에서는 「なんなりと」 뒤에 「言(い)ってください: 말해 주세요」「おっしゃってください: 말씀해 주십시오」에 상당하는 내용이 생략된 채 쓰이고 있다.

例 彼女(かのじょ)は「なんなりとおっしゃってください、先生(せんせい)」と言(い)った。
(그녀는 「무엇이든지 말씀해 주십시오, 선생님」이라고 말했다.)
お気(き)づきの点(てん)がございましたら、なんなりとお申(もう)し付(つ)けください。
(불편한 점이 있으시면 무엇이든지 하명해 주십시오.)
リストラ協力(きょうりょく)、ありとあらゆるトラブルの解決(かいけつ)など、犯罪(はんざい)以外(いがい)でしたら、なんなりとお引(ひ)き受(う)けしております。
(구조 조정, 모든 분쟁 해결 등, 범죄 이외라면 무엇이든지 일을 맡고 있습니다.)

A:「それであたし、黒(くろ)いバッグの中(なか)へお金(かね)を入(い)れ替(か)えるのを忘(わす)れまして。」
(그래서 제가 검은 핸드백에 돈을 바꿔 넣는 것을 잊어서요.)
B:「わたしにできることでしたら、なんなりと。」
(제가 할 수 있는 일이라면 무엇이든지 말씀하세요.)

□「わたしにお手伝(てつだ)いできる」: 가능의 주체

그리고 일본어의 가능표현에서는 본문의「わたしにお手伝(てつだ)いできる[こと]」와 같이 가능의 주체를「に」격으로 나타낼 수 있다.

> 例 わたくしにできるようなことでしたら、何(なん)でもおっしゃってください。
> (제가 할 수 있는 그런 일이라면 뭐든지 말씀하십시오.)
> わたしのような者(もの)にでもお役(やく)に立(た)てるようでしたら、なんなりとお申(もう)し付(つ)けください。
> (저 같은 사람도 도움이 될 수 있는 일이라면 뭐든지 하명해 주십시오.)

[9] ご紹介しましょう

□「お・ご～しましょう」: 의지

「ご紹介(しょうかい)しましょう」는「제가 소개해 드리지요」의 뜻으로 겸양어Ⅰ인「ご紹介(しょうかい)する」에「～ましょう」가 접속된 것으로 이때의「～ましょう」는 권유보다는 말하는 사람의 의지 표명에 가까운 뜻을 나타낸다.

먼저「お・ご～しましょうか」의 예를 들면 다음과 같다.

1.「お～しましょう」

> 例 手(て)が空(す)いていますから、お手伝(てつだ)いしましょう。
> (한가하니까, 도와 드리겠습니다.)
> お荷物(にもつ)、重(おも)いでしょう。私(わたし)がお持(も)ちしましょう。
> (짐, 무겁지요? 제가 들어 드리지요.)
>
> A: 中山(なかやま)さん、週末(しゅうまつ)の登山(とざん)へ行(い)けますか。
>   (나카야마 씨, 주말 등산에 갈 수 있습니까?)
> B: 行(い)けるかどうか、あとで電話(でんわ)でお知(し)らせしましょう。
>   (갈 수 있을지 어떨지 나중에 전화로 알려드리겠습니다.)

> 課長(かちょう)、お客様(きゃくさま)がお見(み)えになりました。
> 何(なん)とお伝(つた)えしましょうか。
> (과장님, 손님이 오셨습니다. 뭐라고 전해드릴까요?)
> 私(わたし)が地下(ちか)の方(ほう)までお見(み)せしましょう。
> (제가 지하까지 보여 드리지요.)

2.「ご〜しましょう」

> **例** わたしが法隆寺(ほうりゅうじ)までご案内(あんない)しましょう。
> (제가 호류지까지 안내해 드리겠습니다.)
> では、日本(にほん)を除(のぞ)くそれらの国(くに)の初歩(しょほ)の
> 教材(きょうざい)をご紹介(しょうかい)しましょう。
> (그럼, 일본을 제외한 그들 국가의 초보 교재를 소개해 드리겠습니다.)
> もっと詳(くわ)しくご説明(せつめい)しましょう。
> (더 자세하게 설명해 드리겠습니다.)
> 今度(こんど)是非(ぜひ)一度(いちど)ご一緒(いっしょ)しましょう。
> (다음번에 꼭 한번 모시겠습니다.)

다음은「お・ご〜いたしましょうか」와 같이 겸양어Ⅰ 겸 겸양어Ⅱ인「お・ご〜いたす」에「〜ましょうか」가 접속된 예를 살펴보자.

3.「お・ご〜いたしましょう」

> **例** 今(いま)、手(て)がすきましたので、何(なん)でしたらお手伝(てつだ)いいたしましょうか。
> (지금 한가하니, 뭣 하시면 도와 드릴까요?)
>
> A: どうも台風(たいふう)が来(き)ているせいか、雨足(あまあし)が強(つよ)くて。
>   (아무래도 태풍이 온 탓인지 빗발이 거세고.)
> B: そうですね。途中(とちゅう)までお送(おく)りいたしましょう。
>   (그렇군요. 도중까지 모셔다 드리겠습니다.)

社長(しゃちょう)、お疲(つか)れでしょう。私(わたし)が肩(かた)をお揉(も)みいたしましょう。
(사장님, 피곤하시지요? 제가 어깨를 주물러 드리겠습니다.)

何(なん)でしたら、私(わたし)が直接(ちょくせつ)お届(とど)けいたしましょう。
(뭣 하시면 제가 직접 배달해 드리겠습니다.)

わたくしがお教(おし)えいたしましょう。それはたいへんに怖(こわ)い怖(こわ)いことなのでございます。
(제가 가르쳐 드리겠습니다. 그것은 대단히 무섭고 무서운 일입니다.)

そういうことでしたら、私(わたくし)が直々(じきじき)お伺(うかが)いいたしましょう。
(그런 일이시면 제가 직접 찾아뵙겠습니다.)

4.「ご~いたしましょう」

例 それでは、ご案内(あんない)いたしましょう。
(그럼 안내해 드리겠습니다.)

第三者(だいさんしゃ)が私(わたし)をどのように見(み)ているか、ご紹介(しょうかい)いたしましょう。
(제3자가 나를 어떻게 보고 있는지 소개해 드리겠습니다.)

基本的(きほんてき)な使(つか)い方(かた)をご説明(せつめい)いたしましょう。
(기본적인 사용법을 설명해 드리겠습니다.)

近(ちか)いうちに詳(くわ)しくご報告(ほうこく)いたしましょう。
(가까운 시일 내에 자세히 보고 말씀 드리지요.)

A: あいすみませんが、デコボコ社(しゃ)への道(みち)を教(おし)えていただけませんでしょうか。
  (죄송합니다만, 데코보코사로 가는 길을 가르쳐 주시지 않겠습니까?)
B: おやすいご用(よう)です。わたしがご一緒(いっしょ)いたしましょう。
  (어려운 일이 아니군요. 제가 모시고 같이 가지요.)

응용 회화

手帳(てちょう)を出(だ)し、電話番号(でんわばんごう)を調(しら)べる

田中：[ええと、小宮(こみや)電話(でんわ)のとこは3325(サン・サン・ニー・ゴー)の4917(ヨン・キュウ・イチ・ナナ)か]

　　　　　　[電話(でんわ)をかける]

上司：はい、情報戦略(じょうほうせんりゃく)チームです。

田中：元気(げんき)にやってるか。おれ、田中(たなか)。

上司：何番(なんばん)におかけですか。

田中：あ、大変(たいへん)申(もう)し訳(わけ)ございませんでした。わたくしとしたことが、お声(こえ)が小宮(こみや)さんにそっくりなもので。
[こういうときに限(かぎ)って、大失敗(だいしっぱい)を演(えん)じちゃうんだよな。おれって。]

上司：田中君(たなかくん)か。気(き)をつけたまえ。小宮君(こみやくん)ね。今(いま)、電話(でんわ)、回(まわ)すから。

田中：はっ、恐(おそ)れ入(い)ります。

小宮：はい、小宮(こみや)です。

田中：田中(たなか)ですが、小宮(こみや)さまに折(お)り入(い)ってお願(ねが)いしたいことがあるのですが。

小宮：おいおい、なんだい、ばか丁寧(ていねい)な言葉(ことば)づかいで。

田中：うるさい。また、おれの昇進(しょうしん)は遠退(とおの)いたんだ。それはともかく、実(じつ)は、今(いま)、ソウルからお客(きゃく)さまが来(き)てるんだが、急(きゅう)な仕事(しごと)ができたようで、応援(おうえん)、頼(たの)みたいんだ。

수첩을 꺼내서 전화번호를 조사하다

다나카 : [음, 고미야 전화번호는 3325의 4917인가]

[전화를 걸다]

상사 : 네, 정보전략팀입니다.

다나카 : 별일 없어? 나야, 다나카.

상사 : 몇 번에 거셨습니까?

다나카 : 아, 대단히 죄송합니다. 참 내가 왜 그러지. 저, 목소리가 고미야 씨와 똑같아서요.
[나는 꼭 이럴 때, 큰 실수를 저지르고 만다 말야.]

상사 : 다나카 군인가? 조심해. 고미야 군에게 걸었나? 지금 전화 돌릴 테니까.

다나카 : 아, 죄송합니다.

고미야 : 네, 고미야입니다.

다나카 : 다나카인데요, 고미야 님에게 긴히 부탁드리고 싶은 일이 있는데요.

고미야 : 이봐, 이봐, 뭐 하는 거야? 갑자기 너무 정중한 말씨를 쓰며.

다나카 : 시끄러워. 또 내 승진은 물 건너갔군. 그것은 그렇고. 실은, 지금 서울에서 손님이 와 있는데, 급한 일이 생긴 것 같으니, 좀 도와줘.

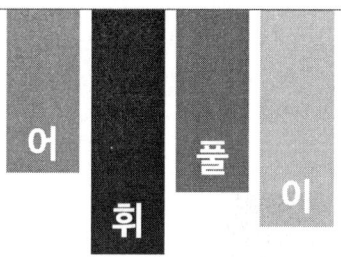

- 電話(でんわ)のとこは － 전화번호 :「とこ」는「ところ」의 준말
- 情報戦略(じょうほうせんりゃく)チーム － 정보전략 팀
- 元気(げんき)にやってるか － 별일 없어?
- [何番(なんばん)に]おかけですか － 몇 번에 거셨습니까? :「おかけですか」는「おかけになりましたか」의 의미
- 申(もう)し訳(わけ)ございませんでした － 죄송합니다 :「申(もう)し訳(わけ)ございません」의 과거
- わたくしとしたことが － 이 나라고 하는 사람이 말야 : この私(わたくし)ともあろうものが
- お声(こえ) － 목소리 :「声(こえ)」의 존경어
- [小宮(こみや)さん]にそっくりだ － [고미야 씨]와 똑같다
- こういう[とき] － 이럴 [때] : 연체사
- ～に限(かぎ)って － ～에 한해
- 大失敗(だいしっぱい)を演(えん)じる － 큰 실수를 저지르다
- おれって － 나란 사람은
- 気(き)をつけたまえ － 조심해
- 電話(でんわ)を回(まわ)す － 전화를 돌리다
- 恐(おそ)れ入(い)ります － 죄송합니다
- 折(お)り入(い)って － 긴히 / 특별히
- おいおい － 이봐, 이봐
- なんだい － 뭐 하는 거야 :「何(なん)だい」의「～い」는 종조사
- ばか丁寧(ていねい) － 지나치게 정중한 것
- 言葉(ことば)づかい － 말씨
- [昇進(しょうしん)]が遠退(とおの)く － 승진이 멀어지다 / 승진이 물 건너가다
- それはともかく － 그것은 그렇고
- 急(きゅう)な仕事(しごと)ができる － 급한 일이 생기다
- 応援(おうえん)を頼(たの)む － 응원을 부탁하다 / 도와주다

157

관련사항

「あいすみません」

「あいすみません」는 「相(あい)済(す)む」의 부정 정중체로 「済(す)みません」의 정중어이다. 「相済(あいす)みません」의 「相(あい)」는 일본어 고어사전(古語辞典)에도 실려 있는 접두사로 동사에 붙어 어세나 어조를 가지런히 한다.

「あいすみません」은 현대어에서는 다음과 같이 격식을 차리거나 혹은 서간문 등에서 사용된다.

> 例
> 先日(せんじつ)は相(あい)済(す)みませんでした。
> (지난번에는 정말 죄송했습니다.)
> 行(ゆ)き届(とど)かず、あいすみません。
> (여러 모로 신경을 쓰지 못해 죄송합니다.)
> こちらの手落(てお)ちです。あいすみませんでした。
> (저희들 실수입니다. 죄송합니다.)
>
> A : あいすみませんが、デコボコ社(しゃ)への道順(みちじゅん)を教(おし)えていただけませんでしょうか。
> (죄송합니다만, 데코보코사로 가는 길을 가르쳐 주시지 않겠습니까?)
> B : おやすいご用(よう)です。わたしがご一緒(いっしょ)いたしましょう。
> (어려운 일이 아니군요. 제가 모시고 같이 가지요.)

「あいすみません」은 고풍스러운 느낌을 수반하고 있다는 점에서 비즈니스 장면이나 고객에 대해 사용할 경우에는 「恐(おそ)れ入(い)ります : 죄송합니다」「申(もう)し訳(わけ)ございません : 죄송합니다」 등을 사용하는 것이 좋은 인상을 준다.

젊은 사람 사이에서는 들은 적이 없는 사람도 늘고 있고, 전달하고 싶은 내용이 사과라는 점을 감안하면 모르는 말보다는 현재 사용되고 있는 표현을 사용하는 것이 무난하겠다.

[사과할 때의 표현]
1. 상사에게 사과하다

> 例 わたくしの不(ふ)行(ゆ)き届(とど)きでまことに申(もう)し訳(わけ)ございません。
> (제가 제대로 신경 쓰지 못해 정말 죄송합니다.)
> ○○のトラブルの件(けん)はわたくしの不注意(ふちゅうい)でした。申(もう)し訳(わけ)ございません。
> (○○의 트러블 건은 제 부주의였습니다. 죄송합니다.)
> ○○の件(けん)、不(ふ)行(ゆ)き届(とど)きで申(もう)し訳(わけ)ございません。
> (○○의 건, 제대로 살피지 못해 죄송합니다.)
> 自分(じぶん)の役割(やくわり)と責任(せきにん)を果(は)たすことができず、申(もう)し訳(わけ)ありませんでした。
> (자신의 역할과 책임을 다하지 못해 죄송했습니다.)
> わたくしの勉強(べんきょう)不足(ぶそく)で失礼(しつれい)いたしました。
> 今後(こんご)は十分(じゅうぶん)に気(き)をつけます。
> (제가 공부를 제대로 못해서 실례가 많았습니다. 앞으로는 많이 조심하겠습니다.)
> わたくしの説明(せつめい)がいたりませんで、部長(ぶちょう)にご迷惑(めいわく)をお掛(か)けして申(もう)し訳(わけ)ございませんでした。
> (제가 설명을 제대로 못하는 바람에 부장님께 폐를 끼쳐서 죄송했습니다.)
> わたくしの不手際(ふてぎわ)でこのような事態(じたい)になり、申(もう)し訳(わけ)ございません。今後(こんご)このような事(こと)のないよう気(き)をつけます。
> (제가 서툴러서 사태가 이렇게 되어 죄송합니다. 앞으로는 이와 같은 일이 없도록 조심하겠습니다.)

第4課　折返し電話してほしいとのことでした

申(もう)し訳(わけ)ありません。多忙(たぼう)にかまけて、{失念(しつねん)して・忘(わす)れて}おりました。
(죄송합니다. 다망한 탓으로 {깜박 잊었습니다 / 잊어버렸습니다}.
〇〇社(しゃ)への提案書(ていあんしょ)の内容(ないよう)に不備(ふび)がありました。わたくしの不注意(ふちゅうい)で誠(まこと)に申(もう)し訳(わけ)ありません。
(〇〇 사에 보내는 제안서 내용에 불비가 있었습니다. 제 부주의 때문에 일어난 것으로 정말 죄송합니다.)
申(もう)し訳(わけ)ありません。〇〇社(しゃ)への発注(はっちゅう)にミスがありました。
(죄송합니다. 〇〇 사의 발주에 미스가 있었습니다.)
直(ただ)ちに先方(せんぽう)には謝罪(しゃざい)して訂正(ていせい)いたします。
(즉시 상대 쪽에 사죄하고 정정하겠습니다.)
わたくしが〇〇したために、△△の業務(ぎょうむ)が遅(おく)れました件(けん)、誠(まこと)に申(もう)し訳(わけ)ありません。
(제가 〇〇 해서 △△업무가 늦어진 점, 정말 죄송합니다.)
予定(よてい)の期日(きじつ)に企画書(きかくしょ)の作成(さくせい)を間(ま)に合(あ)わせることができず、申(もう)し訳(わけ)ございません。
(예정한 기일에 기획서 작성을 맞추지 못해 죄송합니다.)
〇〇の件(けん)について、ご報告(ほうこく)が遅(おう)れて申(もう)し訳(わけ)ございませんでした。
(〇〇 건에 관해 보고가 늦어져서 죄송했습니다.)

2. 거래처에 사과하다

例　〇〇の作成(さくせい)の件(けん)ですが、御社(おんしゃ)とのお約束(やくそく)の期日(きじつ)に間(ま)に合(あ)わせることができず、申(もう)し訳(わけ)ございません。
(〇〇 작성 건입니다만, 귀사와 약속한 기일을 맞추지 못해 죄송합니다.)

先日(せんじつ)御社(おんしゃ)へ送付(そうふ)させていただいた納品書(のうひんしょ)の内容(ないよう)で、価格(かかく)の記載(きさい)に間違(まちが)いがありました。本日(ほんじつ)差(さ)し替(か)え分(ぶん)を送付(そうふ)いたしますので、お手数(てすう)ですが、よろしくお願(ねが)いいたします。
(지난번 귀사에 송부한 바 있는 납품서 내용 중에서 가격 기재에 잘못이 있었습니다. 금일 다시 작성한 내용을 송부하오니 번거로우시겠지만, 잘 부탁드립니다.)

先日(せんじつ)納品(のうひん)した商品(しょうひん)で、見積(みつ)もり内容(ないよう)と実際(じっさい)の仕様(しよう)が異(こと)なっていた件(けん)、お客様(きゃくさま)からご指摘(してき)いただいたとおりでございました。大変(たいへん)ご迷惑(めいわく)をおかけいたしました。
(지난번 납품한 상품 중에서 견적 내용과 실제 사양이 다르다는 건은 손님께서 지적하신 대로였습니다. 폐를 많이 끼쳐 대단히 죄송했습니다.)

この度(たび)は部下(ぶか)がたいへんなご迷惑(めいわく)をおかけいたしました。わたくしどもの教育(きょういく)不(ふ)行(ゆ)き届(とど)きで申(もう)し訳(わけ)ございません。
(이번에는 부하가 많은 폐를 끼쳤습니다. 이것은 모두 저희들 교육이 구석구석까지 미치지 못한 것에 기인하는 것으로 죄송합니다.)

3. 동료나 부하에게 사과하다

例　○○社(しゃ)への見積(みつ)もりの件(けん)、実(じつ)は単価(たんか)の記載(きさい)にミスがあった。わたくしの不注意(ふちゅうい)で申(もう)し訳(わけ)ない。
(○○사에 대한 견적 건, 실은 단가 기재에 착오가 있었다. 이 모든 것은 내 부주의 때문에 생긴 것으로 면목이 없다.)

わたくしの発注(はっちゅう)が遅(おく)れたことが原因(げんいん)で納期(のうき)に遅(おく)れが生(しょう)じてしまい、たいへん申(もう)し訳(わけ)なく思(おも)っています。
(내 발주가 늦어지는 바람에 납기가 늦어져서 대단히 죄송하게 생각하고 있습니다.)

新商品(しんしょうひん)の販売(はんばい)促進(そくしん)キャンペーンの件(けん)、多忙(たぼう)にかまけて〇〇さんに任(まか)せっきりにして申(もう)し訳(わけ)ない。
(신상품 판매 촉진 캠페인 건은 다망하다는 것을 핑계로 〇〇씨에게 전부 맡겨서 죄송하다.)
お客様(きゃくさま)の対応(たいおう)を〇〇さんに任(まか)せっきりでゴメンね。[14]
(손님 대응을 〇〇씨에게 전부 맡겨 버려 죄송해요.)

---

14) 話術.com http://www.wajyutu.com/?cmd=read&page=%BB%C5%BB%F6%A4%C7%BC%D5%A4%EB&word=%BC%D5%A4%EB에서 인용하여 해석함.

第5課

やはり実際にご覧になったほうが

역시 직접 보시는 것이 좋지 않겠습니까

第5課

やはり実際にご覧になったほうが

역시 직접 보시는 것이 좋지 않겠습니까?

회화 본문

田中(たなか)の紹介(しょうかい)で、李(イー)、小宮(こみや)に会(あ)う

小宮：電子(でんし)決済(けっさい)取引(とりひき)関係(かんけい)の資料(しりょう)はこちらにございますが、やはり実際(じっさい)に[1]**ご覧(らん)になったほうが**。

李：ええ、ぜひとも[2]**そうさせていただければと**。

小宮：では、ご案内(あんない)いたします。こちらへどうぞ。

李：はい。[3]**恐(おそ)れ入(い)ります**。

小宮：えー、電子(でんし)決済(けっさい)関連(かんれん)のファイルはこのキャビネットにございます。[4]**ご自由(じゆう)に**ご閲覧(えつらん)ください。それと、コピー機(き)はあちらにございますので、お使(つか)いください。

李：どうもありがとうございます。

小宮：[5]**何(なに)か、ございましたら**、[6]**なんなりとお申(もう)し付(つ)けください**。

李：[7]**何(なに)から何(なに)まで**[8]**恐縮(きょうしゅく)至極(しごく)でございます**。

다나카의 소개로 이경민, 고미야를 만나다

고미야 : 전자결제 거래 관계 자료는 여기에 있습니다만, 역시 직접 보시는 것이 좋지 않 겠습니까?

이경민 : 네, 꼭 그렇게 해 주시면 대단히 고맙겠습니다.

고미야 : 그럼, 제가 안내해 드리겠습니다. 자, 이쪽으로 오시지요.

이경민 : 네. 번거롭게 해서 대단히 죄송합니다.

고미야 : 음, 전자 결제 관련 파일은 이 캐비닛에 있습니다. 편하게 보십시오. 그리고 복사기는 저기에 있으니, 사용하십시오.

이경민 : 대단히 감사합니다.

고미야 : 무슨 일 있으시면, 뭐든지 말씀하십시오.

이경민 : 하나에서 열까지 일일이 다 신경을 써 주셔서, 정말 뭐라고 드릴 말씀이 없습니다.

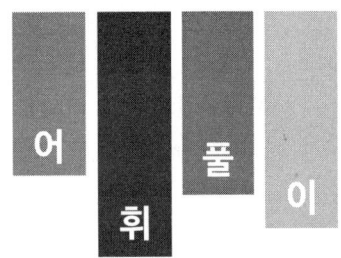

- 電子(でんし)決済(けっさい) - 전자결제
- 取引(とりひき) - 거래:「×取(と)り引(ひ)く」라는 동사는 없음.
- こちらにございます - 여기에 있습니다:「ここにあります」의 정중표현
- 実際(じっさい)に - 실제로 / 직접
- [ご覧(らん)になった]ほうが - [보시는] 것이 좋지 않겠습니까?:「～ほうがよろしいんではないかと存(ぞん)じますが」의 생략표현
- ぜひとも - 꼭:「是非(ぜひ)」의 강조형
- そうさせていただければと - 그렇게 해 주시면 대단히 고맙겠습니다
- ご案内(あんない)いたします - 안내해 드리겠습니다:「案内(あんない)する」의 겸양어 I 겸 겸양어 II
- 恐(おそ)れ入(い)ります - 번거롭게 해서 대단히 죄송합니다 / 대단히 감사합니다
- ファイル - 파일
- キャビネット - 캐비닛
- ご自由(じゆう)に - 자유롭게 / 편하게 / 마음대로
- ご閲覧(えつらん)ください - 열람하십시오 / 보십시오
- あちらにございます - 저기에 있습니다:「あそこにあります」의 정중표현
- 何(なに)か、ございましたら - 무슨 일 있으시면:「何(なに)か、ありましたら」의 정중표현
- なんなりと - 무엇이든지
- 申(もう)し付(つ)ける - (윗사람이 아랫사람에게 어떤 것을) 명령하다:하명하다
- お申(もう)し付(つ)けください - 하명하십시오 / 말씀하십시오
- 何(なに)から何(なに)まで - 하나에서 열까지
- 恐縮(きょうしゅく)至極(しごく)でございます - 송구하기 그지없습니다 : 정말 뭐라고 드릴 말씀이 없습니다

중요 어구 해설

[1] ご覧になったほうが

□「～たほうが」: 충고·조언의 표현

「やはり実際(じっさい)にご覧(らん)になったほうが」는 「역시 실제로 보시는 것이 좋지 않겠습니까」의 뜻으로 충고·조언을 나타내는 「ご覧(らん)になったほうが{いいんじゃないかと思(おも)いますが・よろしいかと存(ぞん)じますが} : 보시는 것이 {좋지 않을까 생각합니다만}」에서 뒷부분이 생략된 표현이다.

그럼 긍정의 충고·조언을 나타내는 표현을 정리하면 다음과 같다.

1. 「～たほうがいいです」

일본어의 충고나 조언을 나타내는 표현은 정중도나 대인 관계에 따라 실로 다양한 형식이 쓰이는데, 이 중에서 가장 기본적인 형식은 「동사의 과거형＋たほうがいいです」이다. 이때 동사의 과거형은 과거가 아니라 완료의 의미로 쓰이는 것이다. 충고나 조언은 어떤 일이 완료되는 것을 전제로 행해지기 때문에 완료의 「～た」와 호응하는 것이다.

> 例
> そろそろ迎(むか)えに行(い)ったほうがいいです。
> (슬슬 마중하러 가는 게 좋아요.)
> 早(はや)く薬(くすり)を飲(の)んだほうがいいですね。
> (빨리 약을 먹는 게 좋아요.)
> 顔色(かおいろ)が悪(わる)いから、家(うち)に帰(かえ)って休(やす)んだほうがいいですよ。
> (안색이 안 좋으니 집에 가서 쉬는 게 좋아요.)
> もうちょっとしょうゆを入(い)れたほうがいいですね。
> (좀 더 간장을 넣는 게 좋겠어요.)

> 印鑑(いんかん)を押(お)す時(とき)は、書類(しょるい)をよく見(み)たほうがいいですよ。
> (인감을 찍을 때는 서류를 잘 보는 게 좋아요.)

2.「～たほうがいい{と思(おも)います・んじゃないですか}」

「～たほうがいい」뒤에「～と思(おも)います」와 같은 판단을 나타내거나「～んじゃないですか」와 같은 부정 형식을 덧붙이면, 자기 의견을 간접적으로 제시한다는 점에서 정중해진다.

> **例** 薬(くすり)は早(はや)く飲(の)んだほうがいいと思(おも)います。
> (약은 빨리 먹는 게 좋을 것 같습니다.)
> やっぱり全員(ぜんいん)で参加(さんか)したほうがいいと思(おも)います。
> (역시 전원이 참가하는 게 좋을 것 같습니다.)
> ほかの人(ひと)の意見(いけん)も聞(き)いてみたほうがいいと思(おも)います。
> (다른 사람의 의견도 들어 보는 게 좋을 것 같습니다.)
> 弁護士(べんごし)にはありのまま打(う)ち明(あ)けたほうがいいと思(おも)います。
> (변호사에게는 있는 그대로 털어놓는 게 좋을 것 같습니다.)
> もうそろそろ迎(むか)えに行(い)ったほうがいいんじゃないですか。
> (이제 슬슬 마중하러 가는 편이 좋지 않겠습니까?)
> 彼女(かのじょ)は人妻(ひとづま)だから、もう忘(わす)れたほうがいいんじゃないですか。
> (그녀는 유부녀이니까, 이제 잊는 편이 좋지 않겠습니까?)

3.「～たほうがいい{でしょう・かと思(おも)います}」

상대에게 자신의 의견을 제시하여 충고나 조언을 한다는 것은 자칫하면 상대방의 기분을 손상시킬 수 있으므로 손윗사람이나 격식을 차리는 자리에서는 보다 정중한 표현이 요구된다. 이때 술어에 존경표현을 쓰고 문말을「～です」와 같은 단정표현 대신에「～でしょう : ～이겠지요」나,「～かと思(おも)います : ～일 것 같습니다」와 같이 상대방의 의향을 묻는 표현으로 하면 한결 정중한 느낌을 준다.

> 早(はや)めにお薬(くすり)をお飲(の)みになったほうがいいでしょう。
> (빨리 약을 드시는 게 좋겠지요.)
> その前(まえ)に先生(せんせい)にご報告(ほうこく)したほうがいいでしょう。
> (그 전에 선생님께 보고 드리는 것이 좋겠지요.)
> 早(はや)めにお薬(くすり)を召(め)し上(あ)がったほうがよろしいかと思(おも)います。
> (빨리 약을 드시는 게 좋을 것 같습니다.)
> この仕事(しごと)は体力(たいりょく)が要(い)りますから、若(わか)い人(ひと)に任(まか)せたほうがいいかと思(おも)います。
> (이 일은 체력이 필요하니까, 젊은 사람에게 맡기는 게 좋지 않을까 생각합니다.)

4. 「~たほうがいいんじゃないかと思(おも)うんです」

「~たほうがいいんじゃないかと思(おも)うんです」는 한국어의 「~하는 게 좋지 않을까 생각합니다」에 해당하는 표현이다. 이 형식은 「~たほうがいい」에 부정의 「~んじゃない」, 그리고 우회적인 표현인 「~かと思(おも)うんです」가 접속된 것으로 자신의 생각을 상대방에게 부드럽게 전달하는 역할을 한다.

> ホテルなんかは別(べつ)に決(き)めたほうがいいんじゃないかと思(おも)うんですけどね。
> (호텔 같은 데는 별도로 정하는 게 좋지 않을까 생각합니다만.)
> 田中(たなか)さん、彼女(かのじょ)は家柄(いえがら)がいいから、あきらめたほうがいいんじゃないかと思(おも)いますが。
> (다나카 씨, 그녀는 집안이 좋으니, 단념하는 것이 좋지 않을까 생각합니다만.)
> できるだけ若(わか)いうちに、恥(はじ)をたくさんかいておいたほうが、あとあといいんじゃないかと思(おも)います。
> (가능한 한 젊을 때 창피를 당해 두는 것이 나중에 좋지 않을까 하는 생각이 듭니다.)
> 秋(あき)は結婚(けっこん)シーズンですから、式場(しきじょう)の予約(よやく)は早(はや)めにしておいたほうがいいんじゃないかと思(おも)いますよ。
> (가을은 결혼시즌이니까, 식장 예약은 일찌감치 해 두는 게 좋지 않을까 생각합니다.)

5. 「~たほうが、かえって~」

「~たほうが、かえって~」는 한국어의 「~하는 것이 오히려 ~하다」에 해당하는 표현으로 상대에게 그 밖의 선택을 하는 것이 좋다고 충고나 조언을 하는 형식이다.

> **例**
>
> 外食(がいしょく)して帰(かえ)ってきたほうが、かえって喜(よろこ)ばれます。
> (외식하고 집에 돌아오는 것을 오히려 좋아한답니다.)
> 今回(こんかい)の取引(とりひき)は見送(みおく)ったほうが、かえっていいかもしれません。
> (이번 거래는 보류하는 게 오히려 좋을 지도 모릅니다.)
> 犯人(はんにん)を泳(およ)がしておいたほうが、かえってしっぽを出(だ)すと思(おも)います。
> (범인을 편하게 그냥 행동하게끔 내버려두는 것이 오히려 꼬리를 드러낼 것 같습니다.)
> 田中(たなか)さんみたいに地道(じみち)に働(はたら)いていたほうが、かえってよく評価(ひょうか)されるんじゃないでしょうか。
> (다나카 씨처럼 착실하게 일하고 있는 것이 오히려 좋게 평가받는 게 아닐까요?)
> この混(こ)み具合(ぐあい)からいって上(うえ)を行(い)くより下(した)を行(い)ったほうが、かえってすいているんじゃないかと思(おも)います。
> (이렇게 붐비는 상태로 보아 위로 가는 것보다 아래로 가는 게 오히려 비어 있지 않을까 생각합니다.)

6. 「~たほうが。」

충고·조언 표현에서는 자기의 의견을 제시하는 것이 자칫하면 상대방의 기분을 손상시킬 수도 있기 때문에, 손윗사람에게는 본문의 「ご覧(らん)になったほうが」와 같이 뒷부분을 생략함으로써, 화자의 망설임이나 주저함을 나타내는 경우가 많다.

이와 같이 정중한 표현 효과를 노리는 문 중지 용법은 충고나 조언을 나타내는 표현에 한정된 것이 아니라, 일본어 전반에 걸쳐 지적된다.

먼저 존경표현 뒤에 「~たほうが。」로 문을 맺고 있는 예를 들면 다음과 같다.

> **例**
> 早(はや)めにお薬(くすり)を<u>お飲(の)みになった</u>ほうが。
> (빨리 약을 드시는 것이 좋지 않겠습니까?)
> そんな割(わり)に合(あ)わない仕事(しごと)は<u>お断(ことわ)りになった</u>ほうが。
> (그런 수지도 안 맞는 일은 거절하시는 것이 좋지 않겠습니까?)
> お宅(たく)でご心配(しんぱい)なさるかもしれませんので、<u>お電話(でんわ)なさった</u>ほうが。
> (댁에서 걱정하실 지도 모르니까, 전화하시는 편이 좋지 않겠습니까?)
> あんまりご無理(むり)を<u>なさらない</u>ほうが。
> (너무 무리하시지 않는 게 좋지 않을까요?)
> お買(か)いになる前(まえ)に、実際(じっさい)<u>ご覧(らん)になった</u>ほうが。
> (사시기 전에 실제로 보시는 게 좋지 않겠습니까?)
> みんな心配(しんぱい)なさっているから、早(はや)く<u>ご連絡(れんらく)なさった</u>ほうが。
> (다들 걱정하시고 있을 테니 빨리 연락하시는 편이 좋지 않겠습니까?)

다음은 보통체 표현에「～たほうが。」로 문을 맺고 있는 예를 살펴보자.

> **例**
> 早(はや)く家(うち)に帰(かえ)って<u>休(やす)んだ</u>ほうが。
> (빨리 집에 돌아가 쉬는 게 좋지 않습니까?)
> もう少(すこ)しユーモアが<u>あった</u>ほうが。
> (좀 더 유모아가 있는 게 좋지 않습니까?)[15]

[2] そうさせていただければと

□「そうさせていただければと」: 문 중지 용법

 본문의「そうさせていただければと」는「そうさせていただければ{いい・ありがたい}と{思(おも)いますが・存(ぞん)じますが}: 그렇게 해 주시면 {좋다・고맙다}고 생각합니다 → 그렇게 해 주시면 대단히 고맙겠습니다」에 상당하는 문에서 뒷부분 즉 후건(後件)이 생략된 채 쓰인 것이다. 일본어는 한국어에 비해 이와 같은 문 중지 용법이 발달되어 있어, 문의 일부 성분을 생략해서 표현하는 경우가 많으니 주의한다.

---

15) 李成圭・権善和(2006d)『현대일본어 문법연구Ⅲ』시간의물레. pp. 159-167에서 인용.

第 5 課　やはり実際にご覧になったほうが

1. 「(さ)せていただければと。」

본문의「(さ)せていただければと」는 겸양표현 I 인「~(さ)せていただく」의 가능형「~(さ)せていただける」의 가정형「~(さ)せていただければ」에 인용의「~と」가 결합된 것으로 한국어의「~하게 해 주시면 {좋다·고맙다}고 생각합니다 → ~하게 해 주시면 고맙겠습니다」에 상당하는 뜻을 나타낸다.

> **例**
> 断(ことわ)られてもかまいませんので、ぜひ彼女(かのじょ)に会(あ)わせていただければと。
> (퇴짜를 맞아도 상관없으니, 꼭 그녀를 만나게 해 주시면 고맙겠습니다.)
> できましたら、今日(きょう)は早(はや)めに帰(かえ)らせていただければと。
> (가능하면, 오늘은 좀 일찍 돌아갔으면 하는데요.)
> 今回(こんかい)の取引(とりひき)は是非(ぜひ)ともわたくしどもにやらせていただければと。
> (이번 거래는 꼭 저희들에게 맡겨 주시면 고맙겠습니다.)
> 取材班(しゅざいはん)は、特典(とくてん)映像(えいぞう)の内容(ないよう)を知(し)らないんです。だから教(おし)えていただければと。
> (취재반은 특전 영상 내용을 모릅니다. 그래서 가르쳐 주시면 고맙겠습니다.)
> みなさんの経験(けいけん)を聞(き)かせていただければと。
> (여러분의 경험을 들려주셨으면 대단히 고맙겠습니다.)
> 今後(こんご)、またいつの日(ひ)かわかりませんが、法(ほう)改正(かいせい)を進(すす)めていただければと、こんなふうに要望(ようぼう)をさせておいていただきたいと思(おも)います。
> (앞으로 다시 언제가 될지 모릅니다만, 법 개정을 진행해 나갔으면 하고, 이런 식으로 요망해 두었으면 합니다.)
> 習慣法(しゅうかんほう)の使(つか)い方(かた)については自重(じちょう)した使(つか)い方(かた)をしていただければというふうに思(おも)う次第(しだい)でございます。
> (습관법의 사용법에 관해서는 자중하는 사용법을 했으면 하고 생각하는 바입니다.)

2.「~ばと思(おも)いますが」

「~ばと思(おも)いますが」는 「~ば{いい・ありがたい}と思(おも)いますが」의 생략표현으로 「~면 {좋다・고맙다}고 생각합니다만 → ~했으면 합니다만」에 상당하는 뜻을 나타낸다.

> 来週(らいしゅう)の結婚式(けっこんしき)が滞(とどこお)りなく無事(ぶじ)終(お)わればと思(おも)いますが。
> (다음 주 결혼식이 아무 탈 없이 무사히 끝났으면 합니다만.)
>
> みんなこの大会(たいかい)のために血(ち)と汗(あせ)と涙(なみだ)を流(なが)してがんばってきましたから、あとはいい結果(けっか)が出(で)ればと思(おも)いますが。
> (다들 이 대회를 위해 피와 땀과 눈물을 흘리며 노력해 왔으니까, 남은 것은 좋은 결과가 나왔으면 합니다만.)
>
> 会社(かいしゃ)の面接(めんせつ)試験(しけん)に備(そな)えて一生懸命(いっしょうけんめい)に練習(れんしゅう)を重(かさ)ねてきましたので、あとはとんでもない質問(しつもん)が出(で)なければと思(おも)いますが。
> (회사 면접시험을 대비해서 열심히 연습을 반복해왔으니, 이제 남은 것은 엉뚱한 질문이 나오지 않았으면 합니다.)
>
> あしたは彼女(かのじょ)との初(はつ)デートなので、ぜひ私(わたし)のいいところを見(み)せられればと思(おも)いますが、たぶんだめでしょうね。
> (내일은 그녀와 첫 데이트이니까, 꼭 제 좋은 점을 보일 수 있었으면 좋겠는데, 아마 안 되겠지요.)
>
> この本(ほん)が早(はや)く出版(しゅっぱん)されればと思(おも)いますが。
> (이 책이 빨리 출판되었으면 합니다만.)
>
> 今度(こんど)の国家試験(こっかしけん)は三度目(さんどめ)の正直(しょうじき)で受(う)かってくれればと思(おも)いますが。
> (이번 국가시험은 삼세번(세 번째 도전)이니 붙었으면 합니다만.)

当日(とうじつ)は総会(そうかい)がありますので、会員(かいいん)の方(かた)は全員(ぜんいん)出席(しゅっせき)できればと思(おも)いますが。
(당일은 총회가 있으니 회원 분께서는 전원 출석할 수 있으면 좋겠습니다만.)
早(はや)く日本語(にほんご)が上達(じょうたつ)して彼女(かのじょ)と日本語(にほんご)で話(はな)せればと思(おも)いますが、それがなかなかうまくならなくて、悩(なや)んでいます。
(빨리 일본어가 늘어 그녀와 일본어로 말할 수 있었으면 합니다만, 그게 좀처럼 잘 되지 않아 고민하고 있습니다.)

3.「～ていただければと{思(おも)う・願(ねが)う}」

「～ていただければと{思(おも)う・願(ねが)う}」는 수수표현「～ていただく」의 가능의 가정형인「～ていただければ」에「～と{思(おも)う・願(ねが)う}」가 접속된 것이다. 이것은「～いただければ{いい・ありがたい}と{思(おも)う・願(ねが)う}」에서「いい・ありがたい」와 같은 판단을 나타내는 술어가 생략된 표현으로「～면 {좋다・고맙다}고 {생각하다・바라다} → 했으면 {합니다}」에 상당하는 뜻을 나타낸다.

例 お電話(でんわ)では何(なん)ですから、直接(ちょくせつ)お目(め)にかかって、お話(はなし)をさせていただければと思(おも)うんですが。
(전화로 말씀 드리는 것은 뭐하니까, 직접 만나 뵙고 말씀 드렸으면 합니다만.)
現場(げんば)の声(こえ)といたしまして改善例(かいぜんれい)、悪化例(あっかれい)を二(に)、三(さん)紹介(しょうかい)させていただければと思(おも)いますが。
(현장의 목소리로 개선된 예, 악화된 예를 2,3 소개했으면 합니다만.)
そういったような面(めん)からの応援(おうえん)等(など)も含(ふく)めまして、総合的(そうごうてき)に検討(けんとう)させていただければと私(わたし)も思(おも)っております。
(그와 같은 면에서의 응원 등도 포함해서 종합적으로 검토했으면 하고 저도 생각하고 있습니다.)

> 民間(みんかん)直接(ちょくせつ)のことにつきましては、ちょっとお答(こた)えを差(さ)し控(ひか)えさせていただければと存(ぞん)じ上(あ)げる次第(しだい)でございます。
> (민간 직접에 관한 일에 관해서는 대답 드리는 것을 좀 삼갔으면 하고 생각하고 있는 바입니다.)
> いつか、わたしどものために歌(うた)っていただければと願(ねが)っております。
> (언젠가 저희들을 위해 노래를 불러 주시기를 바라고 있습니다.)
> その辺(へん)の心情(しんじょう)をお汲(く)み取(と)りの上(うえ)、なにとぞ、お力(ちから)を貸(か)していただければとお願(ねが)いするしだいです。
> (그런 심정을 이해하신 연후 아무쪼록 힘을 빌려 주시기를 바라는 바입니다.)

4.「お〜いただければと。」

「お〜いただければと」는 수수표현「お〜いただく」의 가능의 가정형인「お〜いただければ」에「{いい・ありがたい}と思(おも)う : {좋다・고맙다}고 생각하다」와 같은 판단을 나타내는 술어가 생략된 표현으로「〜면 {좋다・고맙다}고 생각하다 → 〜했으면 하다」에 상당하는 뜻을 나타낸다.

例
> 明朝(みょうちょう)10時(じゅうじ)にお越(こ)しいただければと思(おも)うんですが……。
> (내일 아침 10시에 와 주셨으면 합니다만.)
> 今回(こんかい)の取引(とりひき)はぜひわたくしどものほうにお譲(ゆず)りいただければと。
> (이번 거래는 꼭 저희들에게 양보해 주셨으면 해서요.)
> お忙(いそが)しい中(なか)とは存(ぞん)じますが、皆様(みなさま)にはぜひご参加(さんか)いただければと。
> (다망하시리라고 사료됩니다만, 다들 꼭 참가해 주셨으면 해서요.)

[3] 恐れ入ります

□「恐(おそ)れ入(い)ります」: 죄송합니다 / 감사합니다

「恐(おそ)れ入(い)る」는 ①자신에게 과분하다고 생각되는 경어적 상위자의 행위에 대해 사죄나 감사의 뜻을 나타내는 말로,「恐縮(きょうしゅく)だ」와 거의 같은 의미로 쓰인다. 그리고 용법에 있어서는 사죄와 감사라는 양면성을 지니고 있다는 점에서「すみません」과도 유사하다. 여기에서 ②「(상대방의 실력이나 역량에) 감복하다 / 감탄하다」의 용법으로 발전한다.

본문의 「恐(おそ)れ入(い)ります」와 같이 정중체로 쓰이면 한국어의 「대단히 감사합니다」 또는 「번거롭게 해서 대단히 죄송합니다」에 상당하는 뜻을 나타낸다.

1. 감사의 의미로 쓰이는 「恐れ入ります」

例 園遊会(えんゆうかい)での写真(しゃしん)のフォトブックをお送(おく)りくださり、誠(まこと)にありがとうございます。普通(ふつう)の印画紙(いんがし)の写真(しゃしん)だと思(おも)っていたものですから、立派(りっぱ)な写真集(しゃしんしゅう)を見(み)てびっくりしました。ずいぶんお手間(てま)を取(と)らせてしまったと思(おも)いますが、ほんとうに恐(おそ)れ入(い)ります。
(원유회에서의 사진첩을 보내 주셔서 정말 고맙습니다. 보통 인화지 사진이라고 생각하고 있었기 때문에 멋진 사진집을 보고 깜짝 놀랐습니다. 무척 시간을 많이 드린 것이라고 생각합니다. 정말 감사합니다.)

「わざわざお越(こ)しいただきまして、ほんとうに恐(おそ)れ入(い)ります。」
(일부러 와 주셔서 정말 감사합니다.)

先日(せんじつ)は過分(かぶん)なおもてなしに与(あずか)りまして、誠(まこと)に恐(おそ)れ入(い)りました。
(지난번에는 과분한 대접을 받아서 정말 고마웠습니다.)

先日(せんじつ)は、早速(さっそく)多(おお)くの方々(かたがた)にご紹介(しょうかい)いただき恐(おそ)れ入(い)りました。お蔭(かげ)で、たくさんの方々(かたがた)と親(した)しくお話(はなし)をすることができ、とてもいい経験(けいけん)をさせていただきました。藤堂様(とうどうさま)のご親切(しんせつ)に心(こころ)より御礼(おんれい)申(もう)し上(あ)げます。

(지난번에는 부탁하자마자 많은 분들에게 소개를 해 주셔서 감사합니다. 덕택에 많은 분들과 친하게 이야기를 할 수 있어서 무척 좋은 경험을 했습니다. 도도 님의 친절에 대해 마음으로부터 감사의 말씀을 드립니다.)

2. 감탄이나 감복의 의미로 쓰이는 「恐れ入ります」

例
「先(さき)ほどの鋭(するど)いご質問(しつもん)には恐(おそ)れ入(い)りました。あのことによく気(き)づかれましたね。」
(조금 전의 날카로운 질문에는 정말 감복했습니다. 그런 일에 정말 생각이 잘 미치는군요.)
「いいえ、議論(ぎろん)に水(みず)を注(さ)すような質問(しつもん)をして申(もう)し訳(わけ)ありません。私(わたくし)の方(ほう)こそ、鈴木(すずき)さんの見事(みごと)なご説明(せつめい)に恐(おそ)れ入(い)りました。」
(아니오, 논의에 찬물을 끼얹는 듯한 질문을 해서 죄송합니다. 저야 말로 스즈키 씨의 멋진 설명에 감명 받았습니다.)

3. 사과나 사죄의 의미로 쓰이는 「恐れ入ります」

例
恐(おそ)れ入(い)りますが、お名前(なまえ)をお教(おし)えいただけませんでしょうか。
(죄송합니다만, 성함을 가르쳐 주시지 않겠습니까?)
面倒(めんどう)なことをお願(おねが)いして恐(おそ)れ入(い)りますが、よろしくお願(ねが)いします。
(귀찮은 일을 부탁드려 죄송합니다만 잘 부탁드리겠습니다.)
恐(おそ)れ入(い)りますが、その本(ほん)の出版(しゅっぱん)コードを教(おし)えていただけませんか。
(죄송합니다만, 그 책의 출판 코드를 가르쳐 주시지 않겠습니까?)

第 5 課　やはり実際にご覧になったほうが

A：わたくし、東都物産(とうとぶっさん)総務課(そうむか)の佐々木(ささき)と申(もう)します。恐(おそ)れ入(い)りますが、ご主人(しゅじん)はご在宅(ざいたく)でしょうか。」
(저는 도토물산 총무과의 사사키라고 합니다. 죄송합니다만, 부군께서는 댁에 계십니까?)

B：はい。いつも主人(しゅじん)がお世話(せわ)になっております。恐(おそ)れ入(い)りますが、お名前(なまえ)をもう一度(いちど)おっしゃっていただけますか。
(네. 안녕하십니까(항상 남편이 신세를 지고 있습니다). 죄송합니다만, 성함을 다시 한 번 말씀해 주시겠습니까?)

[4] ご自由にご閲覧ください

□「ご自由(じゆう)に」: 자유롭게 / 편하게 / 마음대로

「ご自由(じゆう)にご閲覧(えつらん)ください」는 「편하게 열람하십시오(보십시오)」의 뜻으로 「ご自由(じゆう)に」는 형용동사 「自由(じゆう)だ: 자유롭다」의 연용형 「自由(じゆう)に」에 존경의 「ご」가 접속된 것이다.

일본어의 존경어는 상대의 동작이나 상태를 높이는 역할을 하는데 상대와 관련된 모든 내용이 포함되기 때문에 한국어에 비해 적용 범위가 넓다는 점에 주의해야 한다.
「ご自由(じゆう)に」와 같이 형용동사의 연용형에 존경의 「ご」가 접속되어 쓰이는 예 중에서 사용빈도가 높은 것을 제시하면 다음과 같다.

1. 「ご自由(じゆう)に」: 자유롭게 / 편하게 / 마음대로

> 例
> ご自由(じゆう)にお持(も)ちください。
> (마음대로 가지고 가십시오.)
> どうぞ、食(た)べ物(もの)をご自由(じゆう)にお取(と)りください。
> (자 음식을 자유롭게 드십시오.)
> どうぞご自由(じゆう)に、お使(つか)いください。
> (자 자유롭게 사용하십시오.)

> 果物(くだもの)を御自由(ごじゆう)に取(と)ってお食(た)べください。
> (편하게 과일을 집어 잡수십시오.)
>
> 喉(のど)が渇(かわ)いているのでしたら、ご自由(じゆう)に飲(の)み物(もの)を取(と)ってお飲(の)みください。
> (목이 마르시면 편하게 음료를 집어 마십시오.)
>
> 冷蔵庫(れいぞうこ)の中(なか)の物(もの)は、何(なん)でも御自由(ごじゆう)に召(め)し上(あ)がってください。
> (냉장고 안에 있는 것은 무엇이든지 마음대로 드십시오.)

2.「ご随意(ずいい)に」: 마음 내키는 대로 / 편하게

例 どうぞ、ご随意(ずいい)にお休(やす)みください。
(자 편히 쉬십시오.)

3.「ご丁寧(ていねい)に」: 친절하게 / 정중하게

例 ご丁寧(ていねい)にご連絡(れんらく)をいただき、ありがとうございます。
(친절하게 연락을 주셔서 감사합니다.)

ご丁寧(ていねい)にもお手紙(てがみ)を戴(いただ)きまして、恐縮(きょうしゅく)に存(ぞん)じます。
(정중하게 편지를 보내 주셔서 황송하게 생각합니다.)

4.「ご勝手(かって)に」: (당신) 멋대로 : 부정적인 이미지가 강하다

例 これが間違(まちが)っているとお考(かんが)えになられれば、あとはご勝手(かって)になさってくださいと諫(いさ)めました。
(「이것이 틀렸다고 생각하시면 앞으로는 마음대로 하십시오.」라고 충고했습니다.)

5. 「お楽(らく)に」: 편하게

> 例 どうぞ、おみ足(あし)をお楽(らく)になさってください。
> (자 발을 편하게 하십시오.)
> どうぞ、膝(ひざ)をくずして、お楽(らく)になさってください。
> (자 무릎을 펴며 편하게 앉으십시오.)

7. 「お幸(しあわ)せに」: 행복하시를 빕니다

> 例 そうしたら、せっかく手(て)に入(い)れた幸(しあわ)せを十分(じゅうぶん)に楽(たの)しむことができないですよ。どうかお幸(しあわ)せに。
> (그렇게 하면 모처럼 손에 들어온 행복을 충분히 즐길 수 없어요. 부디 행복하시기를 빕니다.)

8. 「お静(しず)かに」: 조용히(하세요)

> 例 その時(とき)、主任(しゅにん)看護婦(かんごふ)が言(い)った。「待合室(まちあいしつ)ではお静(しず)かにしてください」
> (그때 주임 간호사가 말했다.「대합실에서는 조용히 하십시오.」)

9. 「お大事(だいじ)に」: 건강에 유의하시기를 빕니다

> 例 どうぞ、お大事(だいじ)になさってください。
> (부디 빠른 쾌유를 빕니다.)

[5] 何か、ございましたら

□「ございます」:「あります」의 정중체

「何(なに)か、ございましたら」는「무슨 일 있으시면」의 뜻으로「ございましたら」는「あります」의 정중체인「ございます」에 조건의「~たら」가 접속된 것이다.

여기에서「ございます」의 활용별로 예를 정리하면 다음과 같다.

1. 「ございます」:「あります」의 정중체 :「ござい+ます ← ござり+ます」

> 例
>
> 御案内(ごあんない)のように、愛知県(あいちけん)では2005年(にせんごねん)、日本(にほん)国際(こくさい)博覧会(はくらんかい)がございます。
> (안내해 드린 바와 같이 아이치현에서는 2005년 일본국제박람회가 있습니다.)
> 中高年(ちゅうこうねん)の女性(じょせい)の皆様(みなさま)にお願(ねが)いがございます。子供(こども)を産(う)んでください、お願(ねが)いします。
> (중고년 여성 여러분께 부탁이 있습니다. 아이를 낳아 주세요. 부탁합니다.)
> ILO(アイ エル オー)条約(じょうやく)の解釈(かいしゃく)でございますが、国際(こくさい)条約(じょうやく)でございますので、いろいろな解釈(かいしゃく)がございます。
> (ILO조약 해석입니다만, 국제조약이기 때문에 여러 가지 해석이 있습니다.)
> 沓掛(くつかけ)さんは建設(けんせつ)の方(ほう)の専門家(せんもんか)でいらっしゃるので、おっしゃることを非常(ひじょう)に私(わたくし)も的確(てきかく)に理解(りかい)できる節(ふし)がございます。
> (구쓰카케 씨는 건설 쪽의 전문가이시기 때문에 말씀하시는 것을 저희들도 대단히 정확히 이해할 수 있는 점이 있습니다.)
> あるいは国内(こくない)に住(す)んでおった方々(かたがた)でもやむを得(え)ざる事情(じじょう)のためにこれにかからない方(かた)がございます。
> (혹은 국내에 살고 있던 분들도 어쩔 수 없는 사정 때문에 이것을 듣지 않은 분이 계십니다.)

2. 「ございません」:「ありません」의 정중체 :「ございます」의 부정

> 例
>
> わたくしは、与(あた)えられた時間(じかん)が10分(じゅっぷん)ですので、討論(とうろん)をする余裕(よゆう)がございません。
> (저는 주어진 시간이 10분이기 때문에 토론을 할 여유가 없습니다.)
> その観点(かんてん)で特(とく)に確認(かくにん)しておりませんので、現時点(げんじてん)でちょっと何(なん)とも申(もう)し上(あ)げようがございません。
> (그 관점에서 특히 확인하고 있지 않아서 현시점에서 좀 뭐라고 말씀드릴 수가 없습니다.)

> 古来(こらい)いまだ嘗(かつ)て陛下(へいか)ほど臣下(しんか)に畏敬(いけい)されておいで遊(あそ)ばした方(かた)はございません。
> (예로부터 아직 일찍이 폐하만큼 신하로부터 경외 받고 계신 분은 없사옵나이다.)

3.「ございましょう」:「ありましょう」의 정중체

> **例**「きっとそうでございましょうね」「あなたは犯人(はんにん)に心当(こころあ)たりがございましょうね」
> (틀림없이 그렇겠지요. 당신은 범인에 대해 짐작 가는 데가 있으시지요.)
> したがって、このケースというふうにいきますかどうか、いろいろなことが<u>ございましょう</u>から、検討(けんとう)を続(つづ)けさせていただきます。
> (따라서 이 케이스라는 식으로 될지 어떨지 여러 가지 일이 있을 테니 검토를 계속하겠습니다.)
> その方(かた)の就職(しゅうしょく)の斡旋(あっせん)、あるいはまた就職(しゅうしょく)のための職業(しょくぎょう)訓練(くんれん)、いろいろな問題(もんだい)が<u>ございましょう</u>が、そういうものを含(ふく)めて、できるだけ御本人(ごほんにん)の同意(どうい)を得(え)るように努力(どりょく)をいたしまして、
> (그 분의 취직 알선, 혹은 그리고 취직을 위한 직업 훈련, 여러 가지 문제가 있겠지만, 그런 것을 포함해서 가능한 한 본인의 동의를 얻도록 노력해서.)

4.「ございますと」:「ありますと」의 정중체

> **例** この中(なか)に独占(どくせん)禁止(きんし)違反(いはん)になるというような不当(ふとう)なことが<u>ございますと</u>、それを取(と)り締(し)まっているわけで<u>ございます</u>。
> (이 중에 독점금지 위반이 되는 그런 부당한 것이 있으면 그것을 단속하는 것입니다.)
> 国民年金(こくみんねんきん)の場合(ばあい)には、二十(はたち)から六十歳(ろくじゅっさい)までの四十年間(よんじゅうねんかん)のうち二十五年間(にじゅうごねんかん)の保険料(ほけんりょう)納入(のうにゅう)が<u>ございますと</u>、後(あ

と)の期間(きかん)は滞納(たいのう)が<u>ございましても</u>、年金権(ねんきんけん)に結(むす)びつくわけ<u>でございます</u>ので、百二十万(ひゃくにじゅうまん)を最大限(さいだいげん)といたしまして無年金(むねんきん)の可能性(かのうせい)を持(も)っておるというふうに考(かんが)えられるわけ<u>でございます</u>。
(국민연금의 경우에는 20에서 60세까지의 40년간 중에서 25년간의 보험료 납입이 있으면 남은 기간은 체납이 있어도 연금권에 결부되기 때문에 120만을 최대한으로 하여 무연금의 가능성을 가지고 있다는 식으로 생각되는 것입니다.)

5. 「ございますれば」: 「ありますれば」의 정중체

例 ただいまお示(しめ)しいただきましたこのリスト<u>でございます</u>が、わたくしどもよく内容(ないよう)を検討(けんとう)いたしまして、その上(うえ)で妥当(だとう)でない内容(ないよう)が<u>ございますれば</u>、指導(しどう)してまいりたいと思(おも)います。
(지금 보여 드린 이 리스트입니다만, 저희들도 내용을 잘 검토하고 나서 타당하지 않은 내용이 있으면 지도해 나가려고 합니다.)

やはり時代(じだい)が変(か)わって適用(てきよう)するのに適切(てきせつ)でないというような事項(じこう)が<u>ございますれば</u>、それはそれなりの修正(しゅうせい)をするということは当然(とうぜん)あり得(う)ることであろうと存(ぞん)じます。
(역시 시대가 변해서 적용하는 데에 적절하지 않는 그런 사항이 있으면 그것은 그 나름대로의 수정을 한다고 하는 것은 당연히 있을 수 있다고 사료됩니다.)

6. 「ございましたら」: 「ありましたら」의 정중체

例 ご不明(ふめい)な点(てん)が<u>ございましたら</u>、お問(と)い合(あ)わせください。
(명료하지 않은 점이 있으시면 문의해 주십시오.)

> わたくしどもにお役(やく)に立(た)てそうなことがございましたら、遠慮(えんりょ)なくスタッフの誰(だれ)にでもご用命(ようめい)ください。
> (저희들이 도울 수 있는 그런 일이 있으시면 사양치 말고 스텝 누구에게도 하명해 주십시오.)
> そうした意味(いみ)におきましても、議会(ぎかい)に対(たい)するご意見(いけん)、ご要望(ようぼう)がございましたら、遠慮(えんりょ)なくお申(もう)し出(で)いただければと思(おも)います。
> (그런 의미에 있어서도 의회에 대한 의견, 요망이 있으시면 사양치 말고 제안해 주시면 감사하다고 생각합니다.)

☞ 참고

「ある」의 정중표현은 「ござる → ございます」이고 존경표현은 「おありだ」「おありになる」이기 때문에 원칙적으로 양자를 혼동해서는 안 된다. 그런데 실제로는 「ございます」를 존경어로 전용해서 쓰는 경우가 많다.

[例] あの方(かた)にはお子(こ)さんが {おありになる・おありだ / ございます}。
　　(그 분에게는 자제 분이 있으시다.)
　　どちらか痛(いた)むところは {おありですか / ございますか}。
　　(어디 아픈 데는 있으십니까?)
　　何(なに)かお気(き)づきの点(てん)が {おありでしたら / ございましたら}、ご遠慮(えんりょ)なくおっしゃってください。
　　(뭐 생각나시는 점이 있으시면 사양하지 마시고 말씀해 주십시오.)

[6] なんなりとお申し付けください

□「お申(もう)し付(つ)けください」: 하명해 주십시오 / 말씀하십시오

「なんなりとお申(もう)し付(つ)けください」는 「뭐든지 {하명하십시오 / 분부하십시오 / 말씀하십시오}」의 뜻으로 「申(もう)し付(つ)ける」는 「言(い)い付(つ)ける」의 겸양어 I 로서 윗사람이 아랫사람에게 어떤 사항을 명령하거나 분부하는 것을 나타낸다.

「お申(もう)し付(つ)けください」는 여기에 의뢰표현 형식인 「お~ください」가 결합된 것으로 손윗사람이나 손님·거래 상대 등에 대해 자신에게 무엇인가를 분부해 주기를 원할 때 자주 사용된다. 그렇다고 해서 그 분부는 명령한다는 정도로 절대적인 지시가 아니고 일반적으로 의뢰나 주문, 희망이나 소원 정도의 요구를 나타내는 것이 대부분이다.

> **例**
>
> お困(こま)りのときは何(なん)なりとわたくしにお申(もう)し付(つ)けください。
> (곤란하실 때에는 무엇이든지 제게 하명해 주십시오.)
>
> 必要(ひつよう)なものがあれば、お気軽(きがる)にお申(もう)し付(つ)けください。
> (필요한 것이 있으면 편하게 하명해 주십시오.)
>
> 24時間(にじゅうよじかん)、いつでもコンシェルジュにお申(もう)し付(つ)けください。
> (24시간 언제든지 콩셰르주(호텔의 접객 책임자·안내 담당·서비스 담당)에 분부해 주십시오.)
>
> お探(さが)しの商品(しょうひん)が見(み)つからないときは、ご案内係(あんないがかり)までお申(もう)し付(つ)けください。どうぞ遠慮(えんりょ)なさらずに、なんなりとお申(もう)し付(つ)けくださいませ。[여성의 경우]
> (찾으시는 상품이 없을 때에는 안내 담당에 말씀해 주십시오. 부디 사양치 마시고 무엇이든지 하명해 주십시오.)
>
> 水道(すいどう)·電気(でんき)·ガスなど設備上(せつびじょう)のトラブルがある場合(ばあい)は、ただちに管理(かんり)センターまでお申(もう)し付(つ)けください。
> (수도·전기·가스 등 설비상의 문제가 있을 경우에는 즉시 관리센터에 말씀해 주십시오.)

[7] 何から何まで

□「何(なに)から何(なに)まで」: 하나에서 열까지 일일이

「何(なに)から何(なに)まで恐縮(きょうしゅく)至極(しごく)でございます」는 「하나에서 열까지 일일이 다 신경을 써 주셔서, 정말 뭐라고 드릴 말씀이 없습니다」의 뜻으로 「何(なに)から何(なに)まで」는 「何(なに)もかも : 죄다」「すべて : 모두」「みんな : 전부」「一切合切(いっさいがっさい) : 일체」에 해당하는 관용표현이다.

第5課　やはり実際にご覧になったほうが

例

ここは小(ちい)さな村(むら)なんですよ。みんなお互(たが)いに何(なに)から何(なに)まで知(し)っているんです。
(이곳은 작은 마을이에요. 다들 서로 하나에서 열까지 다 알고 있습니다.)

いつも彼女(かのじょ)には食事(しょくじ)やら洗濯(せんたく)やら、何(なに)から何(なに)までしてもらっています。
(항상 그녀가 식사랑 세탁이랑 하나에서 열까지 전부 다 해 줍니다.)

いやあ、さすがに警察(けいさつ)というのは凄(すご)いものですねえ。もう何(なに)から何(なに)までお見通(みとお)しなんだから…いや、恐(おそ)れ入(い)りました。
(아, 과연 경찰이라는 데는 대단하네요. 정말 하나에서 열까지 꿰뚫어보고 있으니까요. 아, 두 손 들었습니다.)

ありがとう。太郎(たろう)さん、ほんとうに何(なに)から何(なに)まで、あなたはあたしの恩人(おんじん)だわ。
(고마워. 다로 씨, 정말 하나에서 열까지 당신은 나의 은인이에요.)

何(なに)から何(なに)までお世話(せわ)になり、ありがとうございました。
(하나에서 열까지 전부 신세를 져서 감사합니다.)

よくわかりました。何(なに)から何(なに)まで、ご教示(きょうじ)いただいて恐縮(きょうしゅく)します。
(잘 알겠습니다. 하나에서 열까지 여러 모로 가르침을 주셔서 황송합니다.)

職場(しょくば)の先輩方(せんぱいがた)はみんなとても優(やさ)しくて、地下鉄(ちかてつ)の切符(きっぷ)の買(か)い方(かた)から乗(の)り方(かた)など、何(なに)から何(なに)まで全(すべ)て教(おし)えて下(くだ)さいました。
(직장 선배 분들은 다들 모두 상냥해서 지하철 표 사는 법에서 타는 법 등 하나에서 열까지 전부 가르쳐 주셨습니다.)

この度(たび)は、何(なに)から何(なに)までお世話(せわ)になりっぱなしで、ありがとうございます。
(이번에는 하나에서 열까지 전부 신세만 져서, 정말 감사합니다.)

☞ **참고**

「何(なに)から何(なに)まで」와 유사한 표현에는 「一(いち)から十(じゅう)まで : 하나에서 열까지」「初(はじ)めから終(おわ)りまで : 처음부터 끝까지」가 있다.

1. 「一(いち)から十(じゅう)まで」

> **例**
>
> 何(なに)しろ十九歳(じゅうきゅうさい)、結婚(けっこん)した自覚(じかく)はあったものの、結婚(けっこん)生活(せいかつ)については<u>一(いち)から十(じゅう)まで</u>分(わ)からないことばかり。
> (아무튼 19세에 결혼한 자각은 있었지만 결혼 생활에 관해서는 하나에서 열까지 모르는 것뿐.)
>
> お互(たが)いに事(こと)の次第(しだい)を<u>一(いち)から十(じゅう)まで</u>無意識(むいしき)のうちに予期(よき)していたのではないかと思(おも)われるほどだった。
> (서로 일이 돌아가는 사정을 하나에서 열까지 무의식 속에서 예기하고 있었던 것이 아닌가 하고 생각될 정도였다.)
>
> しかしながら、<u>一(いち)から十(じゅう)まで</u>貴方(あなた)を「拘束(こうそく)」することはありえません。ましてやここは生協(せいきょう)です。
> (그러나 하나에서 열까지 당신을 「구속」하는 것은 있을 수 없습니다. 하물며 여기는 생협입니다.)
>
> <u>一(いち)から十(じゅう)まで</u>親(おや)に払(はら)ってもらっているようでは、自立(じりつ)したとは言(い)えない。
> (하나에서 열까지 부모가 돈을 내고 있어서는 자립했다고는 할 수 없다.)
>
> 子供(こども)の教育(きょういく)を、<u>一(いち)から十(じゅう)まで</u>妻(つま)に任(まか)せっきりにしていたことを今更(いまさら)ながら反省(はんせい)しています。
> (아이 교육을 하나에서 열까지 집사람에게 전부 맡긴 것을 새삼스럽지만 반성하고 있다.)

第 5 課　やはり実際にご覧になったほうが

2.「初(はじ)めから終(おわ)りまで」

例

書類(しょるい)は初(はじ)めから終(お)わりまでざっと目(め)を通(とお)しました。
(서류는 처음부터 끝까지 쫙 대강 훑어보았습니다.)
またアメリカ軍(ぐん)の首脳(しゅのう)は、戦争(せんそう)の初(はじ)めから終(お)わりまで、共産側(きょうさんがわ)の戦力(せんりょく)を軽視(けいし)していた。
(그리고 미군 수뇌는 전쟁 처음부터 끝까지 공산 측의 전력을 경시하고 있었다.)
私(わたくし)自身(じしん)といたしましては、初(はじ)めから終(お)わりまで婦人(ふじん)問題(もんだい)をやらせていただいてもよろしかったんですが、そうもまいりませんで、あのようなことになりました。
(제 자신으로서는 처음부터 끝까지 부인 문제를 다루어도 좋았습니다만 그렇게도 되지 않아서 일이 그와 같이 되었습니다.)

[8] 恐縮至極でございます。

▫「恐縮(きょうしゅく)至極(しごく)」: 공축지극 / 대단히 송구한 것

「恐縮」는「남이 베풀어 준 고마움이나 남에게 끼친 폐에 대해 송구하게 여기는 것」을,「至極」는「극히」「더없이」를 의미하는데「恐縮(きょうしゅく)至極(しごく)」와 같이 쓰이면「더 없이 송구스러운 것」「한 없이 죄송한 것」의 뜻을 나타낸다. 따라서 본문의「恐縮(きょうしゅく)至極(しごく)でございます」는「대단히 송구합니다 / 정말 뭐라고 드릴 말씀이 없습니다」로 번역해 두었다.

그리고「恐縮(きょうしゅく)至極(しごく)」를「至極(しごく)恐縮(きょうしゅく)」라고 하는 경우도 있고 비슷한 표현에는「恐悦(きょうえつ)至極(しごく)」가 있다.

먼저「恐縮(きょうしゅく)」의 예를 들면 다음과 같다.

例

年賀状(ねんがじょう)を出(だ)し忘(わす)れたのに、先生(せんせい)のほうからいただいて、恐縮(きょうしゅく)した。
(연하장을 보내는 것을 깜빡했는데, 오히려 선생님께서 보내 주셔서 몸 둘 바를 몰랐다.)
お忙(いそが)しい中(なか)、わざわざお見舞(みま)いにおいでいただきまして、恐縮(きょうしゅく)です。

(바쁘신 데도 불구하시고 일부러 병문안하러 와 주셔서 황송합니다.)
お忙(いそが)しいところ、恐縮(きょうしゅく)ですが、この書類(しょるい)に目(め)を通(とお)していただけないでしょうか。
(바쁘신 데 죄송합니다만, 이 서류를 살펴봐 주시지 않겠습니까?)
気持(きも)ちだけの贈(おく)り物(もの)なのに、丁寧(ていねい)な礼状(れいじょう)をいただいて、かえって恐縮(きょうしゅく)に思(おも)います。
(그냥 간단한 선물을 보냈는데, 정중한 인사 편지를 받아서, 오히려 송구하게 생각합니다.)
わたくしのような者(もの)に、このように皆(みな)さんおそろいでお迎(むか)えいただきまして恐縮(きょうしゅく)きわまりません。
(저 같은 사람에게 이와 같이 여러 분께서 모두 마중을 나와 주셔서 죄송한 마음 그지없습니다.)

다음은「恐縮(きょうしゅく)至極(しごく)」의 예를 살펴보자.

例 このたびは、結構(けっこう)なお品(しな)をいただき、厚(あつ)く御礼(おんれい)申(もう)し上(あ)げます。いつもながらお心遣(こころづか)いをいただき恐縮(きょうしゅく)至極(しごく)でございます。
(이번에는 멋진 선물을 주셔서 머리 숙여 감사의 말씀을 드립니다. 항상 변함 없이 신경을 써 주셔서 뭐라고 드릴 말씀이 없습니다.)
恩師(おんし)にこんなにまでお褒(ほ)めいただきまして、恐縮(きょうしゅく)至極(しごく)でございます。
(은사님께서 이렇게까지 칭찬해 주시니, 정말 몸 둘 바를 모르겠습니다.)
身(み)に余(あま)るお言葉(ことば)をいただき恐縮(きょうしゅく)至極(しごく)に存(ぞん)じます。
(과분하신 말씀을 주셔서 정말 송구하게 생각합니다.)
私(わたくし)どものような小(ちい)さなところに、このような身(み)に余(あま)るご配慮(はいりょ)をいただくなど、恐縮(きょうしゅく)至極(しごく)の思(おも)いです。
(소생과 같은 사람에게 이와 같은 과분한 배려를 주시다니 송구하기 그지 없습니다.)

応用会話

田中(たなか)と小宮(こみや)、揶揄(からか)い合(あ)うのに夢中(むちゅう)

田中：もしもし、田中(たなか)ですが、小宮(こみや)さん、お願(ねが)いします。

小宮：はい、小宮(こみや)です。

田中：どうだい、李(イー)さんは。

小宮：だいぶ悪戦苦闘(あくせんくとう)しているみたいだぜ。なんせ資料(しりょう)が膨大(ぼうだい)だし、専門用語(せんもんようご)もバンバン出(で)てくるからな。

田中：なんで手助(てだす)けしてあげないんだよ。お前(まえ)。

小宮：おれだって急(いそ)ぎの仕事(しごと)があるんだよ。

田中：じゃあ、今(いま)からそっちへ行(い)くよ。

小宮：かまわないが、李(イー)さんのじゃまだけはするなよ。

田中：おれが行(い)かないと、にっちもさっちもいかないだろうからな。

小宮：よく言(い)うよ。お前(まえ)も。

다나카와 고미야, 서로 약 올리는 데에 정신이 없다

다나카：여보세요, 다나카인데, 고미야 씨, 부탁합니다.

고미야：네, 고미야입니다.

다나카：어때? 이경민 씨는.

고미야：상당히 애를 먹고 있는 것 같아. 아무래도 자료가 방대하고, 전문 용어도 굉장히 많이 나오니까.

다나카：그런데, 넌 왜 안 도와주고 있는 거야?

고미야：나도 급한 일이 있어서 그래.

다나카：그럼, 지금부터 그쪽으로 갈 게.

고미야：와도 상관없지만, 이경민 씨 방해만 하지 마.

다나카：내가 안 가면, 이러지도 저러지도 못할 것 같은데.

고미야：하여간, 너는 말은 잘 해.

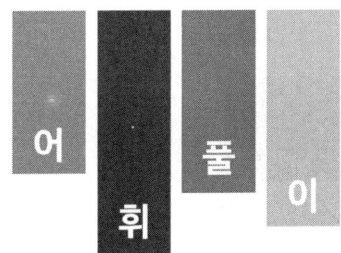

- 揶揄(からか)い合(あ)う – 서로 약을 올리다
- 夢中(むちゅう)だ – 열중이다 / 정신이 없다
- どうだい – 어때:「～だい」는「～だ」의 장음화로 이때의「～い」는 종조사
- 悪戦苦闘(あくせんくとう)する – 악전고투하다 / 애를 먹다
- [～している]みたいだ – [～하고 있는] 것 같다 ; 불확실한 판단을 나타낸다.
- ～ぜ – 남성어의 종조사 : 친한 사람끼리 가볍게 다짐을 하거나 주의를 환기하는 데 쓴다.
- なんせ – 아무래도
- 資料(しりょう)が膨大(ぼうだい)だ – 자료가 방대하다
- 専門用語(せんもんようご) – 전문용어
- バンバン[出(で)てくる] – 펑펑 / 많이 [나오다]
- なんで – 어째서 / 왜
- 手助(てだす)けする – 돕다 / 거들다
- ～してあげる – ～해 주다
- ～んだ – 남성어의 문말어미
- [おれ]だって – [나]도
- 急(いそ)ぎの仕事(しごと) – 급한 일
- かまわない – 상관없다
- じゃまをする – 방해하다
- [じゃまだけはする]なよ – [방해만 하지] 마 :「～な」는 종지형에 접속되어 부정 명령(금지)을 나타낸다.
- にっちもさっちもいかない – 진퇴양난이다 / 이러지도 저러지도 못하다
- よく言(い)うよ – 말은 잘 해

관련사항

[감사 표현]

　일본어는 감사나 사죄의 표현이 한국어에 비해 상대적으로 발달되어 있다. 여기서 동사별로 감사표현을 정리하면 다음과 같다.

1.「感謝(かんしゃ)する」

> 例 何(なん)とお礼(れい)を申(もう)し上(あ)げてよいのか、感謝(かんしゃ)の言葉(ことば)もありません。
> (뭐라고 감사의 말씀을 드려야 좋을지 모르겠습니다.)
> この度(たび)は、たいへんお世話(せわ)になり感謝(かんしゃ)の言葉(ことば)もございません。ただただ感謝(かんしゃ)の気持(きも)ちでいっぱいです。
> (금번에는 대단히 신세를 져서 뭐라고 감사의 말씀을 드려야 할지 모르겠습니다. 오로지 감사할 따름입니다.)
> このような機会(きかい)を頂(いただ)き、感謝(かんしゃ)の気持(きも)ちでいっぱいです。
> (이와 같은 기회를 주셔서 감사할 따름입니다.)
> ご好意(こうい)に感謝(かんしゃ)します。
> (후의에 감사합니다.)
> お骨折(ほねお)り、感謝(かんしゃ)しています。
> (노고에 감사합니다.)
> 今(いま)までのご足労(そくろう)感謝(かんしゃ)しています。
> (지금까지의 노고에 감사합니다.)

わたくしがここまでやって来(こ)られたのは、島村(しまむら)さんのお陰(かげ)です。ほんとうに感謝(かんしゃ)しています。
(제가 여기까지 해올 수 있었던 것은 시마무라 씨의 덕택입니다. 정말 감사합니다.)
深(ふか)く感謝(かんしゃ)しております。
(머리 숙여 감사 드립니다.)
優(やさ)しく接(せっ)してくださり、感謝(かんしゃ)しております。
(잘 해 주셔서 감사합니다.)
ひとえに皆様(みなさま)のご愛顧(あいこ)の賜物(たまもの)と感謝(かんしゃ)しております。
(오로지 여러분들의 애고 덕분이라고 감사히 여기고 있습니다.)
いつも無理(むり)を聞(き)いていただき、感謝(かんしゃ)しております。
(언제나 무리한 부탁을 들어 주신 점, 감사합니다.)
親身(しんみ)になって対応(たいおう)していただき、感謝(かんしゃ)しております。
(육친처럼 정성껏 대응해 주셔서 감사합니다.)
島田(しまだ)様(さま)のご尽力(じんりょく)があってこその成功(せいこう)と、感謝(かんしゃ)しております。
(시마다 님의 진력이 있으셨기에 이번 성공이 있었다고 감사드립니다.)
常日頃(じょうじつごろ)お力添(ちからぞ)えくださいまして、心(こころ)から感謝(かんしゃ)しております。
(늘 조력해 주셔서 마음으로부터 감사드립니다.)
何(なに)かとお心(こころ)づかいいただきまして、感謝(かんしゃ)しております。
(여러 모로 신경을 써 주셔서 감사합니다.)
心(こころ)より感謝(かんしゃ)いたします。
(마음으로부터 감사드립니다.)
ただただ感謝(かんしゃ)いたしております。
(그저 감사할 따름입니다.)
貴重(きちょう)な時間(じかん)を私(わたくし)どものためにさいていただき、心(こころ)より感謝(かんしゃ)いたしております。
(귀중한 시간을 저희들을 위해 할애해 주셔서 마음으로부터 감사하게 생각하고 있습니다.)

これもひとえに皆々様(みなみなさま)のご支援(しえん)・ご協力(きょうりょく)あってのことと心(こころ)より感謝(かんしゃ)いたしております。
(이것도 오로지 여러분들의 지원과 협력이 있었기에 가능한 것으로 마음으로부터 감사하게 생각하고 있습니다.)
○○につきましては並々(なみなみ)ならぬご尽力(じんりょく)を賜(たま)わり、心(こころ)より感謝(かんしゃ)いたしております。
(○○에 관해서는 각별하신 진력을 주셔서 충심으로 감사하게 생각하고 있습니다.)
ご配慮(はいりょ)くださり、深謝(しんしゃ)いたしております。
(배려해 주셔서 깊이 감사드리고 있습니다.)
ありがとうございます。心(こころ)より感謝(かんしゃ)申(もう)し上(あ)げます。
(감사합니다. 충심으로 감사의 말씀을 드립니다.)

2. 「ありがとう」

例
ほんとうにありがとう。
(정말 고마워.)
心強(こころづよ)いお言葉(ことば)ありがとう。
(마음 든든한 말씀 고마워요.)
引(ひ)っ越(こ)しの時(とき)、手伝(てつだ)ってくれてありがとう。
(이사할 때 도와줘서 고마워.)

3. 「ありがとうございます」

例
ほんとうにありがたく思(おも)っております。
(정말 고맙게 생각하고 있습니다.)
どうもありがとうございます。
(대단히 감사합니다.)
ご丁寧(ていねい)にありがとうございます。
(친절하게 {대해 주셔서 / 연락 주셔서…} 감사합니다.)

> いつもお引(ひ)き立(た)ていただき、ありがとうございます。
> (늘 격려해 주셔서 감사합니다.)
> 日頃(ひごろ)はご指導(しどう)誠(まこと)にありがとうございます。
> (평소에는 지도해 주셔서 정말 감사합니다.)
> いつもお世話(せわ)になりまして誠(まこと)に有難(ありがと)うございます。
> (늘 신세를 져서 정말 감사합니다.)
> いろいろご配慮(はいりょ)いただきまして誠(まこと)にありがとうございます。
> (여러 모로 배려해 주셔서 정말 감사합니다.)
> いつも大変(たいへん)お世話(せわ)になっており、ほんとうにありがとうございます。
> (늘 대단히 신세를 져서 정말 고맙습니다.)

4. 「ありがとうございました」

> **例** 誠(まこと)にありがとうございました。
> (정말 감사합니다.)
> 先日(せんじつ)は盛大(せいだい)な送別会(そうべつかい)を開(ひら)いていただきまして、ほんとうにありがとうございました。
> (지난번에는 성대한 송별회를 열어 주셔서 정말 감사합니다.)
> 先日(せんじつ)はお心遣(こころづか)い大変(たいへん)ありがとうございました。
> (지난번에는 배려해 주셔서 대단히 감사합니다.)
> 今(いま)まで何(なに)から何(なに)までありがとうございました。深(ふか)くお礼(れい)を申(もう)し上(あ)げます。
> (지금까지 하나에서 열까지 감사합니다. 머리 숙여 감사의 말씀을 드립니다.)

5. 기타

> **例** ひとこと、お礼(れい)を申(もう)し上(あ)げたくて参(まい)りました。
> (한 마디 감사의 말씀을 드리고 싶어 찾아왔습니다.)
> 何(なん)とお礼(れい)を申(もう)し上(あ)げて良(よ)いか。
> (뭐라고 감사의 말씀을 드려야 좋을지 모르겠습니다.)

衷心(ちゅうしん)より、お礼(れい)、申(もう)し上(あ)げます。
(충심으로 감사의 말씀을 드립니다.)
日頃(ひごろ)は大変(たいへん)お世話(せわ)になり、心(こころ)よりお礼(れい)申(もう)し上(あ)げます。
(평소에는 대단히 많이 신세를 져서 충심으로 감사의 말씀을 드립니다.)
多大(ただい)なるご協力(きょうりょく)を賜(たま)わり、お礼(れい)の申(もう)しようもございません。
(다대한 협력을 해 주셔서 뭐라고 감사의 말씀을 드려야 좋을지 모르겠습니다.)
お使(つか)い立(だ)てして、申(もう)し訳(わけ)ありません。
(일을 시켜서 죄송합니다.)
いつもご面倒(めんどう)ばかりおかけして申(もう)し訳(わけ)ありません。
(언제나 폐를 끼쳐 죄송합니다.)
いつも、お気遣(きづか)いいただき、申(もう)し訳(わけ)ありません。
(언제나 신경을 쓰게 해서 죄송합니다.)
今回(こんかい)は、お言葉(ことば)に甘(あま)えさせていただきます。
(이번에는 그렇게 말씀하시니 따르겠습니다.)
この度(たび)のお力添(ちからぞ)え、一生(いっしょう)恩(おん)に着(き)ます。
(이번에 베풀어 주신 도움은 평생의 은혜로 삼겠습니다.)
ご好意(こうい)に胸(むね)がいっぱいになりました。
(후의에 가슴이 뭉클해졌습니다.)
ここまで出来(でき)たのも、ひとえに高山(たかやま)様(さま)にご助力(じょりょく)いただいたお陰(かげ)です。
(여기까지 할 수 있었던 것도 오로지 다카야마 님께서 조력해 주신 덕택입니다.)
皆様方(みなさまがた)の温(あたた)かなご支援(しえん)とご指導(しどう)のお陰様(かげさま)をもちまして重責(じゅうせき)を勤(つと)めることができましたこと、忘(わす)れることなく肝(きも)に銘(めい)じておく所存(しょぞん)であります。[16]
(여러분의 따뜻한 후원과 지도 덕분에 중책을 맡을 수 있었다는 것을 잊지 않고 마음에 새겨 둘 생각입니다.)

---

16) 話術.com http://www.wajyutu.com/?%CE%E9%A1%C3%B4%B6%BC%D5 에서 적의 인용하여 번역함.

第 6 課

■ 急に無理なお願いをしてしまって ■

갑자기 무리한 부탁을 드려서 죄송합니다

急に無理なお願いをしてしまって
갑자기 무리한 부탁을 드려서 죄송합니다

李(イー)、小宮(こみや)と田中(たなか)を食事(しょくじ)に誘(さそ)う

小宮: 資料(しりょう)はだいたい[1]整理(せいり)できましたでしょうか。[2]なにぶん、わたくしも**仕事(しごと)に忙殺(ぼうさつ)されて**いまして、お手伝(てつだ)いできませんで。

李: いいえ、こちらのほうこそ、急(きゅう)に無理(むり)なお願(ねが)いをしてしまって。

田中: まあ、とにかくお目当(めあ)ての資料(しりょう)は集(あつ)められたわけですし。

李: ええ、おかげさまで[3]十分(じゅうぶん)すぎるほどでした。

田中: [4]それはなによりです。

李: お二方(ふたかた)とも[5]**お忙(いそが)しいとは思(おも)います**が、今晩(こんばん)、[6]お時間(じかん)が許(ゆる)せる**ようでしたら**、ぜひわたくしにご馳走(ちそう)させてください。

田中: うーん。そうですね。

小宮: お前(まえ)、[7]どうせ暇(ひま)**なくせに**、何(なに)をもったいぶってるんだ。

田中: そんなつもりないんだが、どこの店(みせ)がいいかと思(おも)って。

李: [8]そうこなくっちゃ。[9]料亭(りょうてい)でも**どんと来(こ)い**ですよ。

田中: その言葉(ことば)、信(しん)じてもいいですよね。李(イー)さん。

이경민, 고미야와 다나카를 식사에 초대하다

고미야 : 자료는 대강 정리되었습니까? 아무튼 저도 일 때문에 경황이 없어 돕지 못해서 죄송합니다.

이경민 : 아니오, 저야말로 갑자기 무리한 부탁을 드려서 죄송합니다.

다나카 : 뭐, 여하튼 특별히 관심을 끄는 자료는 모여진 셈이니 다행이죠.

이경민 : 네, 염려해 주신 덕택에 지나칠 정도로 충분했습니다.

다나카 : 그거 참 다행이군요.

이경민 : 두 분 다 바쁘시리라고는 생각됩니다만, 오늘밤 시간이 허락하시면, 제가 꼭 식사 대접을 하고 싶은데요.

다나카 : 음. 글쎄요?

고미야 : 야, 너는 어차피 한가한데, 뭘 재고 있는 거야?

다나카 : 그런 게 아니라, 어느 가게가 좋을까 생각해서.

이경민 : 그 말을 기다리고 있었어요. 요정도 얼마든지 상관없어요.

다나카 : 이경민 씨, 지금 그 말, 믿어도 되는 거죠.

第 6 課　急に無理なお願いをしてしまって

어휘풀이

- 食事(しょくじ)に誘(さそ)う － 식사에 초대하다 / 같이 식사를 하자고 말하다
- 整理(せいり)できましたでしょうか － 자료는 대강 정리되었습니까? :「～ましたでしょか」는 소위 이중 경어(이중 정녕)로서「～ましたか」보다 공손한 느낌을 준다.
- なにぶん － 아무튼 / 여하튼
- 仕事(しごと)に忙殺(ぼうさつ)される － 일에 망쇄되다 / 일 때문에 경황이 없다
- お手伝(てつだ)いできませんで － 돕지 못해서 죄송합니다
- 無理(むり)なお願(ねが)いをしてしまって － 무리한 부탁을 드려서 죄송합니다
- とにかく － 아무튼 / 여하튼
- お目当(めあ)ての[資料(しりょう)] － 특별히 관심을 끄는 [자료]
- [集(あつ)められた]わけですし － [모여진] 셈이니
- 十分(じゅうぶん)すぎる － 지나치게 충분하다 / 지나칠 정도로 충분하다
- それはなによりです － 그거 참 다행이군요
- お二方(ふたかた) － 두 분 :「お」는 존경의 접두사이고「方(かた)」는 존경의 복수 접미사이다.
- お忙(いそが)しいとは思(おも)いますが － 바쁘시리라고는 생각됩니다만
- お時間(じかん)が許(ゆる)せる － 시간을 허락할 수 있으면 / 시간이 허락되시면
- ～ようでしたら － ～인 것 같으면 :「～ようだ」의 정중체「～ようです」의 가정
- わたくしにご馳走(ちそう)させてください － 제가 꼭 식사 대접을 하고 싶은데요
- どうせ － 어차피
- 暇(ひま)なくせに － 한가한 주제에 / 한가한데
- もったいぶる － (짐짓) 젠 체하다 / 점잔 빼다 / 거드름 피우다 / 재다.
- そんなつもりない － 그럴 생각이 아니다 / 그런 것이 아니다
- そうこなくっちゃ － 그 말을 기다리고 있었어요 / 당연히 그렇게 나와야 되지요
- どんと来(こ)いですよ － 얼마든지 {상관없어도 · 끄떡없어요}

중요 어구 해설

[1] 整理できましたでしょうか

□「〜ましたでしょうか」: 이중 경어(이중 정녕어)

「整理(せいり)できましたでしょうか」「자료는 대강 정리되었습니까?」의 뜻으로「〜ましたでしょうか」는「〜ます」의 과거인「〜ました」에 완곡한 질문을 나타내는「〜でしょうか」가 접속한 것으로「〜ましたか」보다 정중한 느낌을 수반한다.「〜ましたでしょうか」는 소위 이중 경어(이중 정녕어)이지만 문말까지 정중도를 유지하고자 하는 발상에서 현재 비즈니스 장면에서는 다용되고 있다.

다음은「〜ます」계열의 조동사에「〜でしょうか」가 접속된 예를 유형별로 검토하자.

1.「〜ますでしょうか」

> 例　その原因(げんいん)をご存(ぞん)じの方(かた)はいらっしゃいますでしょうか。
> (그 원인을 아시는 분은 계십니까?)
> ご理解(りかい)いただくためにもう一(ひと)つ例(れい)を出(だ)してよろしゅうございますでしょうか。
> (이해하시기 위해 하나 더 예를 제시해도 좋겠습니까?)
> 送受信(そうじゅしん)メールすべてを新(しん)PCに移行(いこう)したいのですが、最(もっと)も効率的(こうりつてき)な方法(ほうほう)を教(おし)えていただけますでしょうか。
> (송수신 메일 전부를 새 PC에 옮기고 싶은데 가장 효율적인 방법을 가르쳐 주시겠습니까?)

第6課　急に無理なお願いをしてしまって

実際(じっさい)窓口(まどぐち)でどういう説明(せつめい)をしたら、それも自己責任(じこせきにん)だと言(い)えばそれで終(お)わるんですけれども、局長(きょくちょう)はどういうふうにお考(かんが)えになりご説明(せつめい)になりますでしょうか。
(실제로 창구에서 어떤 설명을 하면 그것도 자기 책임이라고 말하면 그것으로 끝나겠지만, 국장은 어떤 식으로 생각하시고 설명하십니까?)

2.「～ませんでしょうか」

例　通常(つうじょう)売(う)っている物(もの)の他(ほか)に何(なに)か良(い)い方法(ほうほう)はありませんでしょうか。
(통상 팔고 있는 물건 이외에도 무엇인가 좋은 방법은 없습니까?)
これをある時点(じてん)で見直(みなお)す、そうしたお考(かんが)えはおありになりませんでしょうか。
(이것을 어떤 시점에서 재고하는, 그런 생각은 없으십니까?)
こういうものをもっと是正(ぜせい)していかなければならない、そういうお考(かんが)えはお持(も)ちになりませんでしょうか。
(이런 것을 더욱 시정해 나가지 않으면 안 된다, 그런 생각은 안 가지고 계십니까?)
あるいは子供(こども)が何歳(なんさい)以上(いじょう)でなければいけないとか、いろいろ考(かんが)えられますが、そういう条件(じょうけん)をこれから法的(ほうてき)に付(ふ)していく、こういうことはご検討(けんとう)はなさっていらっしゃいませんでしょうか。
(혹은 어린이가 몇 살 이상이 아니면 안 된다든가 여러 가지 생각하시겠지만, 그런 조건을 앞으로 법적으로 부여해 가는, 이런 것은 검토는 하시고 계시지 않습니까?)

3. 「～ましたでしょうか」

> 例
>
> そのときに謝罪(しゃざい)、賠償(ばいしょう)などは要求(ようきゅう)しましたでしょうか。
> (그 때 사죄, 배상 등은 요구했습니까?)
> 今晩(こんばん)は！ 皆様(みなさま)におかれましては、どのように休日(きゅうじつ)を過(す)ごされましたでしょうか。
> (안녕하세요! 여러분께서는 어떻게 휴일을 보내셨습니까?)
> それは認定(にんてい)制度(せいど)でございますが、このことをご存(ぞん)じでございましたでしょうか。
> (그것은 인정 제도입니다만, 이 사실을 알고 계십니까?)
> それをご覧(らん)になり、ご自身(じしん)の経験(けいけん)と照(て)らし合(あ)わせどのような感想(かんそう)を持(も)たれましたでしょうか。
> (그것을 보시고 자신의 경험과 비추어 봐서 어떤 감상을 갖고 계십니까?)
> ご注文(ちゅうもん)、決(き)まりましたでしょうか。
> (주문하실 것은 정하셨습니까?)
> 例(れい)の話(はなし)、社長(しゃちょう)のお耳(みみ)に入(はい)りましたでしょうか。
> (그 이야기, 사장님께서 아십니까?)
> 先日(せんじつ)、お送(おく)りした見本(みほん)はもう着(つ)きましたでしょうか。
> (일전에 보내 드린 견본은 이미 도착했습니까?)

4. 「～ませんでしたでしょうか」

> 例
>
> 2日(ふつか)の間(あいだ)にプラチナ会員(かいいん)またはゴールド会員(かいいん)特典(とくてん)のイベントやプレゼントなどはございませんでしたでしょうか。
> (2일 동안 플래티나 회원 또는 골드 회원 특전 이벤트나 선물 등은 없었습니까?)

第6課　急に無理なお願いをしてしまって

> 入札(にゅうさつ)の取消(とりけし)を希望(きぼう)されなかったのであれば「追記(ついき)としてノーブランドである」と記載(きさい)させて頂(いた)いておりましたが、ご確認(かくにん)いただけませんでしたでしょうか?
> (입찰 취소를 희망하지 않으셨으면 추기로서 노브랜드라고 기재하고 있습니다만, 확인하지 않으셨습니까?)
> この自衛隊(じえいたい)のパイロットにはそういう精神(せいしん)異常(いじょう)の兆候(ちょうこう)というようなものはございませんでしたでしょうか。また、酒(さけ)を飲(の)んでいたというようなこともございませんでしたでしょうか。
> (이 자위대 파일럿에게는 그런 정신 이상의 징후라는 그런 것은 없었습니까? 그리고 술을 먹고 있었다고 하는 그런 것도 없었습니까?)

[2] なにぶん、わたくしも仕事に忙殺されていまして

□「忙殺(ぼうさつ)される」

「なにぶん、わたくしも仕事(しごと)に忙殺(ぼうさつ)されていまして」는 「아무튼 저도 일 때문에 경황이 없어 돕지 못해서 죄송합니다」의 뜻으로 「忙殺(ぼうさつ):망쇄」는 「忙殺(ぼうさつ)される」와 같은 수동형으로 쓰여 「매우 분주하다」「일에 쫓기다」「경황이 없다」의 뜻을 나타낸다.

일본어 한어동사 중에는 「× 忙殺(ぼうさつ)する」와 같이 이론적으로 능동형을 상정할 수 있지만 실제는 존재하지 않고, 「忙殺(ぼうさつ)される」와 같이 수동형만 존재하는 부류도 있다.

1.「× 忙殺(ぼうさつ)する:× 망쇄하다」:「忙殺(ぼうさつ)される:망쇄되다」

> **例**　両家(りょうけ)は必死(ひっし)になって婚儀(こんぎ)の準備(じゅんび)に忙殺(ぼうさつ)されている。
> (양가는 필사적으로 혼인 준비에 매우 분주했다.)
> 半年前(はんとしまえ)に、親父(おやじ)を亡(な)くした。無駄(むだ)としか思(おも)えないことに、私(わたし)は忙殺(ぼうさつ)された。それで、いつの間(ま)にか冷静(れいせい)になっていた。そういうものだ。

(반년 전에 아버지가 돌아가셨다. 쓸데없다고밖에 생각되지 않은 일에 나는 경황이 없었다. 그래서 어느 사이엔가 냉정해졌다. 그런 법이다.)

日常(にちじょう)劇務(げきむ)に忙殺(ぼうさつ)される社会人(しゃかいじん)が、週末(しゅうまつ)の休暇(きゅうか)にすべてを忘却(ぼうきゃく)して高山(こうざん)に登(のぼ)る心(こころ)の自由(じゆう)は風流(ふうりゅう)である。
(일상의 격무에 쫓기는 사회인이 주말 휴가에 모든 것을 망각하고 높은 산에 오르는 마음의 자유는 풍류이다.)

僕(ぼく)はいろんな人(ひと)の名刺(めいし)を受(う)け取(と)るのに忙殺(ぼうさつ)された。すると、どこかで「死(し)は厳粛(げんしゅく)である」と言(い)う声(こえ)がした。
(나는 여러 사람의 명함을 주고받느라고 분주했다. 그러자 어딘가에서 「죽음은 엄숙하다」고 하는 소리가 났다.)

2. 「？洗練(せんれん)する：？세련하다」：「洗練(せんれん)される：세련되다」

例 彼(かれ)の部屋(へや)のインテリアは、彼(かれ)の洗練(せんれん)された感覚(かんかく)で統一(とういつ)されている。
(그 사람 방의 인테리어는 그의 세련된 감각으로 조화를 이루고 있다.)

20歳(にじゅっさい)の頃(ころ)から49歳(よんじゅうきゅうさい)の現在(げんざい)まで、彼女(かのじょ)の美(うつく)しさは変(か)わらないどころか、ますます洗練(せんれん)され、輝(かがや)いている。
(20세 때부터 49세의 현재까지 그녀의 아름다움은 변하지 않기는커녕 더욱 더 세련되고 빛나고 있다.)

詩(し)は古典的(こてんてき)でなければならぬとは思(おも)わぬけれども、現在(げんざい)の日常語(にちじょうご)は詩語(しご)としてはあまりに蕪雑(ぶざつ)である、混乱(こんらん)している、洗練(せんれん)されていない。という議論(ぎろん)があった。
(시는 고전적이지 않으면 안 된다고는 생각하지 않지만 현재의 일상어는 시어로서는 너무나도 뒤얽혀 난잡하고, 혼란스럽고, 세련되어 있지 않다는 논의가 있다.)

3.「?淘汰(とうた)する：?도태하다」·「淘汰(とうた)される：도태되다」

> そういう者(もの)は男性(だんせい)の間(あいだ)で軽蔑(けいべつ)せられ、<u>淘汰(とうた)されて</u>滅(ほろ)びて行(い)く。
> (그런 사람은 남성 사이에서 경멸되어 도태되어 멸망해 간다.)
> ただ儲(もう)けることだけに専念(せんねん)して、コンプライアンスを軽視(けいし)するような会社(かいしゃ)は、いずれ犯罪(はんざい)行為(こうい)を犯(おか)して<u>自然(しぜん)淘汰(とうた)されます</u>。
> (그냥 돈 버는 것에만 전념하고 컴플라이언스(compliance)를 경시하는 그런 회사는 머지않아 범죄 행위를 저질러서 자연 도태됩니다.)
> 事故米(じこまい)を誤魔化(ごまか)して売(う)ったり、低(ひく)い等級(とうきゅう)の牛肉(ぎゅうにく)を高(たか)い等級(とうきゅう)だと誤魔化(ごまか)して売(う)っていた会社(かいしゃ)は、既(すで)に<u>淘汰(とうた)されて</u>潰(つぶ)れました。
> (사고미(오염된 쌀)를 속여 팔거나 낮은 등급의 쇠고기를 비싼 등급이라고 속여 팔았던 회사는 이미 도태되어 망했다.)
> 古(ふる)い評価(ひょうか)基準(きじゅん)や採用(さいよう)メカニズムが<u>淘汰(とうた)され</u>、市場(しじょう)は常(つね)に、時代(じだい)が必要(ひつよう)とする人材(じんざい)を見出(みいだ)し、獲得(かくとく)してきた。
> (오래된 평가 기준이나 채용 메커니즘이 도태되고 시장은 항상 시대가 필요로 하는 인재를 찾고 획득해왔다.)

위의「忙殺(ぼうさつ)される」·「洗練(せんれん)される」·「淘汰(とうた)される」의 경우, 이론적으로는「洗練する【他】」·「忙殺する【他】」·「淘汰する【他】」와 같은 능동형이 상정되나 현실세계에서는 타동사인 능동형은 거의 사용되지 않고 수동 용법이 주로 쓰이고 있다. 이런 점에서「능동형이 결여된 수동형」이라고 할 수 있다.[17] 그런데「洗練(せんれん)：세련」과「淘汰(とうた)：도태」는 소수이지만「洗練(せんれん)する：세련시키다」「淘汰(とうた)する：도태시키다」와 같은 능동 타동사의 예도 발견된다.

---

17) 李成圭·権善和(2004a)『일본어 조동사 연구Ⅰ』不二文化. pp. 263-264

> **例** 多(おお)くの自然物(しぜんぶつ)、たとえば大理石(だいりせき)、白磁(はくじ)、真珠(しんじゅ)などにあっては、白(しろ)はそれ独自(どくじ)の美質(びしつ)を他(ほか)に添加(てんか)し、その美(び)を洗練(せんれん)して引(ひ)き立(た)てる働(はたら)きがある。
> (많은 자연물 예를 들어 대리석, 백자, 진주 등에 있어서는 흰색은 독자적인 미질을 다른 것에 첨가하고 그 아름다움을 세련시켜 돋보이게 하는 작용이 있다.)
>
> しかし、流通(りゅうつう)は認定(にんてい)取得(しゅとく)にかかわる費用(ひよう)は負担(ふたん)しません。個人(こじん)農家(のうか)、個人(こじん)商店(しょうてん)を淘汰(とうた)していく社会的(しゃかいてき)な流(なが)れと言(い)えるでしょう。農家(のうか)は変(か)わりませんし、有機農業(ゆうきのうぎょう)をやる人(ひと)は減(へ)らないでしょうが、農業(のうぎょう)人口(じんこう)はどんどん減(へ)ってきて、今(いま)や日本(にほん)の食料(しょくりょう)自給率(じきゅうりつ)は四〇%(よんじゅっパーセント)を切(き)っているといわれています。
> (그러나 유통은 인정 취득과 관련되는 비용은 부담하지 않습니다. 개인 농가, 개인 상점을 도태시켜 가는 사회적 흐름이라고 할 수 있겠지요. 농가는 변하지 않고 유기농업을 하는 사람들은 줄지 않겠지만, 농업인구는 점점 줄어들고 바야흐로 일본의 식량자급률은 40%을 밑돌고 있다고 합니다.)

[3] 十分すぎるほどでした

「十分(じゅうぶん)すぎるほどでした」는「지나칠 정도로 충분했습니다」의 뜻으로「十分(じゅうぶん)すぎる」는 형용동사「十分(じゅうぶん)だ」에「～すぎる」가 복합동사의 후항동사로서 접속된 것이다.

「過(す)ぎる」가 본동사로 쓰일 경우에는 ①「지나가다」, ②「(시간・기간 등이) 지나다」, ③「(수준・정도를) 넘다 / 지나치다」등의 실질적인 의미를 나타내고, 본문과 같이 복합동사의 후항동사 즉 접미사적인 보조동사로 쓰일 경우에는「너무 (많이) ～하다」, 「지나치게 ～하다」와 같은 문법적인 의미를 나타낸다.

「～過(す)ぎる」는 동사의 연용형뿐만 아니라 형용사와 형용동사의 어간에도 접속된다는 점에서 다른 복합동사의 후항동사와 달리 생산성이 높다.

이하 선행술어의 종별로 「~すぎる」의 예를 들면 다음과 같다.

1. 「형용사의 어간 + すぎる」

> 例
>
> | よい・いい | → | よすぎる | (너무 좋다) |
> | 悪(わる)い | → | 悪(わる)すぎる | (너무 나쁘다) |
> | 高(たか)い | → | 高(たか)すぎる | (너무 높다) |
> | 低(ひく)い | → | 低(ひく)すぎる | (너무 낮다) |
> | 大(おお)きい | → | 大(おお)きすぎる | (너무 크다) |
> | 小(ちい)さい | → | 小(ちい)さすぎる | (너무 작다) |
> | 長(なが)い | → | 長(なが)すぎる | (너무 길다) |
> | 短(みじか)い | → | 短(みじか)すぎる | (너무 짧다) |
> | 早(はや)い | → | 早(はや)すぎる | (너무 이르다) |
> | 遅(おそ)い | → | 遅(おそ)すぎる | (너무 늦다) |
> | 狭(せま)い | → | 狭(せま)すぎる | (너무 좁다) |
> | 広(ひろ)い | → | 広(ひろ)すぎる | (너무 넓다) |
> | 遠(とお)い | → | 遠(とお)すぎる | (너무 멀다) |
> | 忙(いそが)しい | → | 忙(いそが)しすぎる | (너무 바쁘다) |
>
> 人間(にんげん)、よすぎるのは、かえってよくないです。
> (사람이 너무 좋은 것도 오히려 좋지 않습니다.)
> 値段(ねだん)が高(たか)すぎましたら、買(か)いませんでした。
> (가격이 너무 비싸서 사지 않았습니다.)
> 部屋(へや)が狭(せま)すぎます。ほかのを見(み)に行(い)きましょうか。
> (방이 너무 좁습니다. 다른 것을 보러 갈까요.)
> 髪(かみ)の毛(け)が長(なが)すぎるから、短(みじか)めに刈(か)ってください。
> (머리가 너무 기니까 좀 짧게 잘라 주세요.)
> 家賃(やちん)は安(やす)くていいですが、駅(えき)からちょっと遠(とお)すぎますね。
> (집세는 싸고 좋은데, 역에서 좀 너무 머네요.)

暇(ひま)なのもよくないが、忙(いそが)しすぎるのも体(からだ)に毒(どく)です。
(한가한 것도 좋지 않지만, 너무 바쁜 것도 몸에 안 좋습니다.)

2.「형용동사의 어간 + すぎる」

例

十分(じゅうぶん)だ	→	十分(じゅうぶん)すぎる	(지나치게 충분하다)
親切(しんせつ)だ	→	親切(しんせつ)すぎる	(너무 친절하다)
静(しず)かだ	→	静(しず)かすぎる	(너무 조용하다)

A : 課長(かちょう)、これでいいですか。
   (과장님, 이렇게 하면 되겠습니까?)
B : 十分(じゅうぶん)だよ。いや、十分(じゅうぶん)すぎるよ。
   (충분해. 아니, 지나칠 정도로 충분해.)

田中(たなか)さんは女性(じょせい)に親切(しんせつ)すぎるから、相手(あいて)に誤解(ごかい)されます。
(다나카 씨는 여성에게 지나치게 친절해서 상대에게 오해를 받습니다.)
ここは静(しず)かすぎますね。幽霊(ゆうれい)でも出(で)るんじゃないですか。
(여기는 너무 조용하군요. 유령이라도 나오지 않겠습니까?)

3.「동사의 연용형 + すぎる」

例

言(い)う	→	言(い)いすぎる	(너무 심하게 말하다)
吸(す)う	→	吸(す)いすぎる	(너무 많이 피우다)
遊(あそ)ぶ	→	遊(あそ)びすぎる	(너무 많이 놀다)
飲(の)む	→	飲(の)みすぎる	(과음하다)
読(よ)む	→	読(よ)みすぎる	(너무 많이 읽다)
ある	→	ありすぎる	(너무 많다)

第6課　急に無理なお願いをしてしまって

かかる	→ かかりすぎる	(너무 걸리다)
太(ふと)る	→ 太(ふと)りすぎる	(너무 살찌다)
やる	→ やりすぎる	(너무 심하다)
見(み)る	→ 見(み)すぎる	(너무 많이 보다)
考(かんが)える	→ 考(かんが)えすぎる	(지나치게 생각하다)
食(た)べる	→ 食(た)べすぎる	(과식하다)
乗(の)せる	→ 乗(の)せすぎる	(너무 많이 태우다)
寝(ね)る	→ 寝(ね)すぎる	(너무 많이 자다)
する	→ しすぎる	(너무 많이 하다)
心配(しんぱい)する	→ 心配(しんぱい)しすぎる	(너무 걱정하다)
来(く)る	→ 来(き)すぎる	(너무 많이 오다)

ごめんなさい。きのうは、わたしがちょっと言(い)いすぎました。
(미안해요. 어제는 제가 좀 말이 지나쳤습니다.)

今日(きょう)の作文(さくぶん)には間違(まちが)いがありすぎますね。どうかしたんですか。
(오늘 작문에는 틀린 것이 너무 많군요. 어떻게 된 거예요?)

バスでは時間(じかん)がかかりすぎます。
(버스로는 시간이 너무 많이 걸립니다.)

飲(の)みすぎるのも、食(た)べすぎるのも、一種(いっしゅ)の病気(びょうき)ですよ。
(너무 많이 마시는 것도, 너무 많이 먹는 것도 일종의 병이에요.)

二日酔(ふつかよ)いですか。きのう飲(の)みすぎたでしょう。
(숙취입니까? 어제 과음했지요?)

これ以上(いじょう)物(もの)を入(い)れたら、荷物(にもつ)が重(おも)くなりすぎちゃいますよ。
(더 이상 물건을 넣으면, 짐이 너무 무거워져요.)

あなたはつまらないことを考(かんが)えすぎるから、やせるんですよ。
(당신은 쓸데없는 일을 너무 지나치게 생각해서 마르는 것이에요.)

> 学生(がくせい)が金(かね)稼(かせ)ぎのために、アルバイトをしすぎるのは、よくない。
> (대학생이 돈벌이 때문에 아르바이트를 너무 많이 하는 것은 좋지 않다.)
> お母(かあ)さん、心配(しんぱい)しすぎると、髪(かみ)が白(しろ)くなりますよ。
> (어머니, 너무 많이 걱정하면 머리가 희어져요.)
> 早(はや)く来(き)すぎてしまいましたね。また誰(だれ)もいませんね。
> (너무 일찍 왔네요. 아직 아무도 없어요.)[18]

[4] それはなによりです

□「それはなによりです」:「그거 참 다행이군요」

1. 「何(なに)より」: 명사

「何(なに)より」는 ①「何(なに)よりの贈(おく)り物(もの): 가장 좋은 선물」「何(なに)よりの証拠(しょうこ): 가장 확실한 증거」와 같이 명사로 쓰이면 「최상의 것 / 가장 좋은 것」의 뜻을 나타낸다.

> 例 何(なに)よりの品(しな)、ありがとうございました。
> (가장 좋은 물건을 주셔서 감사합니다.)
> 新鮮(しんせん)な野菜(やさい)が何(なに)よりの御馳走(ごちそう)です。
> (신선한 야채가 가장 좋은 음식입니다.)
> 健康(けんこう)には睡眠(すいみん)が何(なに)よりだ。
> (건강에는 수면이 최고이다.)
> 人間(にんげん)、地道(じみち)に働(はたら)くのが何(なに)よりだ。
> (사람은 착실히 일하는 것이 가장 좋다.)

2. 「何(なに)より」: 부사

그리고 「何(なに)より」는 ②「君(きみ)が来(き)てくれたことが{何(なに)より・何(なに)よりも}嬉(うれ)しい: 자네가 와 준 것이 {가장・무엇보다도} 기쁘다」와 같이 부사로 쓰이면 「가장」「무엇보다도」「더할 나위 없이」의 뜻을 나타내며 「何(なに)よりも」의 형태로도 사용한다.

---

18) 李成圭・権善和(2006c) 『현대일본어 문법연구Ⅱ』 시간의물레. pp. 222-226에서 인용.

> **例** どんなに学問(がくもん)ができても心(こころ)が醜(みにく)ければ、何(なに)より悲(かな)しいことです。
> (아무리 학문을 잘 해도 마음이 아름답지 못하면 가장 슬픈 일입니다.)
> あの子(こ)は勉強(べんきょう)はだめで、遊(あそ)んでばかりいますが、健康(けんこう)なのが親(おや)には何(なに)より嬉(うれ)しい。
> (그 아이는 공부는 못하고 놀기만 하고 있습니다만, 건강한 것이 부모에게는 무엇보다도 기쁜 일이다.)
> 私(わたし)は家事(かじ)を手伝(てつだ)うのはいいんだけど、子守(こも)りをするとか後片付(あとかたづ)けをするのは、何(なに)よりも嫌(きら)いです。
> (나는 가사를 돕는 것은 좋지만, 아이를 보는 일이라든가 설거지하는 것은 가장 싫습니다.)
> 昨年(さくねん)から今年(ことし)にかけて、町(まち)のカルチャー教室(きょうしつ)でジャズ・ダンスを習(なら)う女性(じょせい)が多(おお)いそうだ。ある主婦(しゅふ)の話(はなし)では、踊(おど)るのは、とても楽(たの)しく、何(なに)よりも美容(びよう)と健康(けんこう)に大(おお)きな効果(こうか)があるのが魅力的(みりょくてき)だからということだ。
> (작년부터 올해에 걸쳐 동네에 있는 문화교실에서 재즈 댄스를 배우는 여성이 많다고 한다. 어떤 주부의 이야기로는 춤을 추는 것은 무척 즐겁고, 무엇보다도 미용과 건강에 큰 효과가 있는 것이 매력적이기 때문이라고 한다.)
> それは何(なに)より危険(きけん)な話題(わだい)でございますよ。
> (그것은 가장 위험한 화제입니다.)
> それは何(なに)より先(さき)に彼(かれ)が如何(いか)なる社会(しゃかい)階級(かいきゅう)と如何(いか)なる階級(かいきゅう)文化(ぶんか)とに属(ぞく)しているかに依(よ)るのである。
> (그것은 가장 먼저 그가 어떤 사회 계급과 어떤 계급 문화에 속해 있는가에 달려 있다.)

3.「何(なに)よりです」: 술어

「何(なに)より」가「何(なに)よりです」와 같이 문말 술어로 쓰이면「다행입니다」「다행스럽게 생각합니다」의 뜻을 나타낸다.

> 例
>
> お元気(げんき)でお暮(く)らしのこと、何(なに)よりです。
> (건강하게 지내시고 계신다고 하오니 다행입니다.)
> まずは三日間(みっかかん)のご旅行(りょこう)を、それなりに楽(たの)しまれた ご様子(ようす)で、何(なに)よりです。
> (먼저 3일간의 여행을 그 나름대로 즐기신 것 같아서 무척 다행스럽게 생각합니다.)

4. それはなによりです

본문의「それはなによりです」와 같이 쓰이면「うまくいって良(よ)かったです：잘 돼서 다행이군요」에 상당하는 뜻을 나타낸다.

> 例
>
> 元気(げんき)で学生(がくせい)生活(せいかつ)を楽(たの)しんでいるとのこと、それは何(なに)よりです。
> (건강하고 대학생 생활을 즐기고 있다고 하니 그거 참 다행입니다.)
> だが今(いま)のやり取(と)りで、彼(かれ)の緊張(きんちょう)が解(ほぐ)れたようで、それは何(なに)よりだった。
> (그러나 지금 말을 주고받음으로써 그의 긴장이 풀린 것 같아서 그거 참 다행이었다.)
>
> A：おかげで、入試(にゅうし)に無事(ぶじ)合格(ごうかく)できました。
> 　　(염려 덕택으로 입시에 무사히 합격했습니다.)
> B：それはなによりです。
> 　　(그거 참 다행이군요.)
>
> A：事故(じこ)にあいましたが、幸(さいわ)い命(いのち)に別状(べつじょう)はありませんでした。
> 　　(사고를 당했습니다만,'다행히 생명에 이상은 없었습니다.)
> B：それはなによりです。
> 　　(그거 참 다행이군요.)

第 6 課　急に無理なお願いをしてしまって

[5] お忙しいとは思いますが

□「お忙(いそが)しいとは思(おも)いますが」

1.「お忙(いそが)しいとは思(おも)いますが」:「바쁘시리라고는 생각됩니다만」

　본문의 「お忙(いそが)しいとは思(おも)いますが : 바쁘시리라고는 생각됩니다만」의 의미는 문자대로 「忙(いそが)しいとは思(おも)うけど… : 바쁘다고 생각하지만」이지만, 이대로는 정중도가 낮아, 사내에서 상사나 선배에게 사용할 수 있는 정도의 경어이다.

> 例　お忙(いそが)しいとは思(おも)いますが、何卒(なにとぞ)よろしくお願(ねが)い致(いた)します。
> (바쁘시리라고는 생각됩니다만, 아무쪼록 잘 부탁드립니다.)
> お忙(いそが)しいとは思(おも)いますが、ご対応(たいおう)のほどお願(ねが)い申(もう)し上(あ)げます。
> (바쁘시리라고는 생각됩니다만, 잘 대응해 주시기를 부탁드립니다.)
> お忙(いそが)しいとは思(おも)いますが、お取(と)り計(はか)らいのほどお願(ねが)い申(もう)し上(あ)げます。
> (바쁘시리라고는 생각됩니다만, 조처해 주시기를 부탁드립니다.)
> 絵画展(かいがてん)の開催(かいさい)が決(き)まりましたので、お知(し)らせします。いつものギャラリーで、いつものメンバーの新作(しんさく)を中心(ちゅうしん)に展示(てんじ)します。お忙(いそが)しいかもしれませんが、ご都合(つごう)の良(よ)い日(ひ)にぜひ一度(いちど)ご来場(らいじょう)ください。
> (회화전 개최가 정해졌기에 알려 드립니다. 장소는 늘 하던 화랑에서 같은 멤버의 신작을 중심으로 전시합니다. 바쁘실지 모르겠습니다만 형편이 좋은 날에 꼭 한 번 왕림해 주십시오.)

2.「お忙(いそが)しいとは存(ぞん)じますが」:「바쁘시리라고는 사료됩니다만」

　문말의 「思(おも)いますが」를 겸양어Ⅱ인 「存(ぞん)じますが」로 하면 상사나 선배 등의 손윗사람에 대해서는 물론이거니와 사외의 비즈니스 메일(취직활동이나 전직 관련 메일)에도 사용할 수 있다.

例

お忙(いそが)しいとは存(ぞん)じますが、何卒(なにとぞ)よろしくお願(ねが)い致(いた)します。
(바쁘시리라고는 사료됩니다만, 아무쪼록 잘 부탁드립니다.)

お忙(いそが)しいとは存(ぞん)じますが、ご対応(たいおう)のほどお願(ねが)い申(もう)し上(あ)げます。
(바쁘시리라고는 사료됩니다만, 잘 대응해 주시기를 부탁드립니다.)

お忙(いそが)しいとは存(ぞん)じますが、お取(と)り計(はか)らいのほどお願(ねが)い申(もう)し上(あ)げます。
(바쁘시리라고는 사료됩니다만, 조처해 주시기를 부탁드립니다.)

お忙(いそが)しいとは存(ぞん)じますが、ご対応(たいおう)のほど何卒(なにとぞ)よろしくお願(ねが)い申(もう)し上(あ)げます。
(바쁘시리라고는 사료됩니다만, 잘 대응해 주시기를 아무쪼록 잘 부탁드립니다.)

お忙(いそが)しいとは存(ぞん)じますが、ご調整(ちょうせい)いただければ幸(さいわい)です。
(바쁘시리라고는 사료됩니다만, 조정해 주시면 고맙겠습니다.)

お忙(いそが)しいとは存(ぞん)じますが、ご連絡(れんらく)のほど何卒(なにとぞ)よろしくお願(ねが)い致(いた)します。
(바쁘시리라고는 사료됩니다만, 연락해 주시기를 아무쪼록 잘 부탁드립니다.)

お忙(いそが)しいとは存(ぞん)じますが、くれぐれもお大事(だいじ)にお過(す)ごしください。
(바쁘시리라고는 사료됩니다만, 아무쪼록 건강에 유의하시며 지내시기 바랍니다.)

以前(いぜん)にもましてお忙(いそが)しいとは存(ぞん)じますが、くれぐれもご自愛(じあい)くださいませ。新地(しんち)でのご活躍(かつやく)をお祈(いの)り申(もう)し上(あ)げます。
(전보다 한층 더 바쁘시리라고는 사료됩니다만, 아무쪼록 건강에 유의하시기 바랍니다. 새로운 지역에서의 활약을 기원합니다.)

3. 「お忙(いそが)しいとは存(ぞん)じますが」보다 정중한 경어

「お忙(いそが)しいとは存(ぞん)じますが、〜」는 이것만으로도 상대를 배려하는 멋진 표현인데 다음과 같이 더 정중하게 나타낼 수 있다.

> **例**
> お忙(いそが)しいところ、恐(おそ)れ入(い)りますが、何卒(なにとぞ)よろしくお願(ねが)い申(もう)し上(あ)げます。
> (다망하신데 죄송합니다만, 아무쪼록 잘 부탁드립니다.)
> お忙(いそが)しいところ、恐縮(きょうしゅく)ですが、ご対応(たいおう)いただければ幸(さいわ)いです。
> (다망하신데 죄송합니다만, 대응해 주시면 고맙겠습니다.)
> お忙(いそが)しいところ、お手数(てすう)をおかけいたしますが、何卒(なにとぞ)よろしくお願(ねが)い致(いた)します。
> (다망하신데 죄송합니다만, 수고를 끼쳐서 죄송합니다만 아무쪼록 잘 부탁드리겠습니다.)
> お忙(いそが)しいところ、申(もう)し訳(わけ)ありませんが、何卒(なにとぞ)よろしくお願(ねが)い致(いた)します。
> (다망하신데 죄송합니다만, 아무쪼록 잘 부탁드리겠습니다.)
> 昨日(きのう)はお忙(いそが)しいところを何度(なんど)も電話(でんわ)致(いた)しまして、申(もう)し訳(わけ)ございませんでした。ご丁寧(ていねい)にお教(おし)えいただいたお蔭(かげ)で、企画書(きかくしょ)の草案(そうあん)が書(か)き上(あ)がりましたのでお送(おく)りします。内容(ないよう)のチェックをよろしくお願(ねが)い致(いた)しします。
> (어제는 다망하신데 몇 번이고 전화를 해서 죄송합니다. 친절하게 가르쳐 주신 덕택에 기획서 초안이 완성되었기에 송부해 드립니다. 내용 검토를 잘 부탁드립니다.)

[6] お時間が許せるようでしたら

□「〜ようでしたら」:「〜ようだ」의 정중 가정 표현

「お時間(じかん)が許(ゆる)せるようでしたら」는「시간이 허락하시면」의 뜻으로「許(ゆる)す」의 가능형「許(ゆる)せる」에 불확실한 판단을 나타내는 조동사「〜ようだ」의 정중 가정 표현인「〜ようでしたら:〜일 것 같으시면」가 접속된 것이다.

| 例 | 充電中(じゅうでんちゅう)の送信(そうしん)でしたら、普段(ふだん)と一緒(いっしょ)で送信(そうしん)できるはずですよ。気(き)になるようでしたら、もう一度(いちど)送(おく)ってみるといいと思(おも)います。
(충전 중의 송신이라면 보통 때와 마찬가지로 송신할 수 있는 것입니다. 걱정되시면 다시 한 번 송신해 보면 좋을 것 같습니다.)
もし、ご両親(りょうしん)の説得(せっとく)が失敗(しっぱい)するようでしたら、わたしたちが、説得(せっとく)いたしますわ。
(만일 부모님의 설득이 실패할 것 같으면 저희들이 설득하겠어요.)
ご自信(じしん)で判断(はんだん)できないようでしたら、出品者様(しゅっぴんしゃさま)にお伺(うかが)いしてみてはいかがでしょうか?
(본인께서 판단할 수 없을 것 같으면 출품자 분에게 여쭤보시는 것은 어떻습니까?)
30歳(さんじゅっさい)前後(ぜんご)になっても好(す)きになれないようでしたら、その時(とき)初(はじ)めて悩(なや)めばよろしいかと思(おも)います。
(30세 전후가 되어도 좋아지지 않는다면 그 때 비로소 고민하면 좋을 것 같습니다.)
もし先生(せんせい)のご都合(つごう)をお伺(うかが)いしたら、お出(で)かけにならないに決(き)まっています。お気(き)に触(さわ)るようでしたら、どうぞわたしを解雇(かいこ)なさってください。
(만일 선생님 사정을 여쭤보면 나오시지 않을 것이 뻔합니다. 기분이 상하셨으면 저를 해고해 주십시오.)
4回(よんかい)ほど催促(さいそく)メールをして、「今週中(こんしゅうちゅう)にご連絡(れんらく)が頂(いただ)けないようでしたら、申(もう)し訳(わけ)ありませんが、キャンセルさせて頂(いただ)きます」とメールを送(おく)ったら、本日(ほんじつ)、落札者様(らくさつしゃさま)と思(おも)われる方(かた)から入金(にゅうきん)がありました。
(4회 정도 최촉 메일을 해서「금주 중에 연락을 하시지 않으면 죄송합니다만 취소 하겠습니다」라고 메일을 보냈더니 오늘 낙찰자라고 생각되는 분으로부터 입금을 했습니다.)
もし、おいでになるようでしたら、わたくしも連(つ)れて行(い)っていただけないでしょうか。
(만일 가실 것 같으면 저도 데리고 가 주시지 않겠습니까?) |

> もし、これでよろしいようでしたら、さっそく仕事(しごと)に取(と)り掛(か)らせていただきたいのですが。
> (만일 이것으로 괜찮으시다면 당장 일에 착수했으면 하는데요.)

[7] お前、どうせ暇なくせに

□「~くせに」:「~인 주제에 / ~이면서도 / ~임에도 불구하고」

「お前(まえ)、どうせ暇(ひま)なくせに」는「너는 어차피 {한가한 주제에·한가한데}」의 뜻으로「~くせに」는「癖(くせ): 버릇 / 습관」이 형식명사화되고 뒤에「~に」가 붙어 접속조사가 된 것이다.

「~くせに」는 명사술어나 용언의 연체형에 접속되어 비난이나 불만의 기분을 담아「にもかかわらず: ~임에도 불구하고」「のに: ~인데 / ~이면서도」와 마찬가지로 역접조건을 나타내는데「のに」보다도 힐문이나 비난의 느낌이 강하다. 한국어의「~인 주제에」「~이면서도」「~임에도 불구하고」에 상당하는 뜻을 나타낸다.

그리고「なによ、何(なに)も知(し)らないくせに: 뭐야? 아무 것도 모르는 주제에」와 같은 종조사적 용법도 있다.

이하 술어별로「~くせに」가 쓰인 예를 정리한다.

1.「명사술어 + くせに」

> 例 あの人(ひと)はコメディアンのくせに、全然(ぜんぜん)面白(おもしろ)くない。
> (그 사람은 코미디언이면서도 전혀 재미있지 않다.)
> あいつはブスのくせに金持(かねもち)でむかつく!
> (그 녀석은 못생긴 주제에 부자라서 화가 치민다.)
> 平社員(ひらしゃいん)のくせに、車(くるま)通勤(つうきん)している。
> (평사원인 주제에 차로 통근하고 있다.)
> 彼(かれ)は大金持(おおがねも)ちのくせに、いつも人(ひと)に奢(おご)ってもらっています。
> (그는 큰 부자이면서도 늘 남한테 얻어먹고 있습니다.)

「男(おとこ)らしくない」とか「女(おんな)のくせに」というような性(せい)によって決(き)めつけた発言(はつげん)は、言葉(ことば)や態度(たいど)による性的(せいてき)いやがらせである。
(「남자답지 않다」라든가「여자인 주제에」와 같은 성에 의해 일방적으로 단정한 발언은 언어나 태도에 의한 성희롱이다.)
「なんだ渋谷(しぶや)、高校生(こうこうせい)のくせに婚約(こんやく)までしてるんだー。それじゃあ同年代(どうねんだい)の女子(じょし)に興味(きょうみ)がないはずだよ」
(「아니 시부야, 고교생인 주제에 약혼까지 한 거야? 그럼 같은 나이 또래의 여자에게 흥미가 없는 것이 당연해.」)

2.「형용동사 + くせに」

例 変(へん)なところに神経質(しんけいしつ)なくせに、こういうことになると大胆(だいたん)なんだもん。
(이상한 데 신경질적이면서도 이런 일을 할 때는 대담해.)
分(わ)け隔(へだ)てないおおらかな彼(かれ)が好(す)きなくせに、ひがんだようなことを考(かんが)えてしまう。
(남과 차별하지 않고 느긋하고 대범한 그를 좋아하면서도 비뚤어진 생각을 하고 만다.)
親父(おやじ)にしてみても、酒(さけ)、好(す)きなくせに、僕(ぼく)が寝(ね)るまでは飲(の)まなかったです。
(아버지 처지가 되면 술을 좋아하지만 내가 자기 전까지는 마시지 않았습니다.)
下手(へた)なくせに、よく恥(は)ずかしげもなく話(はな)すなあという人(ひと)がいます。
(서투른 주제에 용케 부끄러워하지도 않고 이야기하는 그런 사람이 있습니다.)
まったくもって自分(じぶん)は不器用(ぶきよう)なくせにせっかちです。焦(あせ)ってばかりです。
(정말 저는 솜씨도 없으면서도 성급합니다. 안달복달할 뿐입니다.)

3. 「형용사 + いくせに」

> 例
>
> 母親(ははおや)は内心(ないしん)ぞくぞくするほどうれしいくせに、そんな場面(ばめん)になるとなぜか別(べつ)の表現(ひょうげん)をしてしまう。
> (어머니는 내심 가슴이 설렐 정도로 기쁘면서도 그런 장면이 되면 왠지 다른 표현을 하고 만다.)
>
> つまり食品(しょくひん)の種類(しゅるい)が他(ほか)の地域(ちいき)に比(くら)べて断然(だんぜん)多(おお)いくせに、一方(いっぽう)で食品(しょくひん)の組(く)み合(あ)わせ方(かた)や調理法(ちょうりほう)の決(き)まり事(ごと)もやたらと多(おお)いから、最初(さいしょ)はとまどう。
> (즉 식품 종류가 다른 지역에 비해 단연히 많으면서도 한편으로 식품을 조합하는 방식이나 조리 방법의 정해진 일이 하도 많아서 처음에는 당황한다.)
>
> 団地(だんち)っていうのは狭(せま)いくせに、あえてそこに洋風(ようふう)の空間(くうかん)をとるようなツクリになっているところが、おかしいっていえばおかしいですね。
> (아파트 단지라는 데는 좁으면서도 굳이 거기에 서양식 공간을 취하는 그런 식으로 만들어져 있는 점이 이상하다고 하면 이상합니다.)
>
> 彼(かれ)は性格(せいかく)が悪(わる)いくせに、見(み)た目(め)はすごくかっこいいから困(こま)る。
> (그는 성격이 나쁜데도 불구하고 보기에는 멋지기 때문에 곤란하다.)

4. 「동사 + くせに」

> 例
>
> エチケットをやかましくいうくせに、自分(じぶん)は帽子(ぼうし)をかぶったまま展覧会場(てんらんかいじょう)を見(み)て廻(まわ)ったり、草履(ぞうり)をはいたままタタミの上(うえ)を歩(ある)いたり、さてはパンツをはいたままドブンと風呂(ふろ)に入(はい)ったりする。
> (에티켓에 관해서는 말이 많은 주제에 본인은 모자를 쓴 채로 전람회장을 둘러보거나 샌들을 신은 채로 다타미 위를 걷거나 게다가 팬티를 입은 채로 풍덩 목욕을 하거나 한다.)

男(おとこ)の上司(じょうし)なら言(い)うことを聞(き)くくせに、女(おんな)だと思(おも)って私(わたし)の言(い)うことはなかなか聞(き)いてくれない。
(남자 상사라면 시키는 것을 들으면서도 여자라고 생각해서 내가 하는 말은 좀처럼 듣지를 않는다.)

車(くるま)を買(か)うとか、旅行(りょこう)に行(い)くという口実(こうじつ)だと、「どうぞお使(つか)いください」と金(かね)を貸(か)すくせに、「借入(かりいれ)理由(りゆう)」の欄(らん)に「古書(こしょ)買入(かいいれ)」と書(か)くと、とたんに行員(こういん)の顔(かお)が厳(きび)しくなる。
(차를 산다든가 여행을 간다는 구실이면「자 써 주십시오」라고 돈을 빌려 주는데「차입이유」란에「고서 구입」이라고 쓰자마자 은행원의 얼굴이 딱딱해진다.)

女性(じょせい)って、同性(どうせい)に対(たい)して自分(じぶん)より少(すこ)しでも年上(としうえ)だと自分(じぶん)の方(ほう)が若(わか)いってこだわるくせに、自分(じぶん)より5歳(ごさい)ぐらい、下手(へた)すると10歳(じゅっさい)若(わか)くても自分(じぶん)と変(か)わらないような感(かん)じで付(つ)き合(あ)いたがりませんか?
(여성은 동성에 대해 자기보다 조금이라도 연상이면 자기가 젊다고 구애받는 주제에 자기보다 5살 정도 자칫하면 10살 젊어도 자기와 다르지 않다는 그런 느낌으로 사귀고 싶어 하지 않습니까?)

全部(ぜんぶ)わかっているくせに、全然(ぜんぜん)わからないふりをしている。
(전부 알고 있으면서도 모르는 체하고 있다.)

いつも油(あぶら)を売(う)っているくせに、「締(し)め切(き)りが近(ちか)いから、大至急(だいしきゅう)お願(ねが)いします」なんて、調子(ちょうし)がよすぎるんですね。
(늘 일은 안 하고 농땡이치고 있으면서「마감이 가까우니, 대단히 급하게 해 주세요」라고 하는 것은 너무 뻔뻔하지 않아요?)

息子(むすこ)は大学(だいがく)で勉強(べんきょう)すると言(い)ったくせに、勉強(べんきょう)しないで遊(あそ)んでばかりだ。
(아들은 대학에서 공부하겠다고 말했음에 불구하고 공부하지 않고 놀기만 한다.)

夫(おっと)は、全然(ぜんぜん)仕事(しごと)をしないくせに、私(わたし)に文句(もんく)ばかり言(い)う。
(남편은 전혀 일을 안 하는 주제에 나한테 불평만 한다.)
そして指(ゆび)一本(いっぽん)動(うご)かせず、声(こえ)も出(だ)せないくせに、苦痛(くつう)はなく、心中(しんちゅう)に一片(いっぺん)の恐怖(きょうふ)もありませんでした。
(그리고 손가락 하나도 움직이지 못하고 소리도 내지 못하면서도 고통은 없고 마음속에 한 조각의 공포도 없었습니다.)
おまえは自分(じぶん)がやったくせに、いつも「これはわたしのせいじゃありません」なんてごまかすから、みんなに嫌(きら)われちゃうんだよ。
(너는 자기가 했으면서도 늘 「이것은 제 탓이 아닙니다」라는 식으로 얼버무리니까 다들 싫어하는 거야.)

5. 종조사적 용법

例 自分(じぶん)でもわかってるくせに。
(자기도 알고 있으면서도 무슨 소리야?)
嬉(うれ)しいくせにー。もっと、喜(よろ)びなよ。
(기쁘면서도 무슨 말 하는 거야? 더 즐거워해.)
だいたいみんな、なにが書(か)いてあるかもまだ知(し)らないくせに!
(대개 다들 무엇이 쓰여 있는 지도 아직 모르면서도 말이야.)
知(し)ってるんだよ。みどりちゃんもこの間(あいだ)ひそかにお見合(みあ)いして、相手(あいて)にまんまと断(こと)わられちゃったくせに。
(나도 알고 있어. 미도리도 요전에 몰래 선 봐서 상대방에게 보기 좋게 퇴짜 맞은 주제에.)

A:おやつばっかり食(た)べると太(ふと)るよ。
　(간식만 먹으면 살쪄.)
B:自分(じぶん)だっていつも食(た)べてるくせに!
　(자기도 늘 먹고 있으면서도 무슨 소리야?)

A : もう、あんな人(ひと)、大嫌(だいきら)い!
   (정말 그런 사람 아주 싫어.)

B : まだ好(す)きなくせに。
   (아직 좋아하면서 무슨 말을 하는 거야?)

[8] そうこなくっちゃ

ㅁ「そうこなくっちゃ」:「그 말을 기다리고 있었어요 / 당연히 그렇게 나와야 되지요」

「そうこなくっちゃ」는「そうこなくちゃ{いけない・だめだ}」와 같은 의무나 필요를 나타내는 표현에서 후건(뒷부분)이 생략되고, 강조의「っ」가 삽입된 형태이다.

「そうこなくっちゃ」는 상대의 제안이나 반응에 대해 환영의 뜻을 나타내는 말씨로「당신은 바른 말을 하고 있다」,「나는 당신이 그렇게 말하는 것을 기대하고 있었습니다」라는 의미를 나타내며「よくぞ言(い)った : 말 잘 했어요」에 가까운 표현인데 한국어로는「그 말을 기다리고 있었어요 / 당연히 그렇게 나와야 되지요」에 상당한다.

例 「気(き)に入(い)ったぜ!そうこなくっちゃいけねえ。そうだな、たかが五万(ごまん)だ。散歩(さんぽ)に出(で)かけるみてえなもんだ!」
(「마음에 들었어! 당연히 그렇게 나와야지. 그렇군, 고작 5만이야 산책하러 나가는 것과 같은 것이야!」)

フランス語(ご)はわからないが、「そうこなくっちゃ」と言(い)ったようだった。
(프랑스어는 모르지만「그 말을 기다리고 있었어」라고 한 것 같았다.)

「まあ、そうだね」「そうこなくっちゃ」にっこり笑(わら)って彼(かれ)は客間(きゃくま)の扉(とびら)を押(お)した。
(「뭐 그런 거지」「당연히 그렇게 나와야지」병긋 웃으며 그는 손님방의 문을 밀었다.)

A : こうなったら、こっちもだまっていられないな。
   (이렇게 된 이상, 우리도 잠자코 있을 수 없다.)

B : そうこなくっちゃ。うちの課長(かちょう)はえらい。
   (당연하신 말씀입니다. 역시 우리 과장님은 달라요.)

A : そこまでおっしゃられますと、わたくしどももやらせていただきます。
　　(그렇게까지 말씀하시면 저희들도 하도록 하겠습니다.)
B : うん。そうこなくっちゃ。
　　(음. 그렇게 나와야지.)

[9] 料亭でもどんと来いですよ

□「どんどん来(こ)い」:「(얼마든지) {상관없어 / 끄떡없어}」

　본문의「料亭(りょうてい)でもどんと来(こ)いですよ」는「요정도 얼마든지 상관없어요」의 뜻으로「どんと来(こ)い」는 위세를 부리거나 힘이 센 모양을 나타내는 부사「どんと」에「来(く)る」의 명령형인「こい(来い)」가 접속된 것이다.

　「どんどん来(こ)い」는「(가슴을 쿵하고 치면서) 자, 덤벼 봐」와 같이 위세를 부리는」형상을 묘사하는 표현이기 때문에 한국어로는 대략「(얼마든지) {상관없어 / 끄떡없어}」에 상당한다.

例

今日(きょう)は私(わたし)が持(も)ちますから、何(なん)でもどんと来(こ)いよ。
(오늘은 제가 낼 테니까, 뭐든지 시켜도 상관없어.)
こっちも腕利(うでき)きがそろっているから。誰(だれ)でもどんと来(こ)いよ。
(우리 쪽도 솜씨 있는 애들이 다 모여 있으니, 누가 와도 끄떡없어.)
社長(しゃちょう)、もう準備(じゅんび)万端(ばんたん)整(ととの)っておりますから、いまは「どこの会社(かいしゃ)でもどんと来(こ)いです」よ。
(사장님, 이제 만반의 준비가 갖춰졌으니까, 이제는 어떤 회사와 경쟁해도 끄떡없습니다.)
初心者(しょしんしゃ)でもどんとこい！ 文章(ぶんしょう)作成(さくせい)を手助(てだす)けしてくれる便利(べんり)サイト5選(せん)！
(초심자도 상관없어! 문장 작성을 도와주는 편리한 사이트 5선.)
他(ほか)にも大(おお)きな冷蔵庫(れいぞうこ)やオーブンやガスコンロまであって、本格(ほんかく)料理(りょうり)もどんとこい！ 状態(じょうたい)になってるよ。
(그밖에도 커다란 냉장고랑 오븐이랑 가스풍로까지 있어 본격적인 요리도 다 할 수 있는 상태로 되어 있어.)

風通(かぜとお)しがよくなり、次(つぎ)は私(わたし)なのだという気持(きも)ちが強(つよ)い。どんとこいという開(ひら)き直(なお)りがあり、さわやかな気分(きぶん)ですらある。
(통풍이 좋아지고 다음은 내 차례라는 기분이 강하다. 「뭐든지 끄떡없어」라는 대담한 자세도 갑자기 생기고 상쾌한 기분마저 든다.)

第6課　急に無理なお願いをしてしまって

응용회화

田中（たなか）、李（イー）に何（なん）でもない用語（ようご）の説明（せつめい）をする

田中：李（イー）さん、「メル友（ゆう）」って言葉（ことば）、ご存（ぞん）じですか。

李：いいえ、聞（き）いたことありませんが。なんとなく分（わ）かるような気（き）はしますが。じらさないで、教（おし）えてくださいよ。

田中：うむ。最近（さいきん）、みんなインターネットでメールのやり取（と）りをしているでしょ。

李：ええ、そうですね。わたしも仕事上（しごとじょう）よく使（つか）いますが。

田中：そうなんです。「メル友（ゆう）」というのは、メールの友（とも）だちのことなんです。

李：へえ、メール友（とも）だちのことですか。

田中：ええ、そこから結婚（けっこん）にまで発展（はってん）する人（ひと）もいるんだそうです。

李：聞（き）いてみたら、何（なん）でもないですね。

다나카, 이경민에게 아무것도 아닌 용어설명을 한다

다나카：이경민 씨, 「メル友（ゆう）」라는 말, 알고 계십니까?

이경민：아니오, 들은 적은 없습니다만. 왠지 알 것 같은 생각은 드는데요. 뜸들이지 말고 가르쳐 주세요.

다나카：음. 요즘, 다들 인터넷으로 메일을 주고받고 있지요.

이경민：네, 그래요. 저도 일 때문에 자주 사용합니다만.

다나카：바로 그것입니다. 「メル友（ゆう）」라고 하는 것은 메일 친구라는 것을 의미합니다.

이경민：허, 메일 친구라는 뜻입니까?

다나카：네, 거기에서 결혼에까지 발전하는 사람들도 있다고 합니다.

이경민：듣고 보니 아무 것도 아니네요.

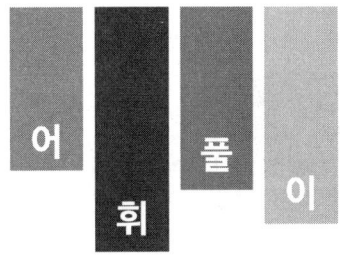

- 何(なん)でもない - 아무것도 아니다
- 「メル友(ゆう)」って言葉(ことば) - 「メル友(ゆう)」라는 말 : 「～って」는 「～という」
- ご存(ぞん)じだ - 알고 계시다 : 「知(し)っている」의 존경어
- 聞(き)いたことありません - 들은 적은 없습니다 : 「～た＋ことがない」는 과거의 경험.
- なんとなく - 왠지
- [分(わ)かるような]気(き)がする - [알 것 같은]생각이 든다
- じらす - 애태우다 / 약올리다 / 초조하게 하다
- じらさないで、教(おし)えてくださいよ - 뜸들이지 말고 가르쳐 주세요
- メールのやり取(と)りをする - 메일을 주고받다
- [メールのやり取(と)りをしている]でしょ - [메일을 주고받고 있]지요 : 「～でしょ」는 동의나 확인을 나타내는 「～でしょう」의 축약형
- 仕事上(しごとじょう) - 일 관계상 / 일 때문에
- そうなんです - 바로 그것입니다 : 「そうだ＋のです」
- ～というのは、～のことなんです - ～라는 것은 ～라는 것을 의미합니다.
- メール友(とも)だち - 메일 친구
- [結婚(けっこん)]にまで - [결혼]에까지
- [人(ひと)もいるんだ]そうです - [사람들도 있다]고 합니다 : 「そうだ」는 전문의 조동사
- 聞(き)いてみたら - 듣고 보니 : 「～たら」는 발견의 용법

관련사항

「お忙(いそが)しいとは思(おも)いますが」의 유의표현(類義表現)

　[본문]에서는 「お忙(いそが)しいとは思(おも)いますが : 바쁘시리라고 생각됩니다만」이 쓰이고 있고 [중요어구해설]에서는 이것과 관련해서 「お忙(いそが)しいとは存(ぞん)じますが : 바쁘시리라고는 사료됩니다만」・「お忙(いそが)しいところ、恐(おそ)れ入(い)りますが : 다망하신데 죄송합니다만」・「お忙(いそが)しいところ、恐縮(きょうしゅく)ですが : 다망하신데 죄송합니다만」・「お忙(いそが)しいところ、お手数(てすう)をおかけいたしますが : 수고를 끼쳐서 죄송합니다만」・「お忙(いそが)しいところ、申(もう)し訳(わけ)ありませんが : 다망하신데 죄송합니다만」에 관해 기술했다.

　[관련사항]에서는 「お忙(いそが)しいとは思(おも)いますが」의 유의표현(類義表現)으로서 정중도가 높은 표현을 체계적으로 제시한다.

1. {ご多忙(たぼう)とは・ご多用(たよう)とは[19] 存(ぞん)じますが

例　今回(こんかい)の会議(かいぎ)では、以上(いじょう)のように協会(きょうかい)の将来(しょうらい)に関(かか)わる重要(じゅうよう)議案(ぎあん)が多数(たすう)上程(じょうてい)されております。会員(かいいん)各社(かくしゃ)におかれましては、{ご多忙(たぼう)とは・ご多用(たよう)とは} 存(ぞん)じますが、万障(ばんしょう)繰(く)り合(あ)わせてご参加(さんか)を賜(たまわ)りますよう切(せつ)にお願(ねが)い申(もう)し上(あ)げます。

---

19) 「ご多忙(たぼう)」는 「무척 바쁘다는 것」에 존경의 「ご」가, 그리고 「ご多用(たよう)」는 「일이 많아 바쁘다는 것」에 존경의 「ご」가 접속된 것으로 거의 같은 의미를 나타낸다.

(금번 회의에서는 이상과 같이 협회 미래에 관련된 중요 의안이 다수 상정되어 있습니다. 회원 각사께서는 다망하시리라고 사료됩니다만, 여러 가지 사정에 우선하여(만사를 제쳐 놓고), 참가해 주시기를 간절히 부탁드립니다.)

2. {ご多忙中(たぼうちゅう)とは・ご多用中(たようちゅう)とは}存(ぞん)じますが

例　11月(じゅういちがつ)の上旬(じょうじゅん)ごろにお会(あ)いすることは可能(かのう)でしょうか？ どうしても直接(ちょくせつ)お話(はなし)しないといけない用件(ようけん)がございます。{ご多忙中(たぼうちゅう)とは・ご多用中(たようちゅう)とは}存(ぞん)じますが、よろしくお願(ねが)いします。
(11월 상순쯤 만나 뵙는 것은 가능할까요? 무슨 일이 있어도 직접 말씀드리지 않으면 안 되는 용건이 있습니다. 다망하시리라고는 사료됩니다만, 잘 부탁합니다.)

今月(こんげつ)の会議(かいぎ)の内容(ないよう)についての打(う)ち合(あ)わせをそろそろしたいと思(おも)っております。昨夜(さくや)の件(けん)で{ご多忙中(たぼうちゅう)とは・ご多用中(たようちゅう)とは}存(ぞん)じますが、ご検討(けんとう)のほどよろしくお願(ねが)いします。
(이번 달 회의 내용에 관한 협의를 서서히 시작했으면 합니다. 작야 건으로 다망하시리라고는 사료됩니다만, 검토해 주시기를 잘 부탁합니다.)

3. {ご多忙(たぼう)のところ・ご多用(たよう)のところ}恐(おそ)れ入(い)ります[20]

例　少(すこ)し疑問(ぎもん)に思(おも)う点(てん)があったため、先日(せんじつ)メールをお送(おく)りしました。{ご多忙(たぼう)のところ・ご多用(たよう)のところ}恐(おそ)れ入(い)ります。よろしくお願(ねが)い致(いた)します。
(조금 의문점이 있어 지난번에 메일을 보냈습니다. 다망하신데 죄송합니다. 잘 부탁드리겠습니다.)

---

20) 「恐(おそ)れ入(い)りますが : 죄송합니다만」보다 격식도가 높은 표현에는 「大変(たいへん)恐(おそ)れ入(い)りますが : 대단히 죄송합니다만」 「誠(まこと)に恐(おそ)れ入(い)りますが : 정말 죄송합니다만」가 있다.

4. {ご多忙(たぼう)のところ・ご多用(たよう)のところ}大変(たいへん)恐縮(きょうしゅく)ですが

> 例
>
> こちらで注文(ちゅうもん)した数(かず)と実際(じっさい)に届(とど)いた品(しな)の数(かず)が一致(いっち)しておりません。{ご多忙(たぼう)のところ・ご多用(たよう)のところ}大変(たいへん)恐縮(きょうしゅく)ですが、ご確認(かくにん)の程(ほど)宜(よろ)しくお願(ねが)いいたします。
> (저희들이 주문한 수량과 실제 도착한 물건의 수량이 일치하지 않습니다. 다망하신데 송구합니다만 확인해 주시기를 잘 부탁드립니다.)
>
> このプロジェクトが中止(ちゅうし)された場合(ばあい)、その影響(えいきょう)はディベロッパー各社(かくしゃ)のみならず、数多(かずおお)くの下請企業(したうけきぎょう)にまで波及(はきゅう)します。{ご多忙(たぼう)のところ・ご多用(たよう)のところ}、このようなお願(ねが)いを致(いた)しまして誠(まこと)に恐縮(きょうしゅく)ではございますが、何卒(なにとぞ)諸事情(しょじじょう)をご勘案(かんあん)の上(うえ)、よろしくご善処(ぜんしょ)頂(いただ)けますようお願(ねが)い申(もう)し上(あ)げます。
> (이 프로젝트가 중지될 경우, 그 영향은 디벨로퍼(토지 개발업자, developer) 각사뿐만 아니라 다수의 하청기업에까지 파급됩니다. 다망하신데 이와 같은 부탁을 해서 정말 송구하옵니다만, 아무쪼록 제반 사정을 감안하신 후에 잘 선처해 주시기를 부탁드립니다.)

5. {ご多忙(たぼう)のところ・ご多用(たよう)のところ}、大変(たいへん)申(もう)し訳(わけ)ありません

> 例
>
> 先日(せんじつ)頂(いただ)いた資料(しりょう)について分(わ)からないところがあり、問(と)い合(あ)わせをさせて頂(いただ)きました。〇〇についてですが…。{ご多忙(たぼう)のところ・ご多用(たよう)のところ}、大変(たいへん)申(もう)し訳(わけ)ありません。よろしくお願(ねが)いします。
> (지난번 보내주신 자료에 관해 모르는 점이 있어 문의 드렸습니다. 〇〇에 관해서입니다만…. 다망하신데 대단히 죄송합니다만 잘 부탁드립니다.)

6. {ご多忙(たぼう)のことと・ご多用(たよう)のことと}思(おも)いますが

例　○○の件(けん)ですが、…。お返事(へんじ)いただけますことお待(ま)ち致(いた)しております。{ご多忙(たぼう)のことと・ご多用(たよう)のことと}思(おも)いますが、宜(よろ)しくお願(ねが)い致(いた)します。
(○○의 건입니다만…. 회신해 주시기를 기다리고 있습니다. 다망하시리라고 생각됩니다만, 잘 부탁드립니다.)

7. {ご多忙(たぼう)のことと・ご多用(たよう)のことと}存(ぞん)じますが

例　諸事(しょじ){ご多忙(たぼう)のことと・ご多用(たよう)のことと}存(ぞん)じますが、何卒(なにとぞ)ご承引(しょういん)くださいますよう宜(よろ)しくお願(ねが)い申(もう)し上(あ)げます。
(제반사 다망하시리라고 사료됩니다만, 아무쪼록 승낙해 주시기를 잘 부탁드립니다.)

8. {ご多忙中(たぼうちゅう)・ご多用中(たようちゅう)}にもかかわらず

例　過日(かじつ)は{ご多忙中(たぼうちゅう)・ご多用中(たようちゅう)}にもかかわらず、ご親切(しんせつ)にご案内(あんない)くださいまして、誠(まこと)にありがとうございました。掲載(けいさい)する記事(きじ)と写真(しゃしん)が上(あ)がりましたので、早速(さっそく)お届(とど)けいたします。何(なに)か不都合(ふつごう)な内容(ないよう)がございましたら、何(なん)なりとお知(し)らせください。直(ただ)ちに訂正(ていせい)いたしますので。
(일전에는 다망하신 가운데 친절하게 안내해 주셔서 정말 고마웠습니다. 게재할 기사와 사진이 완성되었기에 곧 보내 드리겠습니다. 적절치 못한 내용이 있으시면 즉시 정정하겠사오니 무엇이든지 알려 주십시오.)

9. {ご多忙(たぼう)の折(おり)・ご多用(たよう)の折(おり)}、お手数(てすう)をおかけしますが

> 例　{ご多忙(たぼう)の折(おり)・ご多用(たよう)の折(おり)}、お手数(てすう)をおかけしますが、何卒(なにとぞ)宜(よろ)しくお願(ねが)い致(いた)します。
> (다망하실 때 폐를 끼쳐서 죄송합니다만, 아무쪼록 잘 부탁드립니다.)

10. {ご多忙(たぼう)の折(おり)に・ご多用(たよう)の折(おり)に}～、申(もう)し訳(わけ)ありませんでした。

> 例　先日(せんじつ)は{ご多忙(たぼう)の折(おり)に・ご多用(たよう)の折(おり)に}お邪魔(じゃま)しまして、申(もう)し訳(わけ)ありませんでした。ご迷惑(めいわく)でなければ明日(あす)にでももう一度(いちど)お伺(うかが)いして、細(こま)かい点(てん)を詰(つ)めたいのですが、そちらのご都合(つごう)はいかがでしょうか。ご連絡(れんらく)をお待(ま)ちしています。
> (지난번에는 다망하실 때 결례를 해서 죄송했습니다. 형편이 허락하시면 내일이라도 다시 한 번 찾아뵙고 세세한 점을 분명히 했으면 하는데, 존하의 사정은 어쩌신지요? 연락을 기다리고 있겠습니다.)

第7課

■ さあさあ、乾杯しましょう ■

자 자 건배나 합시다

第7課　さあさあ、乾杯しましょう

자, 자, 건배나 합시다

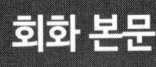

三人(さんにん)、居酒屋(いざかや)で乾杯(かんぱい)する

田中：やっぱり、居酒屋(いざかや)がいいですね。でも、[1]**大(たい)して**[2]**お役(やく)に立(た)てませんでして**。

李　：とんでもありません。先(さき)ほど、資料(しりょう)の一部(いちぶ)を本社(ほんしゃ)に送(おく)り、上(うえ)からオーケーをもらいましたので、[3]**このまま資料(しりょう)を持(も)ち帰(かえ)ることになりました**。

小宮：お二人(ふたり)さん、[4]**それはそれで**。さあさあ、乾杯(かんぱい)しましょう。そんなに、前置(まえお)きが長(なが)いと、[5]**ビールの気(き)がすっかり抜(ぬ)けちゃうんじゃないですか**。

田中：[6]**しびれを切(き)らしている**人(ひと)がいるから、では乾杯(かんぱい)しましょう。[7]**李(イー)さんの海外(かいがい)初出張(はつしゅっちょう)を祝(しゅく)して**。

李　：いえ、そうじゃなくて。[8]**ぜひとも音頭(おんど)はわたしに取(と)らせてください**。[9]**みなさんのますますのご活躍(かつやく)を祈願(きがん)して**、乾杯(かんぱい)。

全員：乾杯(かんぱい)。

세 사람, 선술집에서 건배하다

다나카 : 역시 선술집이 좋군요. 하지만 별로 도움이 되지 못해서 죄송합니다.

이경민 : 무슨 말씀을. 당치도 않습니다. 조금 전에 자료 일부를 본사에 보내, 윗분으로부터 오케이를 받았기 때문에, 이대로 자료를 가지고 돌아가게 되었습니다.

고미야 : 두 분, 그것은 그렇게 잘 되었으니. 자, 자, 건배합시다. 그렇게 서론이 길면, 맥주 김이 다 빠져 버리지 않습니까?

다나카 : 기다리다가 지친 사람이 있으니, 그럼 건배합시다. 이경민 씨의 해외 첫 출장을 축하하며.

이경민 : 아뇨, 그게 아니라. 오늘 건배 선창은 꼭 제가 하고 싶습니다. 여러분의 가일층의 활약을 기원하며 건배.

전원 : 건배.

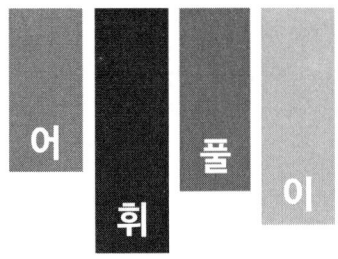

- 居酒屋(いざかや) - 선술집
- 乾杯(かんぱい)する - 건배하다
- やっぱり - 역시:「やはり」의 강조형
- 大(たい)して - 별로 / 그다지
- お役(やく)に立(た)てませんでして - 도움이 되지 못해서 [죄송합니다]「お役(やく)に立つ」의 가능형「お役(やく)に立(た)てる」의 부정 정중체
- とんでもありません - 당치도 않습니다 / 가당치 않습니다
- 上(うえ)からオーケーをもらう - 윗분으로부터 오케이를 받다
- このまま - 이대로
- 資料(しりょう)を持(も)ち帰(かえ)る - 자료를 가지고 돌아가다
- ～ことになりました - ～게 되었습니다: 상태변화
- お二人(ふたり)さん - 두 분:「二人(ふたり)」에 존경의 접두사「お」와 접미사「さん」가 접속된 것
- それはそれで - 그것은 그렇고 / 그것은 그렇게 잘 되었으니
- さあさあ[乾杯(かんぱい)しましょう] - 자, 자, 건배합시다
- 前置(まえお)きが長(なが)い - 서론이 길다
- ビールの気(き)が抜(ぬ)ける - 맥주 김이 빠지다
- 抜(ぬ)けちゃう - 빠져 버리다:「抜(ぬ)けてしまう → 抜(ぬ)けちまう → 抜(ぬ)けちゃう」
- しびれを切(き)らす - 기다림에 지치다 / 기다리다가 지치다
- 初出張(はつしゅっちょう) - 첫 출장

- ～を祝(しゅく)して - ～을 축하하며
- 音頭(おんど)を取(と)る - 선창을 하다
- ますます - 더욱 더 / 점점 더 / 가일층
- ご活躍(かつやく) - 활약하시는 것 : 「活躍(かつやく)」의 존경
- ～を祈願(きがん)して - ～을 기원하며

중요 어구 해설

[1] 大して

□「大(たい)して＋否定」: 그다지 / 별로

본문의「大(たい)してお役(やく)に立(た)てませんでして」는「별로 도움이 되지 못해서 죄송합니다」의 뜻으로「大(たい)して」는「大(たい)してお役(やく)に立(た)てない : 별로 도움이 되지 못하다」「大(たい)して面白(おもしろ)くない : 그다지 재미있지 않다」「大(たい)して気(き)にかけてはいない : 별로 걱정은 하지 않는다」와 같이 뒤에 부정어를 수반하여 한국어의「그다지 / 별로」에 상당하는 의미를 나타내는 진술부사이다.

例

雪(ゆき)は降(ふ)るには降(ふ)ったが、まだ大(たい)して積(つ)もっていない。
(눈은 내리기는 내렸지만, 아직 별로 쌓이지 않았다.)

転(ころ)んだときは、大(たい)して痛(いた)くなかったのに、夜(よる)になったら、ずきずき痛(いた)んできた。
(넘어졌을 때는 별로 안 아팠는데, 밤이 되자 쿡쿡 아프기 시작했다.)

母(はは)の言葉(ことば)など大(たい)して気(き)にも止(と)めていなかったから、傘(かさ)は持(も)って来(こ)なかったんだ。
(어머니의 말씀을 별로 신경 쓰지 않았기 때문에 우산을 가지고 오지 않았어.)

この店(みせ)のステーキは東京(とうきょう)で一番(いちばん)だと聞(き)いていたけど、実際(じっさい)に食(た)べてみると大(たい)して美味(おい)しくない。
(이 가게 스테이크는 도쿄에서 제일이라고 들었지만 실제 먹어 보았더니 그다지 맛있지 않다.)

大(たい)して仕事(しごと)をしていないのに、彼(かれ)は給料(きゅうりょう)を上(あ)げろと言(い)う。そういうことは、給料(きゅうりょう)に合(あ)った仕事(しごと)をしてから言(い)ってほしい。

(별로 일을 하고 있지 않는데 그는 월급을 올리라고 한다. 그런 것은 월급에 맞는 일을 하고 나서 했으면 한다.)

☞ 참고

「大(たい)して」의 유의어에는 「あまり」「さほど」「それほど」「さして」등이 있고 이들은 공통의 의미 분야에 속하면서도 의미영역에 있어서는 문체나 화체에 따라 차이가 있다.

[例] きのうは寒(さむ)かったけど、今日(きょう)は{大(たい)して・あまり・さほど}寒(さむ)くない。でも、出(で)かけるときは上着(うわぎ)は必要(ひつよう)だ。
(어제는 추었지만 오늘은 그다지 춥지 않다. 하지만 나갈 때는 윗도리는 필요하다.)

1.「あまり」

「あまり」가 부사로 쓰일 경우, 「余(あま)り勉強(べんきょう)すると、からだを壊(こわ)すよ : 너무 공부하면 몸을 다쳐」와 같이 뒤에 긍정 술어를 수반하면 도가 지나친 모양을 나타내며 한국어의 「너무 / 지나치게」에 상당하고, 「余(あま)り出来(でき)はよくない : 그다지 됨됨이는 좋지 않다」와 같이 부정 술어를 수반하면 한국어의 「그다지 / 별로」에 해당하는 뜻을 나타낸다.

例 このステーキはあまり美味(おい)しくない。
[→ 不味(まず)くはないが、美味(おい)しいとは言(い)えない。]
(이 스테이크는 별로 맛이 없다.)
[→ 맛없지는 않지만 맛이 있다고는 할 수 없다.]
私(わたし)たちの多(おお)くは日常(にちじょう)の生活(せいかつ)で洋服(ようふく)を着(き)ているが、そのこと自体(じたい)ふだんはあまり気(き)にしていないようである。
(우리들 대부분은 일상생활에서 양복을 입고 있지만 그 일 자체 평상시는 별로 신경을 쓰고 있지 않는 것 같다.)
わたしたちは、ふだん、あまり意識(いしき)せずに言葉(ことば)や表現(ひょうげん)を使(つか)い分(わ)け、生活(せいかつ)しています。
(우리들은 평소 별로 의식하지 않고 말과 표현을 구분해서 사용하며 생활하고 있습니다.)

しかし、日本経済(にほんけいざい)は資源(しげん)やエネルギーなどをあまり使(つ)わないようにし、また生産(せいさん)の効率(こうりつ)を高(た)めることなどによって、この石油(せきゆ)危機(きき)から抜(ぬ)け出(だ)すことに成功(せいこう)した。
(그러나 일본 경제는 자원이나 에너지 등을 별로 사용하지 않도록 하고 또한 생산의 효율을 높이거나 함으로써 이 석유 위기에서 빠져 나오는 데에 성공했다.)

2. 「さほど」

「さほど」는 「さほどに」의 형태로도 사용되는데 뒤에 부정어를 수반하여 「そんなに」와 마찬가지로 「그다지 / 별로」의 뜻을 나타내며, 「それほど」의 격식을 차린 말씨이다.

例 この店(みせ)のステーキはさほど美味(おい)しくない。
[→ ほかの店(みせ)と同(おな)じかそれより美味(おい)しくない。]
(이 가게의 스테이크는 그다지 맛이 없다.)
[→ 다른 가게와 같든가 그것보다 맛이 없다.]
酒(さけ)はさほど好(す)きではない。
(술은 그다지 좋아하지 않는다.)
全体(ぜんたい)として見(み)れば、それはさほど悪(わる)くない。
(전체로서 보면 그것은 그다지 나쁘지 않다.)
ごく最近(さいきん)まで、先進国(せんしんこく)の人々(ひとびと)は環境(かんきょう)にさほど気(き)にかけてはいなかった。
(아주 최근까지 선진국 사람들은 환경에 그다지 신경을 쓰지는 않았다.)
日本語(にほんご)は読(よ)み書(か)きはとても難(むずか)しいけど、話(はな)すのはさほど難(むずか)しくない。と言(い)っても、他(ほか)の言語(げんご)と比(くら)べて簡単(かんたん)にというわけでもない。
(일본어는 읽고 쓰는 것은 매우 어렵지만 말하는 것은 그다지 어렵지 않다. 그렇다고 해도 다른 언어와 비교해서 간단히 된다는 것도 아니다.)

☞ **참고**

「さ」는 대명사로,「それ」와 같은 의미이기 때문에「さほど」와「それほど」는 의미의 차이는 없다. 대명사로서의「さ」는 현재는 사용되지 않지만,「さほど」는 지금도 사용되고 있다. 젊은 사람들은 그다지 사용하지 않을 지도 모르지만 문장체에서도「さほど」「それほど」어느 쪽을 사용해도 문제가 없다.

3.「それほど」

「それほど」는 부사적으로도 사용되어,「それほどの気持(きも)ちがあればやれるだろう : 그 정도의 기분이 있으면 할 수 있을 것이다」「それほど好(す)きなら結婚(けっこん)すればいい : 그렇게까지 좋아한다면 결혼하면 된다」와 같이 뒤에 긍정술어와 같이 쓰이면「그렇게까지」의 뜻을 나타낸다.

그리고「世間(せけん)は騒(さわ)いでいるが、それほどの事件(じけん)ではない : 세상은 이러쿵저러쿵 말이 많지만 그 정도의 사건은 아니다」「それほど気(き)にしていない : 그다지 걱정하고 있지 않다」와 같이 부정 술어와 같이 쓰이면「그다지 / 별로」의 뜻을 나타낸다.

例
自分(じぶん)らしく生(い)きることは、それほど簡単(かんたん)なものではないかもしれない。
(자기답게 사는 것은 그다지 간단한 것이 아닐지도 모른다.)
これは半世紀(はんせいき)近(ちか)く昔(むかし)の撮影(さつえい)だが、今日(こんにち)でもそれほど変(か)わらないようだ。
(이것은 반세기 가까이 옛날에 찍은 촬영이지만 현재도 그다지 변하지 않는 것 같다.
一般的(いっぱんてき)には地盤(じばん)は平均(へいきん)して沈(しず)むため、建物(たてもの)本体(ほんたい)への影響(えいきょう)はそれほど大(おお)きくない。
(일반적으로는 지반은 평균적으로 가라앉기 때문에 건물 본체에 대한 영향은 그다지 크지 않다.)

4.「さして」

「さして」는 동사「指(さ)す : 가리키다」의 연용형「さし」에 접속조사「て」가 접속되어 부사가 된 것으로 뒤에 부정어를 수반하여「그다지 / 별로」의 뜻을 나타낸다.「さして」는 다소 고풍스러운(딱딱한) 말씨로 보통 말씨로 고치면「それほど」「そんなに」가 된다.

> **例**
> これはさして重要(じゅうよう)ではない。
> (이것은 그다지 중요하지 않다.)
> さして遜色(そんしょく)はない。
> (그다지 손색은 없다.)
> さして期待(きたい)していない。
> (그다지 기대하고 있지 않다.)
> さして大切(たいせつ)な物(もの)ではない。
> (그다지 중요한 물건은 아니다.)

[2] お役に立てませんでして

□「～ませんでして」: 과거 부정 정중체의 문 중지 용법

「お役(やく)に立(た)てませんでして」는「도움이 되지 못해서 죄송합니다」의 뜻으로「～ませんでして」는 정중의 조동사「～ます」의 과거 부정인「～ませんでした」의「テ形」인데, 본문에서는 귀결이나 결과를 나타내는 후건이 생략된 채「～ませんでして」로 문을 맺고 있다.

> **例**
> まず、福岡(ふくおか)の事件(じけん)につきましては、検察官(けんさつかん)が中国(ちゅうごく)において捜査(そうさ)をして調(しら)べたんではありませんでして。
> (먼저 후쿠오카 사건에 관해서는 검찰관이 주고쿠에서 수사를 해서 조사한 것이 아니어서.)
> ただ、それは、それ一(ひと)つ一(ひと)つをもって直(ただ)ちに応用(おうよう)できるものではございませんでして。
> (다만 그것은 그것 하나하나로서 즉시 응용할 수 있는 것은 아니어서.)

☞ 참고

「お役(やく)に立てません : 도움이 되지 못해 죄송합니다」와 동일한 문맥이나 상황에서 사용하는 관용표현을 추가로 들면 다음과 같다.

[例] できればお役(やく)に立(た)ちたいんだけど。
(가능하면 도움이 되었으면 하는데요.)
残念(ざんねん)ですが。お役(やく)に立(た)てず、申(もう)し訳(わけ)ありません。
(유감입니다만. 도움이 되지 못해 죄송합니다.)
誠(まこと)に恐縮(きょうしゅく)ですが、この度(たび)はお役(やく)に立(た)つことができません。
(정말 죄송합니다만 이번에는 도움이 될 수 없습니다.)
お役(やく)に立(た)てなくて申(もう)し訳(わけ)ありません。
(도움이 되지 못해 죄송합니다.)
お役(やく)に立(た)てず誠(まこと)に申(もう)し訳(わけ)ありませんが、あしからずご理解(りかい)のほどお願(ねが)い申(もう)し上(あ)げます。
(도움이 되지 못해 정말 죄송합니다만, 부디 나쁘게 생각하지 마시고 이해해 주시기를 부탁드립니다.)
こればかりはお許(ゆる)しください。
(이것만은 용서해 주세요.)
ご要望(ようぼう)に添(そ)えないことになりました。
(요망하시는 것을 따를 수 없게 되었습니다.)
お力(ちから)になりたいのはやまやまですが、残念(ざんねん)ながらご希望(きぼう)に添(そ)えません。
(도움이 되고 싶은 심정은 간절합니다만, 유감스럽지만 원하시는 것을 따를 수 없습니다.)
ご要望(ようぼう)にお応(こた)えすることが出来(でき)ず、残念(ざんねん)ですが、どうかご理解(りかい)ください。
(요망하시는 것에 부응하지 못해 유감입니다만 부디 이해해 주십시오.)
私(わたくし)どもでは力(ちから)足(た)らずで、お引(ひ)き受(う)けすることができません。
(저희들로서는 힘이 부족하여 맡을 수가 없습니다.)

残念(ざんねん)ながら、お力(ちから)になれず申(もう)し訳(わけ)ありません。
(유감이지만 도움이 되지 못해 죄송합니다.)

상대의 요망에 부응하지 못 할 때 쓰는 관용표현에는 그밖에 「ご希望(きぼう)に添(そ)えず」「ご期待(きたい)に沿(そ)えず」「残念(ざんねん)ながら」「不本意(ふほんい)ながら」「お力(ちから)になれず」 등이 있다.

[例] ご希望(きぼう)に添(そ)えず申(もう)し訳(わけ)ございません。
(원하시는 것에 부응하지 못해 죄송합니다.)
{ご期待(きたい)に添(そ)えず・ご要望(ようぼう)に沿(そ)えず}誠(まこと)に恐縮(きょうしゅく)ですが、今回(こんかい)の採用(さいよう)は見合(みあ)わせたいと存(ぞん)じます。
({기대에 부응하지 못해·원하시는 것에 부응하지 못해} 정말 죄송합니다만 이번 채용은 보류했으면 합니다.)
誠(まこと)に残念(ざんねん)ですが、同品(どうひん)は現在(げんざい)品切(しなぎ)れとなっております。
(정말 유감입니다만, 동 상품은 현재 품절입니다.)
当方(とうほう)もいまのところ手詰(てづ)まりになっておりまして、不本意(ふほんい)ながら貴意(きい)に添(そ)いかねる次第(しだい)でございます。お役(やく)に立(た)てず誠(まこと)に申(もう)し訳(わけ)ありません。
(저희들도 현재 돈줄이 막혀 어쩔 수가 없어 본의 아니게 귀의에 따르기 어려운 실정입니다. 도움이 되지 못해 정말 죄송합니다.)
そのような事情(じじょう)ですので、ご辞退(じたい)させていただきたく存(ぞん)じます。お力(ちから)になれず誠(まこと)に申(もう)し訳(わけ)ありません。
(그와 같은 사정이니 사퇴하고자 합니다. 도움이 되지 못해 정말 죄송합니다.)

[3] このまま資料を持ち帰ることになりました

□「～ことになりました」: ~게 되었습니다

　본문의「このまま資料(しりょう)を持(も)ち帰(かえ)ることになりました」는「이대로 자료를 가지고 돌아가게 되었습니다」의 뜻으로「～ことになりました」는 한국어의「～게 되었습니다」에 해당하는 표현이다.

　일본어에서는 설사 본인의 의지에 의해 결정한 사항일지라도, 해당 사항이 자기 자신의 판단이 아니라 외부적인 조건에 의하여 그렇게 되었음을 나타내고자 할 때「～ことになりました」를 사용하니 주의한다.

> **例**
> さて、野口(のぐち)さんには2週間後(にしゅうかんご)に入院(にゅういん)をしてもらい、手術(しゅじゅつ)を行(おこ)なうことになりました。これが五時間(ごじかん)に及(およ)ぶ大手術(だいしゅじゅつ)です。
> (그런데, 노구치 씨는 2주 후에 입원하기로 하고 수술을 하게 되었습니다. 이것은 5시간 걸리는 대수술입니다.)
>
> 今度(こんど)彼氏(かれし)と海(うみ)に行(い)くことになりました。みんな海に行くときお化粧(けしょう)どうしてるのですか?
> (이번에 남자 친구와 바다에 가게 되었습니다. 다들 바다에 갈 때 화장은 어떻게 하나요?)
>
> 来年(らいねん)から東京(とうきょう)で働(はたら)くことになりました。首都圏(しゅとけん)で住(す)みやすい場所(ばしょ)など教(おし)えてください。
> (내년부터 도쿄에서 일하게 되었습니다. 수도권에서 살기 좋은 곳 등을 가르쳐 주세요.)
>
> 近隣(きんりん)住民(じゅうみん)の合意(ごうい)は得(え)られているのかなどの議論(ぎろん)があり、異例(いれい)なことではありますが「保留(ほりゅう)」となり次回(じかい)に結論(けつろん)を出(だ)すことになりました。
> (이웃에 사는 주민들의 합의는 얻을 수 있는가 등의 논의가 있어, 이례적인 일입니다만「보류」가 되어 다음번에 결론을 내게 되었습니다.)
>
> 帰国後(きこくご)は下記(かき)のようにパーティを催(もよお)すことになりました。ご多用(たよう)とは存(ぞん)じますが、ご臨席(りんせき)賜(たま)わりますようお願(ねが)い申(もう)し上(あ)げます。
> (귀국 후에는 다음과 같이 파티를 개최하게 되었습니다. 다망하시리라고 사료됩니다만 자리를 함께 해 주시기를 부탁드립니다.)

今度(こんど)は僕(ぼく)がテレビドラマで中曾根(なかそね)先生(せんせい)を演(えん)じることになりました。
(이번에는 내가 텔레비전 드라마에서 나카소네 선생님 역을 맡게 되었습니다.)

そして、ついに腎(じん)機能(きのう)は食事(しょくじ)制限(せいげん)では維持(いじ)できなくなり、72歳(ななじゅうにさい)からは腎透析(じんとうせき)を始(はじ)めることになりました。
(그리고 결국 신장 기능은 식사 제한으로는 유지할 수 없게 되어 72세부터는 신장 투석을 시작하게 되었습니다.)

ところが、ちょうど経理(けいり)を担当(たんとう)していた人(ひと)が辞(や)めることになりました。その経理(けいり)事務(じむ)の後(あと)を引(ひ)き継(つ)ぐ人(ひと)を探(さが)さなければなりません。
(그런데 때마침 경리를 담당하던 사람이 그만두게 되었습니다. 그 경리사무를 이어받을 사람을 찾아야 합니다.)

同会議(どうかいぎ)は3月末(さんがつすえ)で解散(かいさん)する予定(よてい)でしたが、当面(とうめん)存続(そんぞく)させていくことになりました。
(동 회의는 3월말로 해산할 예정이었습니다만 당분간은 존속시켜 나가게 되었습니다.)

みんなの休(やす)んでいる間(あいだ)、毎日(まいにち)のように学校(がっこう)に通(かよ)い、一人(ひとり)寂(さび)しく教室(きょうしつ)で勉強(べんきょう)することになりました。
(다들 쉬고 있는 동안 매일 같이 학교에 다니며 혼자 외롭게 교실에서 공부하게 되었습니다.)

今度(こんど)会社員(かいしゃいん)の彼(かれ)と結婚(けっこん)することになりました。私(わたし)は専業主婦(せんぎょうしゅふ)になります。この場合(ばあい)、私(わたし)の年金(ねんきん)はどうなるのですか?
(이번에 회사원이 남자 친구와 결혼하게 되었습니다. 저는 전업주부가 됩니다. 이럴 경우 제 연금은 어떻게 됩니까?)

不況(ふきょう)のため、来年(らいねん)は新入社員(しんにゅうしゃいん)を採用(さいよう)しないことになりました。
(불황 때문에, 내년에는 신입사원을 채용하지 않기로 했습니다.)

> 紅白(こうはく)は去年(きょねん)から曲順(きょくじゅん)の発表(はっぴょう)を、放送(ほうそう)直前(ちょくぜん)になるまで行(おこな)わないことになりました。
> (홍백전은 작년부터 곡 순서의 발표를 방송 직전이 될 때까지 하지 않기로 되었습니다.)
> 労働者(ろうどうしゃ)が女性(じょせい)であることを理由(りゆう)として、男性(だんせい)と差別的(さべつてき)取(と)り扱(あつか)いをしてはならないとされ、昇進(しょうしん)について男女(だんじょ)平等(びょうどう)の取(と)り扱(あつか)いをすることが使用者側(しようしゃがわ)の法的(ほうてき)義務(ぎむ)とされることになりました。
> (노동자가 여성이란 것을 이유로 남성과 차별적 대우를 해서는 안 된다고 되어 승진에 관해 남녀평등의 취급을 하는 것이 사용자측의 법적 의무로 되게 되었습니다.)
> このほど戸籍法(こせきほう)、住民基本台帳法(じゅうみんきほんだいちょうほう)が改正(かいせい)され、全国(ぜんこく)一律(いちりつ)に身分証明書(みぶんしょうめいしょ)などを提示(ていじ)していただくよう、本人(ほんにん)確認(かくにん)が義務(ぎむ)付(づ)けられることになります。このことから、市(し)では届(とど)け出(で)や証明書(しょうめいしょ)の発行(はっこう)について、次(つぎ)のとおり本人(ほんにん)確認(かくにん)をさせていただくことになりました。
> (이번에 호적법, 주민기본대장법이 개정되어 전국에 일률적으로 신분증명서 등을 제시하도록 본인 확인이 의무화하게 됩니다. 이 사항에 기초하여 시에서는 신고나 증명서 발행에 관해 다음과 같이 본인 확인을 하게 되었습니다.)

[4] それはそれで

□「それはそれで」

「お二人(ふたり)さん、それはそれで。」는「두 분, 그것은 그렇게 잘 되었으니」의 뜻으로「それはそれで」는「それはそれとして:그것은 그렇다고 치고」와 같이 앞의 화제를 중단하면서 다른 화제로 옮길 때 사용하는데, 비슷한 표현으로는「それはそうと」가 있다.「それはそれで」는「아마 그것은 그 나름대로 가치가 있겠지만」과 같이 가치가 있을지 어떨지 화자가 완전히 확신을 할 수 없을 때 사용한다.

1. 「それはそれで」가 문중에 사용되는 경우

> **例**
>
> よく撮(と)れた写真(しゃしん)は、それはそれで結構(けっこう)な物(もの)である。
> (잘 찍은 사진은 그것은 그런 대로 훌륭한 것이다.)
> たいがい他人(ひと)を信用(しんよう)しないな、それはそれで正(ただ)しいんだがな。
> (대개 남을 믿지 않는군. 그것은 그런 대로 맞지만.)
> 数字(すうじ)を足(た)したり引(ひ)いたりという面倒(めんどう)くさい仕事(しごと)も一旦(いったん)始(はじ)めてしまえば、それはそれで面白(おもしろ)さがあるものだよ。
> (숫자를 더하거나 빼거나 하는 귀찮을 일도 일단 시작하면 그것은 그런 대로 재미가 있는 법이야.)
> そのような生(い)き残(のこ)り戦略(せんりゃく)の中(なか)で経営(けいえい)統合(とうごう)という道(みち)を選(えら)ばれるところも出(で)てきているわけで、それはそれで大変(たいへん)結構(けっこう)なことだと思(おも)います。
> (그와 같은 생존 전략 중에서 경영 통합이라는 길을 선택해야 할 데까지 오게된 셈이지만 그것은 그렇다고 하더라도 상당히 괜찮은 것이라고 생각합니다.)
> そういった意味(いみ)で、この民主党(みんしゅとう)の内閣(ないかく)、まさに内閣(ないかく)総理大臣(そうりだいじん)が選任権(せんにんけん)というものを持(も)っておられるわけでございますから、それはそれでしっかり信頼(しんらい)を基(もと)にして、評価(ひょうか)させていただきたいと思(おも)っております。
> (그런 의미에서 이 민주당 내각, 다름 아닌 바로 내각 총리대신이 선임권이라는 것을 가지고 계시기 때문에 그것은 그런 대로 똑바로 신뢰에 기초하여 평가했으면 하고 생각하고 있습니다.)
> しかし同時(どうじ)に、今(いま)さっき言(い)いましたように、会計基準(かいけいきじゅん)の国際化(こくさいか)の必要性(ひつようせい)は疑(うたが)うものではないと、ちゃんと申(もう)しましたように、その中(なか)では共通(きょうつう)な部分(ぶぶん)があるわけですから、それはそれで経済(けいざい)のグローバル化(か)、金融(きんゆう)のグローバル化(か)ということもしっかり頭(あたま)に入(い)れておかねばならないというふうに思(おも)っております。

(그러나 동시에 조금 전에 말한 바와 같이 회계 기준의 국제화의 필요성은 의심할 여지가 없다고, 확실히 말한 바와 같이 그 중에서는 공통된 부분이 있는 셈이니까 그것은 그렇다고 치더라도 경제의 글로벌화, 금융의 글로벌화라는 것을 똑바로 고려하지 두지 않으면 안 된다고 그렇게 생각하고 있습니다.)

その中(なか)で、日本(にほん)の金融(きんゆう)機関(きかん)が貢献(こうけん)できることがあれば、それはそれで私(わたし)は、金融(きんゆう)を預(あず)かる[者(もの)として]、日本国(にほんこく)は、色々(いろいろ)言(い)われてもまだ日本国(にほんこく)は世界(せかい)のGDPの3番目(さんばんめ)の国家(こっか)でございますから、やはりそういったことを支(ささ)えるということがあれば、私(わたし)は決(けっ)して悪(わる)いことではないというふうに思(おも)います。

(그 중에서 일본의 금융기관이 공헌할 수 있는 일이 있으면 그것은 그런 대로 저는 금융을 책임지고 있는 자로서 일본국은 여러 가지 지적이 있어도 아직 일본국은 세계 GDP의 세 번째 국가이기 때문에 역시 그런 것을 지탱하는 것이 있으면 나는 결코 나쁜 것이 아니라는 식으로 생각합니다.)

2.「それはそれで」로 문말을 맺는 경우

例 観光(かんこう)で来(き)ているらしいおばあさんたちの集団(しゅうだん)をみると少々(しょうしょう)複雑(ふくざつ)な気持(きも)ちになる。足止(あしど)めはそれなりに大変(たいへん)なことだが、こんな時期(じき)にタイへ観光(かんこう)旅行(りょこう)できる身分(みぶん)の人(ひと)のようなのでそれはそれで。中(なか)には「あたしゃ、足(あし)が悪(わる)いものでねぇ」というばあさん。
(관광 차 와 있는 그런 할머니들의 집단을 보면 다소 복잡한 기분이 된다. 오고 가지도 못한 것은 그 나름대로 큰일이지만 이런 시기에 태국에 관광 여행을 할 수 있는 사람들 같아서 그것은 그 나름대로 가치가 있겠지만. 그 중에는「나는 다리가 아파서 말이야」라고 하는 할머니.)

展開(てんかい)の性急(せいきゅう)さは仕方(しかた)ない。BLはファンタジーだもの。んで、杉田(すぎた)は杉田(すぎた)でした。感想(かんそう)…?以上(いじょう)、ためにならないドラマCDの感想(かんそう)でした。それはそれで。以下(いか)、超個人的(ちょうこじんてき)記事(きじ)です。
(전개에 있어서의 성급함은 어쩔 수 없다. BL은 판타지물이어서, 스기타는 스기타였습니다. 감상은? 이상은 도움이 안 되는 드라마 CD의 감상이었습니다. 그것은 그런 대로 좋지만. 이하 초개인적인 기사입니다.)

「そのうち、紅白(こうはく)に出(で)るようになるよね」などと本気(ほんき)の顔(かお)で言(い)っていたこともある。一まあ、いいけどな、それはそれで。まんざら、夢(ゆめ)だけで終(お)わらないかも知(し)れないんだし。
(『얼마 안 있으면 홍백전에 나가게 되지? 안 그래?』와 같이 진지한 얼굴을 하고 말한 적도 있다. 뭐 좋지만, 그것은 그런 대로 좋지만. 반드시 꿈만으로 끝나지 않을 지도 모르지만.)

私(わたし)はそういうふうには思(おも)わなかったですよ。意地(いじ)の悪(わる)いということだったら結構(けっこう)です、それはそれで。
(나는 그런 식으로 생각하지 않았습니다. 심술궂은 일이라고 한다면 괜찮습니다. 그것은 그런 대로 상관없어요.)

ただし、もう誤解(ごかい)は、違(ちが)うということをおっしゃっているのですから、それはそれとして私(わたし)は受(う)けとめさせていただきます。
(다만, 정말 오해는, 다르다는 것을 말씀하시고 있으니, 그것은 그런 대로 좋다고 나는 받아들이겠습니다.)

[5] ビールの気がすっかり抜けちゃうんじゃないですか

□「〜ちゃう」:「〜てしまう」의 축약형

「ビールの気(き)がすっかり抜(ぬ)けちゃうんじゃないですか」는 「맥주 김이 다 빠져 버리지 않습니까」의 뜻으로 「抜(ぬ)けちゃう」는 「抜(ぬ)けてしまう」의 축약형이다.

심리적 완결을 나타내는 보조동사 「〜てしまう」는 스스럼없는 말씨에서는 「〜ちまう」「〜ちゃう」순으로 축약된다.

1. 「〜てまう」

> もし引(ひ)きずるなら会(あ)うたびやするたびに思(おも)い出(だ)してしまうんじゃないでしょうか?
> (만약 질질 끈다면 만날 때마다 할 때마다 생각해 내고 마는 것이 아닐까요?)
> 愛情(あいじょう)が深(ふか)い分(ぶん)その反転(はんてん)した怒(いか)りは大(おお)きいですよ。しかし、七百万円(ななひゃくまんえん)といいますと、いろいろ調査(ちょうさ)するにしても、ちょっと気(き)のきいた方(かた)お一人分(ひとりぶん)の給料(きゅうりょう)と、それからいろいろな資料代(しりょうだい)ということだけに終(お)わってしまうんじゃないでしょうか。
> (애정이 깊은 만큼 그 반전된 분노는 큽니다. 그러나 700만 엔이라고 하면 여러 가지로 조사한다고 하더라도 좀 머리가 잘 돌아가는 분의 한 사람 분의 월급과 그리고 여러 가지 자료 비용이라는 것만으로 끝나 버리는 것이 아닐까요?)
> それはダメでしょう。変装(へんそう)になってしまうんじゃないですか。
> (그것은 안 되지요. 변장이 되지 않습니까?)
> そういう人物(じんぶつ)に話(はなし)をもちかけるんなら、捨(す)てるどころか、カネは逆(ぎゃく)に増(ふ)えてしまうんじゃないですか。もし僕(ぼく)にそういう能力(のうりょく)があると仮定(かてい)しての話(はなし)だけど。
> (그런 인물에게 이야기를 걸 것이라면 버리기는커녕 돈은 거꾸로 느는 것이 아닙니까? 만일 내게 그런 능력이 있다고 가정하고 나서의 이야기입니다만.)

2. 「〜ちまう」

> 「みんながあんたを連(つ)れてっちまうんじゃないのね」と彼女(かのじょ)は叫(さけ)んだ。
> (「모두가 당신을 데리고 가는 것은 아니지?」하며 그녀는 소리쳤다.)
> そうでないと海(うみ)の底(そこ)の石(いし)ころみたいに動(うご)かなくなって、永遠(えいえん)に沈(しず)んだまんまになっちまうんじゃないかって不安(ふあん)があったから。
> (그렇지 않으면 바다 밑의 돌멩이처럼 움직이지 않게 되어 영원히 가라앉은 채로 되어 버리는 것은 아닌지 하고 불안이 있었기에.)

死体(したい)を消(け)すことはできても、その鏡(かがみ)はどうなる。このままじゃ、舞台(ぶたい)の上(うえ)に<u>残(のこ)っちまう</u>んじゃないのか?
(사체를 없앨 수는 있어도 그 거울은 어떻게 되나? 이대로는 무대 위에 남고 마는 것이 아닐까?)

また全力(ぜんりょく)で走(はし)ってみたら、どうなるだろう。このだるさは<u>消(き)えちまう</u>んじゃないのか。やってみるか。布団(ふとん)から身体(からだ)を起(お)こし、立(た)ちあがろうとしたそのときだった。
(다시 전력으로 달려 보면 어떻게 될까? 이 나른함은 사라져 버리는 것이 아닐까? 해 볼까? 이불에서 몸을 일으키고 일어나려고 했을 그때였다.)

3.「〜ちゃう」

> **例** 撮影中(さつえいちゅう)も身体(からだ)のあちこちが痛(いた)く、あるときなんか自分(じぶん)の脚(あし)が<u>抜(ぬ)けちゃう</u>んじゃないかと思(おも)ったくらいだった。
> (촬영 중에도 몸 여기저기가 아프고 어떨 때는 왠지 내 다리가 빠져버리는 것이 아닌가 생각할 정도였다.)
>
> <u>やりたい放題(ほうだい)みたいになっちゃう</u>んじゃないかというおそれもあって、その辺(へん)が準備(じゅんび)ができていないんじゃないかというふうに心配(しんぱい)します。
> (하고 싶은 대로처럼 되는 것이 아닌가 하는 우려도 있어 그 점이 준비가 되어 있지 않은가 하는 식으로 걱정합니다.)
>
> もともとはひとりだったんだから、ふたりは必要(ひつよう)ないんじゃないか。つまり、<u>消(き)えちゃう</u>んじゃないか、ぼくは、この世(よ)から…。
> (원래는 혼자였으니 두 사람은 필요 없는 것은 아닌가. 즉 사라져 버리는 것이 아닌가, 나는 이 세상에서….)
>
> 高校(こうこう)は義務教育(ぎむきょういく)じゃない。このままだとおまえ、留年(りゅうねん)しかねないし、下手(へた)すりゃ<u>やめちゃう</u>んじゃないかって心配(しんぱい)なんだよ。

(고등학교는 의무교육이 아니야. 이대로라면, 너, 유급당할 지도 모르고 자칫하면 그만두는 것은 아닌가 하고 걱정하고 있어.)

利益(りえき)準備金(じゅんびきん)の方(ほう)は、その十分(じゅうぶん)の一(いち)は、全部(ぜんぶ)株主(かぶぬし)に配当(はいとう)しちゃうんじゃだめだ、資本金(しほんきん)の四分(よんぶん)の一(いち)までは残(のこ)しておきなさいよと。
(이익 준비금은 그 10분의 1은 전부 주주에게 다 배당해서는 안 돼, 자본금의 4분의 1까지는 남겨 놓으세요.)

[6] しびれを切らしている人がいるから

□「しびれを切(き)らす」: 기다림에 지치다

「しびれを切(き)らしている人(ひと)がいるから」는「기다리다가 지친 사람이 있으니」의 뜻으로「切(き)らす」는 한국어의 ①「다 쓰다 / 다 없애다」에 해당하는 동사인데, 본문의 ②「しびれを切(き)らす」와 같이 쓰이면「기다림에 지치다 / 기다리다가 지치다」의 뜻을 나타낸다. 그리고 ③「息(いき)を切(き)らす」의 형태로 쓰이면「숨을 몰아쉬다 / 헐떡이다」의 뜻을 실현한다.

1.「~を切(き)らす」:「다 쓰다 / 다 없애다」

例 いまちょっと名刺(めいし)を切(き)らしておりまして。
(지금 명함이 다 떨어져서 죄송합니다.)
「河出(かわで)、新井(あらい)と順(じゅん)に名刺(めいし)を交換(こうかん)し、真紀子(まきこ)は最後(さいご)にわたしに目(め)を向(む)けた。『漆田(うるしだ)といいます。あいにく名刺(めいし)を切(き)らしまして―』そう言(い)い訳(わけ)すると、真紀子(まきこ)はきらりと眼鏡(めがね)を光(ひか)らせ、それから無造作(むぞうさ)に名刺(めいし)をよこした。」
(『가와데, 아라이 순으로 명함을 교환하고, 마키코는 마지막에 나한테 눈을 돌렸다. 『우루시다라고 합니다. 공교롭게도 지금 명함이 떨어져서』 그렇게 변명하자, 마키코는 안경을 번쩍 고쳐 쓰고 그리고 나서 대수롭지 않게 명함을 건넸다』)

トーストを注文(ちゅうもん)したのですが、パンを切(き)らしていたので、お腹(なか)がすいていました。
(토스트를 주문했습니다만 빵이 떨어져서 배가 고팠습니다.)

電車(でんしゃ)に乗(の)っているときに急(きゅう)に目(め)のかゆみ、鼻水(はなみず)に襲(おそ)われました。たまたま薬(くすり)を切(き)らしていたこともあって、以前(いぜん)知人(ちじん)に教(おし)えられた承泣(しょうきゅう)と印堂(いんどう)のツボを押(お)してみたらすーっと楽(らく)になったんです。
(전철을 타고 있을 때 갑자기 눈이 가렵고 콧물이 나왔습니다. 그때 마침 약이 떨어져서 전에 지인이 가르쳐 준 대로 승읍과 인당의 뜸자리를 눌러 봤더니 쑥 편해졌습니다.)

鶏肉(とりにく)を挽(ひ)き肉(にく)にしたもののストックを切(き)らしていたので、肉(にく)を買(か)いに行(い)きました。
(닭고기를 저민 고기로 만든 것의 재고가 없어서 고기를 사러 갔습니다.)

発送(はっそう)されるまですごく時間(じかん)がかかりました。おそらく在庫(ざいこ)を切(き)らしてショップから取(と)り寄(よ)せたのではないかと思(おも)います。
(발송될 때까지 되게 시간이 걸렸습니다. 아마 재고를 다 떨어져서 상점에서 주문한 것이 아닌가 하고 생각합니다.)

しかし、この日差(ひざ)し、紫外線(しがいせん)指数(しすう)が高(たか)そう。日焼(ひや)け止(ど)めを切(き)らしている私(わたし)には外(そと)に出(で)られない。
(그러나 오늘 햇살 자외선지수가 높을 것 같다. 선크림을 다 써서 나는 밖에 나갈 수 없다.)

彼女(かのじょ)が作(つく)ってくれたのをまねして作(つく)ってみました。玉子(たまご)を切(き)らしていたのが残念(ざんねん)でしたが、おいしく出来(でき)ました!
(그녀가 만들어 준 것을 흉내 내서 만들어 보았습니다. 계란이 떨어진 것이 아쉽지만 맛있게 완성되었습니다.)

シルクロードの旅人(たびびと)が水(みず)を切(き)らしてしまったとき、何(なに)を飲(の)んだと思(おも)いますか。
(실크로드를 여행하는 사람들이 물이 떨어졌을 때 무엇을 마셨다고 생각합니까?)

자, 자, 건배합시다

2.「しびれを切(き)らす」:「기다림에 지치다 / 기다리다가 지치다」

例 手紙(てがみ)の返事(へんじ)が来(こ)ないので、しびれを切(き)らして、とうとう電話(でんわ)をかけてしまった。
(편지 답장이 오지 않아 기다림에 지쳐서 결국 전화를 걸고 말았다.)
でも、出島(でじま)さんがしびれを切(き)らして実力(じつりょく)行使(こうし)に出(で)たところをみると、一年(いちねん)や二年(にねん)の間柄(あいだがら)じゃないでしょう。
(하지만 데지마 씨가 기다리다가 지쳐 실력 행사로 나온 것을 보면 1년이나 2년 교제한 사이는 아니겠지요.)
といって、七時過(しちじす)ぎまで部屋(へや)でぐずぐずしていたら、痺(しび)れを切(き)らした三島(みしま)が部屋(へや)まで訪(たず)ねてくるだろう。
(그렇다고 해도, 7시 지날 때까지 방에서 멍하니 특별히 할 일 없이 시간을 보내고 있으면 기다리다가 지친 미시마가 방까지 찾아오겠지.)
後(うし)ろの車(くるま)は白井(しらい)の車(くるま)が立(た)ち去(さ)るのを待(ま)っている。しかし、それにも限界(げんかい)があるはずだ。痺(しび)れを切(き)らしてやって来(く)るのは目(め)に見(み)えている。
(뒤의 차는 시라이 차가 떠나는 것을 기다리고 있다. 그러나 그러는 데에도 한계가 있을 것이다. 기다리다가 지쳐 찾아오는 것은 눈에 보듯 뻔하다.)
ただひたすらに黒(くろ)ビールを飲(の)み続(つづ)けていた小松(こまつ)が、ついに痺(しび)れを切(き)らして吠(ほ)えた。
(그저 오로지 흑맥주를 계속 마시고 있었던 고마쓰가 결국 기다리다가 지쳐 큰소리로 울었다.)
以上(いじょう)のような事情(じじょう)を抱(かか)えている農協(のうきょう)の現状(げんじょう)に対(たい)して農水省(のうすいしょう)が痺(しび)れを切(き)らしたように平成(へいせい)八年(はちねん)になって農協(のうきょう)の再編(さいへん)に動(うご)き出(だ)した。
(이상과 같은 사정을 떠안고 있는 농협의 현상에 대해 농림수산성이 기다리다 지친 것처럼 1996년이 되어 농협 재편에 움직이기 시작했다.)

3. 「息(いき)を切(き)らす」:「숨을 몰아쉬다 / 헐떡이다」

> 例 この坂(さか)はかなり急勾配(きゅうこうばい)なので、上(のぼ)りはいつもハアハア息(いき)を切(き)らす。
> (이 고개는 상당히 경사가 심해서 올라갈 때는 언제나 헉헉하며 숨을 몰아쉰다.)
> 最初(さいしょ)のうちは時間(じかん)に遅(おく)れそうになってあせあせと駅(えき)から走(はし)って、息(いき)を切(き)らして駆(か)け込(こ)んだりする。
> (처음에는 시간에 늦을 것 같아서 땀을 흘리면서 역에서 달려 헐떡이며 뛰어들거나 한다.)

[7] 李さんの海外初出張を祝して

□「～を祝(しゅく)して」: ～을 축하하며

　「李(イー)さんの海外(かいがい)初出張(はつしゅっちょう)を祝(しゅく)して」는 「이경민 씨의 해외 첫 출장을 축하하며」의 뜻으로 「祝(しゅく)する」는 「祝(いわ)う: 축하하다」의 한어동사인데, 「～を祝(しゅく)して」의 형태로 쓰여, 「～을 축하하며」에 상당하는 뜻을 나타낸다.

> 例 ご健康(けんこう)を祝(しゅく)して乾杯(かんぱい)。
> (건강을 축하하며 건배.)
> 長寿(ちょうじゅ)とご幸福(こうふく)を祝(しゅく)して、乾杯(かんぱい)。
> (장수와 행복을 축하하며 건배.)
> 彼(かれ)の成功(せいこう)を祝(しゅく)して乾杯(かんぱい)しよう。
> (그의 성공을 축하하며 건배하자.)
> ご健康(けんこう)を祝(しゅく)しまして。
> (건강을 축하하며.)
> 新郎(しんろう)新婦(しんぷ)の前途(ぜんと)を祝(しゅく)して乾杯(かんぱい)した。
> (신랑 신부의 앞날을 축하하여 건배했다.)
> 売上(うりあ)げ目標(もくひょう)達成(たっせい)を祝(しゅく)して乾杯(かんぱい)しましょう。
> (매상 목표 달성을 축하하며 건배합시다.)

平山(ひらやま)教授(きょうじゅ)の健康(けんこう)を祝(しゅく)して乾杯(かんぱい)いたしましょう。
(히라야마 교수님의 건강을 축하하며 건배합시다.)

さあ、グラスを手(て)にとって成功(せいこう)を祝(しゅく)して乾杯(かんぱい)しましょう。
(자 글라스를 들고 성공을 축하하며 건배합시다.)

70歳(ななじゅっさい)を祝(しゅく)して福永(ふくなが)という料亭(りょうてい)で盛大(せいだい)な賀宴(がえん)が催(もよお)されている。
(70세(고희)를 축하하며 후쿠나가라는 요정에서 성대한 축하연이 열리고 있다.)

皇室(こうしつ)のご成婚(せいこん)を祝(しゅく)して、特赦(とくしゃ)が発表(はっぴょう)される予定(よてい)である。
(황실의 성혼을 축하하며 특사가 발표될 예정이다.)

とにかく今夜(こんや)は、お二人(ふたり)の出会(であ)いを祝(しゅく)して、乾杯(かんぱい)!
(여하튼 오늘밤은 두 사람의 만남을 축하하며 건배!)

自分(じぶん)の後任(こうにん)にしようと鍛(きた)えていた吉村(よしむら)君(くん)が海外(かいがい)へ行(い)くのはちょっぴり寂(さび)しいが、前途(ぜんと)を祝(しゅく)して乾杯(かんぱい)!
(내 후임으로 하려고 맹훈련을 시키고 있었던 요시무라 군이 해외에 나가는 것은 좀 쓸쓸하지만 전도를 축하하며 건배!)

私(わたし)たちは空港(くうこう)の控室(ひかえしつ)で原(はら)長官(ちょうかん)を囲(かこ)み、壮途(そうと)を祝(しゅく)して乾杯(かんぱい)した。
(우리들은 공항 대합실에서 하라 장관을 둘러싸고 장도를 축하하며 건배했다.)

わたしは古(ふる)き時代(じだい)の終演(しゅうえん)を祝(しゅく)してあなたがたと飲(の)みたい!
(우리들은 옛 시대의 종언을 축하하며 당신들과 마시고 싶다.)

彼(かれ)らは第三次(だいさんじ)地球(ちきゅう)統合(とうごう)戦争(せんそう)の終結(しゅうけつ)を祝(しゅく)してライト・ビールで乾杯(かんぱい)していた。
(그들은 제3차 지구 통합 전쟁의 종결을 축하하며 라이트 맥주로 건배하고 있었다.)

第7課　さあさあ、乾杯しましょう

「それではこれより、竹内(たけうち)の歓迎(かんげい)、および紙谷(かみたに)氏(し)の三十歳(さんじゅっさい)の誕生日(たんじょうび)を祝(しゅく)して乾盃(かんぱい)する。」
(『그럼 지금부터 다케우치의 환영 및 가미타니 님의 30세 생일을 축하하며 건배하겠다.』)

それじゃ、紙谷(かみたに)さんに第(だい)二十九(にじゅうきゅう)回目(かいめ)の誕生日(たんじょうび)を祝(しゅく)して、記念品(きねんひん)の贈呈(ぞうてい)を致(いた)します。
(그럼, 가미타니 씨에게 제29회 생일을 축하하며 기념품 증정을 하겠습니다.)

「再会(さいかい)を祝(しゅく)してまずはお茶(ちゃ)にしましょう」
(『재회를 축하하며』 일단 차를 드십시다.)

ご結婚(けっこん)おめでとうございます。お二人(ふたり)の前途(ぜんと)を祝(しゅく)して。
(결혼을 축하합니다. 두 사람의 전도를 축하하며.)

ご多幸(たこう)とご健勝(けんしょう)をお祈(いの)り申(もう)し上(あ)げます。
(다복과 건승을 기원합니다.)

華燭(かしょく)の御盛典(ごせいてん)を祝(しゅく)しますと共(とも)に、お二人(ふたり)の新(あら)たな門出(かどで)にあたり、ご多幸(たこう)とご健勝(けんしょう)をお祈(いの)り申(もう)し上(あ)げます。
(화촉의 성전을 축하함과 동시에 두 사람의 새로운 출발에 즈음하여 다복과 건승을 기원합니다.)

ご結婚(けっこん)おめでとうございます。輝(かがや)かしい門出(かどで)を祝福(しゅくふく)し、末永(すえなが)いご多幸(たこう)と皆様方(みなさまがた)のご隆盛(りゅうせい)を祈念(きねん)いたします。
(결혼을 축하합니다. 빛나는 출발을 축하하며 오래오래 다복하시고, 여러분의 융성을 기원합니다.)

正直(しょうじき)言(い)って今(いま)はそんなことを祝(いわ)ってほしい気(き)などさらさらない。
(솔직히 말해 지금은 그런 것을 축하해 주었으면 하는 생각 등은 전혀 없다.)

夕食(ゆうしょく)に彼女(かのじょ)の誕生日(たんじょうび)を祝(いわ)って特別(とくべつ)な会食(かいしょく)の席(せき)が設(もう)けられた。
(저녁 식사 때 그녀 생일을 축하하고 특별한 회식 자리가 마련되었다.)
野球部(やきゅうぶ)のリーグ優勝(ゆうしょう)を祝(いわ)って、母親(ははおや)だけの祝賀(しゅくが)パーティを開催(かいさい)することにいたしました。
(야구부의 리그 우승을 축하하며 어머님들만의 축하 파티를 개최하기로 했습니다.)
岩崎家(いわさきけ)のことは気(き)にせず、皆(みな)さんで盛大(せいだい)に二人(ふたり)の門出(かどで)を祝(いわ)ってやってくださいと、これは新郎(しんろう)の家族(かぞく)からの伝言(でんごん)です。
(이와사키 집안에 관한 일은 신경을 쓰지 말고 다 같이 성대하게 두 사람의 출발을 축하해 달라고 하는 것이 신랑 가족의 전언입니다.)

[8] ぜひとも音頭はわたしに取らせてください

□「わたしに取(と)らせてください」: 일본어 사역문의 특징

본문의「ぜひとも音頭(おんど)はわたしに取(と)らせてください」는「오늘 건배 선창은 꼭 제가 하고 싶습니다」의 뜻으로 한국어와 대응하지 않는 일본어 사역문이다.

「音頭(おんど)はわたしに取(と)らせてください」를 직역하면「건배 선창은 제게 하게 해 주세요」가 되어, 한국어로는 부자연스럽다. 앞에서도 서술한 바와 같이 일본어에는「상대가 화자에게 어떤 일을 시키는 것이 아닌 데도 불구하고」사역 표현을 써서 표현하는 용법이 있으니 주의한다.

例 今日(きょう)はぜひわたくしに払(はら)わせてください。
(오늘은 꼭 제가 내겠습니다.)
いつも奢(おご)ってもらっているので、今回(こんかい)はわたしに出(だ)させてください。
(항상 얻어먹기만 하니, 이번에는 제가 사겠습니다.)
この近(ちか)くにおいしい郷土(きょうど)料理(りょうり)を食(た)べさせてくれるお店(みせ)があるんです。
(이 근처에 맛있는 향토요리를 하는 가게가 있습니다.)

第 7 課　さあさあ、乾杯しましょう

[9] みなさんのますますのご活躍を祈願して

「みなさんのますますのご活躍(かつやく)を祈願(きがん)して」는「여러분의 가일층의 활약을 기원하며」의 뜻으로「ますます」는 한국어의「더욱 더 / 점점 더 / 가일층」에 해당하는 부사인데, 본문에서는「ますますのご活躍(かつやく) : 가일층의 활약」과 같이 뒤에 오는 명사를 수식하고 있다. 그리고「ご活躍(かつやく)」는「活躍(かつやく)」의 존경어이며,「～を祈願(きがん)して」는 한자 표현으로 다소 딱딱한 느낌을 수반하여 한국어의「～을 기원하며」에 해당하는 뜻을 나타낸다.

ㅁ「ますます」

「ますます : 더욱 더 / 점점 더 / 가일층」는 이전 상태보다 정도가 심한 것을 나타내는 부사로서 유의어에는「更(さら)に : 한층 / 더욱」「もっと : 더 / 더욱」「一層(いっそう) : 한층 / 더욱」이 있고, 관련어로서는「いよいよ : 더욱 더」「より : 더 /한층」「も少(すこ)し : 조금 더」「ずっと : 훨씬」등이 있다.

1.「更(さら)に」(부사)

> 例　風(かぜ)が更(さら)に強(つよ)くなった。
> (바람이 한층 세어졌다.)
> 更(さら)に発展(はってん)することを期待(きたい)する。
> (더욱 발전하기를 기대한다.)

2.「もっと」(부사)

> 例　もっと大(おお)きいのがほしい。
> (더 큰 것을 가지고 싶다.)
> もっと頑張(がんば)っておけばよかった。
> (더욱 분발했으면 좋았을 텐데.)

3. 「ますます」(부사)

例 飲酒運転(いんしゅうんてん)のうえに無免許(むめんきょ)ときているから<u>ますます</u>いけない。
(음주운전에다가 무면허이니 사정이 더욱 더 나쁘다.)
老(お)いて<u>ますます</u>盛(さか)んだ。
(노당익장(老当益壯) / 노익장)

4. 「一層(いっそう)」(부사)

例 化粧(けしょう)をすると<u>一層(いっそう)</u>美(うつく)しく見(み)える。
(화장을 하니 한층 아름답게 보인다.)
<u>一層(いっそう)</u>の努力(どりょく)を望(のぞ)む。
(가일층의 노력을 바란다.)

「更(さら)に」는 어떤 단계에서 다음 단계로 정도가 진행되는 것을 의미하는데, 「反省(はんせい)する気(き)はさらにない : 반성하는 기색이 도무지 없다」와 같이 부정을 수반하여 「조금도 / 도무지」의 의미를 강조하는 용법도 있다.

「もっと」는 동질(同質)의 것의 정도가 높아지는 것을 나타낸다. 따라서 「更(さら)に進(すす)む : 더 나아가다」는 어떤 단계에 이르러 그 다음 단계에 진행하는 것을, 「もっと進(すす)む : 더 나아가다」는 진행하는 양이 증가한 것에 불과하다는 것을 의미한다.

「ますます」는 플러스·마이너스의 정도가 높아지는 것을 나타내기 때문에 가치 판단이 개재되지 않는 문에서는 사용할 수 없다.

「一層(いっそう)」는 정도가 전보다도 한층 진행되는 모습을 나타낸다.

5. 「いよいよ」(부사)

「いよいよ」는 「전보다도 한층」, 「더욱 더」의 뜻으로 기대(예상)대로 된다고 하는 뉘앙스가 포함되어 있다.

> **例** いよいよ面白(おもしろ)くなってきた。
> (한층 재미있어졌다.)
> 病状(びょうじょう)がいよいよ悪(わる)くなってきた。
> (병 증세가 더욱 더 나빠졌다.)

6. 「より」(부사)

「より」는 「더욱」「한층」의 뜻을 나타낸다.

> **例** よりよい社会(しゃかい)をめざす。
> (더욱 더 좋은 사회를 지향한다.)

7. 「も少(すこ)し」(부사)

「も少(すこ)し」는 「さらに少(すこ)し : 조금 더」「もうちょっと : 조금 더」의 뜻으로 정도가 높아지는 세기가 적은 경우에 사용한다.

> **例** も少(すこ)し考(かんが)えればよかった。
> (조금 더 생각했으면 좋았다.)
> も少(すこ)し右(みぎ)へ。
> (조금 더 오른쪽으로.)

8. 「ずっと」(부사)

「ずっと」는 「はるかに : 훨씬」「죽」의 뜻으로 비교해서 격차가 있는 모양을 나타낸다.

> **例** ずっと前(まえ)。
> (훨씬 전)
> 昨日(きのう)はずっと家(うち)にいた。
> (어제는 죽 집에 있었다.)
> ここからあそこまでずっと私(わたし)の土地(とち)だ。
> (여기에서 저기까지 죽 내 땅이다.)

[대비표][21]

	事態(じたい)は…悪(わる)くなった (사태는…나빠졌다)	話(はなし)を聞(き)いて、行(い)くのが…いやになった (이야기를 듣고…가는 것이 싫어졌다)	…働(はたら)け (…일해)	…二名(にめい)追加(ついか)する (…2명 추가한다)
更(さら)に	○	△	△	○
もっと	○	△	○	-
ますます	○	○	-	-
一層(いっそう)	○	○	-	-

「益々(ますます)」는 수량이나 정도가 증가하는 것을 의미하는 동사「益(ま)す」를 첩어 형태로 만든 것이기 때문에 동사와 같은 의미의 부사로 사용된다.「増々(ますます)」와 동의어이지만, 「増々(ますます)」가 어떤 내용의 문에도 사용할 수 있는 범용성(汎用性)이 높은 말인 것에 대해 「益々(ますます)」는 이익증대·사업번창·건강증진·입신출세 등을 의미하는 양자(良字: 좋은 의미의 글자)이기 때문에 그와 같은 좋은 의미의 표현에만 다용된다.

□「益々(ますます)」의 사용법

「益々(ますます)」는 대단히 광범위하게 사용되는 말이기 때문에 일상생활이나 비즈니스에서 다 사용된다. 일상에서는 「平仮名(ひらがな)」표기인 「ますます」를 사용하는 경우가 많은데, 한자 표기로 할 때와 차이는 없다. 다만 한자 표기는 다소 딱딱한 인상을 주기 때문에 일상생활에서는 「平仮名(ひらがな)」를 사용하는 것이 무난하다.

---

21) https://dictionary.goo.ne.jp/thsrs/16819/meaning/m0u/%E3%81%BE%E3%81%99%E3%81%BE%E3%81%99/에서 인용하여 적의 번역함.

第7課　さあさあ、乾杯しましょう

例　ますます晴(は)れるでしょう。
(점점 개이겠지요.)
ますます雨(あめ)が強(つよ)くなるでしょう。
(점점 비가 강해지겠지요.)
知(し)れば知(し)るほどますます興味(きょうみ)が湧(わ)いてまいりました。
(알면 알수록 더욱 흥미가 생겼습니다.)
長(なが)い間(あいだ)に変(か)わってしまった地名(ちめい)に対(たい)する考証(こうしょう)を怠(おこた)っては、古典(こてん)はわれわれからますます遠(とお)い存在(そんざい)になってしまう。
(오랫동안 바뀌어 버린 지명에 대한 고증을 게을리 해서는 고전은 우리들로부터 더욱 먼 존재가 되고 만다.)
だから余計(よけい)に輸入(ゆにゅう)が増(ふ)えて、国家(こっか)の財政(ざいせい)赤字(あかじ)がますます増(ふ)える。景気(けいき)が良(よ)ければ良(い)いだけ、国(くに)の赤字(あかじ)はどんどん増加(ぞうか)していくのである。
(그래서 쓸데없는 수입이 늘어 국가 재정 적자가 점점 증가한다. 경기가 좋으면 좋은 만큼 국가 적자는 점점 증가해 가는 것이다.)
時下(じか)益々(ますます)ご清祥(せいしょう)のこととお喜(よろこ)び申(もう)し上(あ)げます。
(시하 날로 더욱 건승하시리라고 경하의 말씀을 드립니다.)
貴社(きしゃ)益々(ますます)のご発展(はってん)を蔭(かげ)ながらお祈(いの)り申(もう)しております。
(귀사 일익 발전하는 것을 뒤에서나마 기원하고 있습니다.)
なお、これらの経費(けいひ)については、今後(こんご)さらに高齢化(こうれいか)が進行(しんこう)してゆく中(なか)で、益々(ますます)の増加(ぞうか)が見込(みこ)まれる。
(또한 이들 경비에 관해서는 앞으로 더욱 고령화가 진행되는 과정에서 더욱 증가될 것으로 예상된다.)
新(あたら)しい年(とし)も良(よ)いことがたくさんありますようにしたいものです。本年(ほんねん)も益々(ますます)のお引(ひ)き立(た)て心(こころ)よりお願(ねが)い申(もう)し上(あ)げます。

(새해에도 좋은 일이 많이 있었으면 합니다. 금년에도 여러 모로 이끌어 주시기를 충심으로 부탁드립니다.)
結(むす)びに、町民(ちょうみん)皆様(みなさま)の益々(ますます)のご健勝(けんしょう)とご多幸(たこう)を祈念(きねん)申(もう)し上(あ)げまして、年頭(ねんとう)に当(あ)たっての挨拶(あいさつ)とさせていただきます。
(마지막으로 주민 여러분께서 더욱 더 건승하시고 다복하시기를 기원하며 연두에 즈음하여 인사말씀으로 가름하고자 합니다.)

□「ますますのご活躍(かつやく)を～」

본문의 「ますますのご活躍(かつやく)を～ : 가일층의 활약을 ～」과 같이 상대의 활약이나 성공을 기원하는 표현을 정리하면 다음과 같다.

例
ますますのご健康(けんこう)とご活躍(かつやく)をお祈(いの)りします。
(가일층의 건강과 활약을 기원합니다.)
あなたのますますのご活躍(かつやく)をお祈(いの)りいたします
(귀하의 가일층의 활약을 기원합니다.)
ますますのご活躍(かつやく)をお祈(いの)り申(もう)し上(あ)げます。
(가일층의 활약을 기원합니다.)
ご健勝(けんしょう)とご活躍(かつやく)を心(こころ)よりお祈(いの)り申(もう)し上(あ)げます。
(건승과 활약을 충심으로 기원합니다.)
貴社(きしゃ)のますますのご発展(はってん)をお祈(いの)り申(もう)し上(あ)げます。
(귀사가 더욱 더 발전하기를 기원합니다.)
今後(こんご)ますますのご成功(せいこう)とご健勝(けんしょう)をお祈(いの)り申(もう)し上(あ)げます。
(앞으로도 가일층의 성공과 건승을 기원합니다.)
貴殿(きでん)の今後(こんご)益々(ますます)のご活躍(かつやく)を心(こころ)よりお祈(いの)り申(もう)し上(あ)げます。
(앞으로도 귀하의 가일층의 활약을 마음으로부터 기원합니다.)

> A社(しゃ)の社員(しゃいん)一同(いちどう)、あなたの益々(ますます)のご活躍(かつやく)を心(こころ)よりお祈(いの)り申(もう)し上(あ)げます。
> (A사 사원 일동은 귀하의 가일층의 활약을 마음으로부터 기원합니다.)
> 貴社(きしゃ)のますますのご健勝(けんしょう)とご発展(はってん)をお祈(いの)り申(もう)し上(あ)げます。
> (귀사가 날로 더욱 건승하고 발전하기를 기원합니다.)
> 貴方(あなた)を採用(さいよう)した会社(かいしゃ)の方(かた)もその辺(あた)りのところを感(かん)じられたのでありましょう。益々(ますます)のご活躍(かつやく)をお祈(いの)りいたしております。
> (귀하를 채용한 회사 분들도 그런 점을 느끼셨을 것입니다. 가일층의 활약을 기원합니다.)

□「ご活躍(かつやく)」의 사용법

「ご活躍(かつやく)」는 상대나 제3자의 상태에 관해「크게 {능력을 발휘하다 / 업적을 올리다 / 성과를 내다}」라는 의미나「활발히 행동하다」라는 의미로 사용하는 존경어이다. 상용문이나 메일 그리고 회화에서는 통상 대상 인물에 대한 칭찬의 기분을 담아 사용하지만 제3자에 관해 말할 때는 반어적인 의미로 사용하는 경우도 있다.

例
> 拝啓(はいけい)陽春(ようしゅん)の候(こう)、園田様(そのださま)には益々(ますます)ご健勝(けんしょう)にてご活躍(かつやく)のこととお慶(よろこ)び申(もう)し上(あ)げます。また、平素(へいそ)より一方(ひとかた)ならぬご厚誼(こうぎ)に与(あずか)り、厚(あつ)く御礼(おんれい)申(もう)し上(あ)げます。
> (배계 양춘지절 소노다 님께서는 더욱 더 건승하게 활약하고 계시다고 하오니 경하 드립니다. 그리고 평소부터 남다른 후의를 베풀어 주셔서 머리 숙여 감사의 말씀을 드립니다.)
> 末筆(まっぴつ)ながら、皆様(みなさま)のご健勝(けんしょう)とご活躍(かつやく)を心(こころ)からお祈(いの)り申(もう)し上(あ)げます。
> (끝으로 여러분의 건승과 활약을 마음으로부터 기원합니다.)
> 退院(たいいん)されたときにお会(あ)いして以来(いらい)、お体(からだ)の具合(ぐあい)を案(あん)じておりましたが、ご活躍(かつやく)のお姿(すがた)を拝見(はいけん)して安心(あんしん)いたしました。今後(こんご)はご無理(むり)をなさいませんようお願(ねが)い申(もう)し上(あ)げます。

(퇴원하셨을 때 만나 뵙고 나서 건강은 어떠신지 걱정하고 있었습니다만 활약하시는 모습을 뵙고 안심했습니다. 앞으로는 무리를 하시지 않도록 부탁드립니다.)

この度(たび)は、最優秀(さいゆうしゅう)建築賞(けんちくしょう)のご受賞(じゅしょう)、誠(まこと)におめでとうございます。設計部(せっけいぶ)時代(じだい)に図面(ずめん)と格闘(かくとう)していた稲吉(いなよし)君(くん)の姿(すがた)を思(おも)い起(お)こすと感慨無量(かんがいむりょう)です。今後(こんご)はさらなる飛躍(ひやく)を遂(と)げられますよう、なお一層(いっそう)のご活躍(かつやく)をお祈(いの)り致(いた)しております。

(이번에 최우수 건축상을 수상하셨다고 하오니 정말 축하합니다. 설계부 시절에 도면과 씨름하고 있었던 이나요시 군의 모습을 상기하면 감개가 무량합니다. 앞으로도 한층 더 비상하시도록 가일층 활약하시기를 기원합니다.)

□「〜を祈願(きがん)して」

「〜を祈願(きがん)して」는 한자 표현으로「〜をお祈(いの)りして : 〜을 기원하며」보다 다소 딱딱한 느낌을 준다. 「〜を祈願(きがん)して」의 예를 이하 정리한다.

例

芝居(しばい)の成功(せいこう)を祈願(きがん)して。
(연극 성공을 기원하며.)

原爆死没者(げんばくしぼつしゃ)・戦没者(せんぼつしゃ)のご冥福(めいふく)と世界(せかい)平和(へいわ)を祈願(きがん)して、家族(かぞく)や職場(しょくば)でも1分間(いっぷんかん)の黙祷(もくとう)をお願(ねが)いします。
(원폭희생자·전몰자의 명복과 세계 평화를 기원하며 가족과 직장에서도 1분간의 묵도를 부탁합니다.)

大漁(たいりょう)を祈願(きがん)してのお祭(まつ)りでしょうね。
(풍어를 기원하는 축제이겠지요.)

神谷(かみや)隊長(たいちょう)は、私達(わたしたち)のために、巡拝(じゅんぱい)の無事(ぶじ)を祈願(きがん)して下(くだ)さった。
(가미야 대장은 우리들을 위해 순배의 무사함을 기원해 주셨다.)

第7課　さあさあ、乾杯しましょう

> 浅間(あさま)神社(じんじゃ)は子供(こども)のための神様(かみさま)といわれており、七歳(ななさい)まで子供(こども)の無事(ぶじ)な成育(せいいく)を祈願(きがん)して参拝(さんぱい)した。
> (아사마 신사는 어린이를 위한 신이라고 불려서 7살까지의 어린이의 아무 탈없는 성장을 기원하며 참배했다.)
> 除雪隊(じょせつたい)出動式(しゅつどうしき)期間中(きかんちゅう)の事故(じこ)ゼロを祈願(きがん)して本格的(ほんかくてき)な雪(ゆき)の季節(きせつ)を迎(むか)えます。
> (제설대 출동식 기간 중의 사고 제로를 기원하며 본격적인 눈의 계절을 맞아합니다.)

응용회화

자, 자, 건배합시다

李(イー)、急(きゅう)にお腹(なか)をこわしてしまう

李　　　：あれ、きのう飲(の)みすぎたのかな。あ、こりゃ、いかん。
　　　　　薬局(やっきょく)、薬局(やっきょく)、あ、あった。よかった。

李(イー)、薬局(やっきょく)に入(はい)る

薬剤師：いらっしゃいませ。
李　　　：すみません。お腹(なか)が痛(いた)いんですが。
薬剤師：あ、しくしく痛(いた)むんでしょうか、それともきりきり痛(いた)むんですか。
李　　　：すみませんが、よく分(わ)からないんですが、たぶん、飲(の)みすぎだと思(おも)います。
薬剤師：そうですか。これなんか、いかがでしょうか。
李　　　：処方(しょほう)もしてくれないのかな。こんなには要(い)らないんですけど。
薬剤師：はあ。

이경민, 갑자기 배탈이 나다

이경민：어, 어제 과음을 했나? 아, 이거 안 되겠는데. 약국, 약국. 아, 있다. 살았다.

이경민, 약국에 들어가다

약사　　：어서 오십시오.
이경민：저, 배가 아픈데요.
약사　　：아, 배가 살살 아픕니까? 그렇지 않으면 쿡쿡 쑤십니까?
이경민：저, 잘 모르겠습니다만, 아마 과음한 것 같습니다.
약사　　：그렇습니까? 이런 것은 어떻습니까?
이경민：처방도 안 해 주나? 이렇게 많이는 필요 없는데요.[22]
약사　　：네!

---

[22] 일본은 의약 분업이 이루어지고 있어, 처방전을 취급하는 약국과 일반 시판용 약만을 파는 약국으로 구별되어 있다. 따라서 일반 약국에서는 약을 병째로 판다.

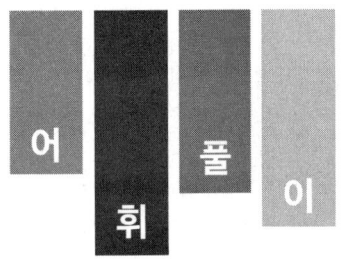

- 急(きゅう)に – 갑자기 :「急(きゅう)だ」의 연용형이 부사화된 것
- お腹(なか)をこわす – 배탈이 나다
- 飲(の)みすぎる – 과음하다 :「飲(の)み＋すぎる」
- こりゃ、いかん – 이거 안 되겠는데 :「こりゃ」는「これは」의 축약형「いかん」는「いかぬ」의 전와(転化)로 현재는「いけない」보다 고풍스러운 말씨로 공존하고 있다.
- 薬局(やっきょく) – 약국
- 調剤師(ちょうざいし) – 조제사 / 약사
- お腹(なか)が痛(いた)い – 배가 아프다
- しくしく痛(いた)む – 살살 아프다
- きりきり痛(いた)む – 쿡쿡 쑤시다
- 飲(の)みすぎだ – 과음하다 :「飲(の)みすぎる」의 연용형「飲(の)みすぎ」에「〜だ」가 접속된 명사술어문으로 동사 술어인「飲(の)みすぎる」의 상태를 나타낸다.
- [これなんか]、いかがでしょうか – [이런 것은] 어떻습니까?
- 処方(しょほう) – 처방
- 〜してくれる – 〜해 주다
- こんなには – 이렇게 [많이]는
- 要(い)らない – 필요 없다
- はあ – 네! : 놀랐을 때 쓰는 감탄사

관련사항

「祈(いの)る : 빌다 / 기원하다 / 바라다」와 「祈念(きねん)する : 기원하다」의 경어에 관해

1.「祈(いの)る : 빌다 / 기원하다 / 바라다」의 경어

「祈(いの)る : 빌다 / 기원하다 / 바라다」는 마음으로부터 희망·원망(願望)하는 것을 의미하는 동사인데, 상대에게 좋은 일이 있기를 바라는 기분을 전하거나 돌아가신 분의 명복을 빌 때 사용한다. 따라서 「お祈(いの)り」라는 말은 비즈니스 레터(상용문)에는 적합하지 않는 것처럼 생각될지도 모르지만 실제로는 상대를 배려하는 말로 자주 사용된다.

「祈(いの)る」의 경어, 즉 겸양어에는 「お祈(いの)りします」(겸양어Ⅰ)·「お祈(いの)り致(いた)します」(겸양어Ⅰ 겸 겸양어Ⅱ)·「お祈(いの)り申(もう)し上(あ)げます」(겸양어Ⅰ)가 있는데 이 중에서 「お祈り申し上げます」가 가장 정중한 경어표현이고, 「お祈り致します」도 동일한 경의를 포함하고 있기 때문에 상용문에 사용하는 데에는 문제가 없다. 그러나 「お祈りします」는 경의도가 낮기 때문에 일상 회화에서는 상관없지만 격식을 요구되는 장면이나 상용문에서는 적합하지 않다.

1-1「お祈(いの)りします」

> **例** 是非(ぜひ)、素晴(すば)らしい旅(たび)になられることをお祈(いの)りします。
> (꼭 멋진 여행이 되시기를 기원합니다.)
> 亡(な)くなられた乗務員(じょうむいん)の方(かた)のご冥福(めいふく)をお祈(いの)りします。
> (돌아가신 승무원 분의 명복을 기원합니다.)
> お誕生日(たんじょうび)おめでとうございます。映画(えいが)の成功(せいこう)をお祈(いの)りします。
> (생신을 축하합니다. 영화의 성공을 기원합니다.)

これからも、ますますご活躍(かつやく)されることを心(こころ)からお祈(いの)りします。
(앞으로도 가일층 활약하시는 것을 마음으로부터 기원합니다.)

1-2「お祈(いの)り致(いた)します」

例　○○様(さま)の益々(ますます)のご活躍(かつやく)をお祈(いの)りいたします。
[メール文末(ぶんまつ)・締(し)め]
(○○님의 가일층의 활약을 기원합니다.)[메일 문말・맺음말]
○○様(さま)のご活躍(かつやく)をお祈(いの)りいたします。
[メール文末(ぶんまつ)・締(し)め]
(○○님의 활약을 기원합니다.)[메일 문말・맺음말]

さて、工事(こうじ)は最後(さいご)の工区(こうく)を残(のこ)すだけと伺(うかが)いました。竣工(しゅんこう)の日(ひ)も間近(まぢか)と存(ぞん)じますが、最後(さいご)まで滞(とどこお)りなく進捗(しんちょく)することをお祈(いの)り致(いた)しております。
(다음이 아니오라 공사는 마지막 공구를 남겨 두고 있을 뿐이라고 배청했습니다. 준공일도 임박했다고 사료됩니다만, 마지막까지 차질 없이 진척될 것을 기원합니다.)

1-3「お祈(いの)り申(もう)し上(あ)げます」

例　五月(ごがつ)のイベントシーズンを控(ひか)え、ご多忙(たぼう)の日々(ひび)が続(つづ)くことと存(ぞん)じます。皆様(みなさま)のご活躍(かつやく)とご健勝(けんしょう)を心(こころ)よりお祈(いの)り申(もう)し上(あ)げます。
(5월 이벤트 시즌을 앞두고 다망하신 나날이 계속되리라고 사료됩니다. 여러분의 활약과 건승을 충심으로 기원합니다.)
○○様(さま)の今後(こんご)のご躍進(やくしん)を、心(こころ)よりお祈(いの)り申(もうし)し上(あ)げます。
[メール文末(ぶんまつ)・締(し)め]
(○○님의 앞으로의 약진을 충심으로 기원합니다.)[메일 문말・맺음말]

> 皆様(みなさま)のご健勝(けんしょう)とご活躍(かつやく)を、心(こころ)より<u>お祈(いの)り申(もう)し上(あ)げます</u>。
> [メール文末(ぶんまつ)・締(し)め]
> (여러분의 건승과 활약을 충심으로 기원합니다.)[메일 문말·맺음말]
> ご尊父様(そんぷさま)のご冥福(めいふく)を心(こころ)より<u>お祈(いの)り申(もう)し上(あ)げます</u>。
> (춘부장님의 명복을 충심으로 기원합니다.)
> ご主人様(しゅじんさま)のご逝去(せいきょ)を悼(いた)み、心(こころ)より<u>ご冥福をお祈(いの)り申(もう)し上(あ)げます</u>。
> (부군의 서거를 애통해하며 충심으로 명복을 기원합니다.)

2.「祈念(きねん)する : 기원하다」의 경어

「祈願(きがん)する」는 어떤 목적이 달성되도록 신불(神仏)에게 기도하며 바라는 것을 나타내는 말로「祈(いの)る」보다 딱딱한 뉘앙스를 내포한다.

「祈願(きがん)する」의 정녕체는「祈願(きがん)します」이고,「祈願(きがん)致(いた)します」는 겸양어Ⅱ인데 정중어로 사용된다.

「祈願(きがん)する」의 경어로서는「ご祈願(きがん)する」「ご祈願(きがん)申(もう)し上(あ)げる」와 같은 겸양어Ⅰ과,「ご祈願(きがん)致(いた)す」와 같은 [겸양어Ⅰ 겸 겸양어Ⅱ]가 이론적으로 상정된다. 그런데「祈願(きがん)する」를 화자 자신의 동작만을 의미하는 것으로 해석할 경우, 이것에 겸양어Ⅰ을 적용하는 것은 부자연스럽다는 입장도 있다.

이를 반영하는 것인지 실제 예에서는「ご祈念(きねん)します」는 소수에 그치고 있고「ご祈念(きねん)致(いた)します」는 등장하지 않는다. 그러나 다른 한편으로「ご祈念(きねん)申(もう)し上(あ)げます」와 같은 겸양어Ⅰ의 예는 상당히 많이 쓰이고 있다.

2-1「祈念(きねん)します」

> 例 私(わたし)は今回(こんかい)のあなたの展覧会(てんらんかい)の
> 成功(せいこう)を<u>祈念(きねん)しています</u>。
> (저는 이번 귀하의 전람회의 성공을 기원합니다.)

第 7 課　さあさあ、乾杯しましょう

> 「四季(しき)の里(さと)」を多(おお)くのみなさんに活用(かつよう)いただき、「質美(しつみ)」の人(ひと)と地域(ちいき)がますます元気(げんき)になることを祈念(きねん)します。
> (『시키노 사토』를 많은 분들께서 이용하시고 『시쓰미』 주민과 지역이 가일층 건강해지기를 기원합니다.)

2-2「祈念(きねん)致(いた)します」

> **例**
> 一層(いっそう)のご活躍(かつやく)を祈念(きねん)いたしております。
> (가일층의 활약을 기원합니다.)
> 今後(こんご)ますますお力(ちから)を発揮(はっき)されることを祈念(きねん)いたします。
> (앞으로도 가일층 능력을 발휘하시는 것을 기원합니다.)
> 最後(さいご)に、本(ほん)シンポジウムの成功(せいこう)を心(こころ)から祈念(きねん)いたしまして、私(わたくし)の挨拶(あいさつ)を終(お)えたいと思(おも)います。
> (마지막으로 본 심포지엄의 성공을 마음으로부터 기원하며 제 인사를 마치고자 합니다.)
> ERIAが将来(しょうらい)のアジアと世界(せかい)を支(ささ)える存在(そんざい)として大(おお)きく羽(は)ばたくことを祈念(きねん)いたしまして、私(わたくし)の御挨拶(ごあいさつ)とさせていただきます。』
> (ERIA가 장차 아시아와 세계를 지탱하는 존재로서 크게 뻗어나갈 것을 기원하며 제 인사를 가름하고자 합니다.)
> 末筆(まっぴつ)ながら、ご病気(びょうき)のご快癒(かいゆ)を祈念(きねん)致(いた)しますとともに、御身(おんみ)お大事(だいじ)にお願(ねが)い申(もう)し上(あ)げます。
> (끝으로 병환이 쾌유되시기를 기원하며 동시에 존체 건강에 유의하시기를 부탁드립니다.)

2-3 「ご祈念(きねん)します」

> 例
> みんなの希望(きぼう)が叶(かな)うように、一緒(いっしょ)に勤行(ごんぎょう)しましょう。私(わたくし)も真剣(しんけん)にご祈念(きねん)します。
> (모든 이의 희망이 이루어지도록 함께 근행합시다. 저도 진지하게 기원하겠습니다.)

2-4 「ご祈念(きねん)致(いた)します」

2-5 「ご祈念(きねん)申(もう)し上(あ)げます」[23]

질 문
다음 문장은 맞습니까?

「新(あたら)しい職場(しょくば)でのご活躍(かつやく)をご祈念(きねん)申(もう)し上(あ)げます」
(새 직장에서의 활약을 기원합니다.)

〈회답〉 먼저 문법적으로 맞는지 여부
「ご祈念(きねん)申(もう)し上(あ)げます」의 부분은
「祈念(きねん)いたします」라고 하는 것이 보통입니다.

[이유1]
「祈念(きねん)」하는 것은 본인이므로 여기에「ご」를 붙이는 것은 이상하다고 주장하는 사람들이 많기 때문에「ご」는 붙이지 않는 것이 무난합니다.

[이유2]
「申(もう)し上(あ)げる」는「言(い)う」의 겸양어(謙譲語), 즉「祈念(きねん)の言葉(ことば)を言(い)う : 기원의 말을 하다」라는 용법(「お願(ねが)い申(もう)し上(あ)げます : 부탁드립니다」와 같은 패턴)으로서 맞습니다만, 이별과 축복의 인사 말씀으로서는 지나친 겸양의 느낌이 듭니다.

---

23) 이하의 질의응답은 https://oshiete.goo.ne.jp/qa/4211624.html에서 인용하여 적의 번역함.

お子様(こさま)の健(すこ)やかな成長(せいちょう)を<u>ご祈念(きねん)申(もう)し上(あ)げます</u>。
(자제 분이 건강하게 성장하시기를 기원합니다.)

皆様(みなさま)、一言(ひとこと)多(おお)かったことを、心(こころ)からお詫(わ)び申(もう)し上(あ)げ、皆々様(みなみなさま)のご健康(けんこう)とご繁栄(はんえい)を、心(こころ)から<u>ご祈念(きねん)申(もう)し上(あ)げ</u>、はなはだ簡単(かんたん)ではございますが、本日(ほんじつ)のお祝(いわ)いの言葉(ことば)といたします。ご静聴(せいちょう)ありがとうございました。
(여러분, 제가 쓸데없이 말을 많이 한 것에 대해 마음으로부터 사과드리며, 여러분들의 건강과 번영을 마음으로부터 기원하고 대단히 간단합니다만, 금일의 축하 말씀을 대신하고자 합니다. 경청해 주셔서 감사합니다.)

末筆(まっぴつ)ながら、貴社(きしゃ)益々(ますます)のご隆盛(りゅうせい)を衷心(ちゅうしん)より<u>ご祈念(きねん)申(もう)し上(あ)げます</u>。
(마지막으로 귀사의 가일층의 융성을 충심으로 기원합니다.)

신판 비즈니스 일본어 Ⅱ

- New Edition Business Japanese Ⅱ -

참고문헌 일람

李成圭(1988a)「日本語における受動文の意味的特徴 － 漢語動詞を対象して －」
_____『日本語と日本文学』9 筑波大学国語国文学会.
_____(1988b)「受動文の意味的特徴－韓・日両言語の対照的考察－」『月刊言語』17-9 大修館書店.
_____(1990)「漢語動詞の態の諸問題－日本語教育の立場から－」『人文科学研究』17輯 仁荷大学校.
_____(1991)「カラとノデの異同」『日語日文学研究』18輯 韓国日語日文学会.
_____等訳(1992)『日本語学の理解』法文社.
_____(1993〜1996)『東京日本語1, 2, 3, 4, 5』時事日本語社.
_____(1994a)「日本語の受動文における動作主と原因 －「に」と「によって」を中心として－」『日本学報』32輯 韓国日本学会.
_____(1994b)「「起きる」と「起こる」の異同」『日本学報』33輯 韓国日本学会.
_____等著(1995)『現代日本語研究1, 2』不二文化社.
_____等著(1996)『홍익나가누마 일본어 1, 2, 3』홍익미디어.
_____等著(1996)『홍익나가누마 일본어 1, 2, 3 해설서』홍익미디어.
_____等著(1997)『홍익일본어독해 1, 2』홍익미디어.
_____(1999)『일본어표현문법연구1』不二文化
_____(1998a)『東京現場日本語1』不二文化社.
_____(1998b)「日・韓両言語における受動文の対照的考察－韓国語の受動表現を中心として－」『筑波大学東西言語文化類型論特別プロジェクト1997-1-1』筑波大学.
_____(1998c)「日本語の間接受動文の意味的特徴－自動詞文の間接受動文を中心に－」『日本学報』41輯 韓国日本学会.
_____(1999)「からの意味.用法」『Foreign Languages Education』5巻1号 韓国外国語教育学会.
_____(2000a)『東京現場日本語2』不二文化社.
_____(2000b)『일본어표현문법연구1』不二文化社.

_____(2001)『日本語 受動文 研究의 展開』不二文化.

_____(2003a)『도쿄 비즈니스 일본어1』不二文化.

_____(2003b)『日本語受動文の研究』不二文化.

_____(2003c)『日本語 語彙論 構築을 위하여 – 日本語 実用文法의 展開1 –』不二文化.

_____(2003d)『日本語 語彙Ⅰ – 日本語 実用文法의 展開 Ⅱ–』不二文化.

_____(2003e)『日本語 受動文 用例研究Ⅰ』不二文化.

_____(2003f)『日本語 受動文 用例研究Ⅱ』不二文化.

_____(2004)『일본어 문법 연구 서설』不二文化.

_____(2005)『日本語 文法研究 序説』不二文化.

_____(2006a)「使役受動의 語形에 대한 일고찰」『日本学報』68輯 韓国日本学会 pp.69-80.

_____(2006b)「使役受動 語形의 移行에 대하여」『日本学報』69輯 韓国日本学会 pp.67-82.

_____(2007a)「日本語 依頼表現 研究의 課題」『日本学報』70輯 韓国日本学会 pp.111-124.

_____(2007b)「〈お/ご～くださる〉계열의 서열화 및 사용가능성에 대해」『日本学報』71輯 韓国日本学会 pp.93-110.

_____(2007c)『일본어 의뢰표현Ⅰ – 肯定의 依頼表現의 諸相 –』시간의물레 pp.16-117.

_____(2008a)「일본어 의뢰표현의 유형화 및 서열화에 대해 –〈てくれる〉계열·〈てもらえる〉계열을 대상으로 하여 –」『日本学報』74輯 韓国日本学会 pp.17-34.

_____(2008b)「의뢰표현〈てくださるか〉에 관한 재론」『日本学報』76輯 韓国日本学会 pp.97-115.

_____(2008c)「의뢰표현〈てくださらないか〉에 관한 재론 – 시대물을 대상으로 하여 –」『日本学報』77輯 韓国日本学会 pp45-56.

_____(2009)「의뢰표현〈てくださらないか〉에 관한 재론 – 현대물을 대상으로 하여 –」『日本学報』79輯 韓国日本学会 pp87-100.

_____(2010a)「『おっしゃる』와『言われる』의 사용상의 기준 – 신약성서(신공동역)의 4복음서를 대상으로 하여 –」『日本学報』82輯 韓国日本学会 pp.99-110.

_____(2010b)「잉여적 선택성에 기초한『なさる』와『される』의 사용상의 기준 – 신약성서(신공동역)의 4복음서를 대상으로 하여 – 」『日本学報』84輯 韓国日本学会 pp.209-225.

_____(2011a)「ナル형 경어와 レル형 경어의 사용상의 기준 – 복수의 존경어 형식이 혼용되고 있는 예를 중심으로 – 」『日本学報』86輯 韓国日本学会 pp.121-141.

_____(2011b)「ナル형 경어와 レル형 경어의 사용실태 – 화체적 요인을 중심으로 하여 – 」『日本学報』87輯 韓国日本学会 pp.39-52.

_____(2011c)「사용상의 기준과 복음서 간의 이동 – ナル형 경어와 レル형 경어의 사용실태를 대상으로 하여 – 」『日本語教育』56輯 韓国日本語教育学会 pp.175-203.

_____(2012)「〈ないでもらえる〉계열의 의뢰표현 – 각 형식의 사용실태 및 표현가치(정중도)를 중심으로 하여 – 」『日本学報』92輯 韓国日本学会 pp.63-83.

_____(2013a)「의뢰표현〈ないでくださいますか〉의 표현가치」『외국학연구』23 중앙대학교 외국학연구소 pp121-38.

_____(2013b)「〈ないでくださる?〉〈ないでくださらない?〉의 의뢰표현 – 사용실태 및 사용 가능성, 그리고 표현가치 – 」『日本学報』95輯 韓国日本学会 pp47-61.

_____(2014a)「의뢰표현〈ないでくださいませんか〉의 운용 실태와 표현가치」『외국학연구』27 中央大学校 外国学研究所 pp237-257.

_____(2014b)「〈ないでくださるでしょうか〉의 의뢰표현 – 사용 가능성 및 표현가치 – 」『日本学報』99 韓国日本学会 pp137-150.

_____(2014c)「〈ないでくださらないでしょうか〉의 사용 가능성 및 표현가치 – 남성 화자를 중심으로 하여 – 」『일본연구』60 韓国外国語大学校 日本研究所, pp459-484.

_____(2014d)「〈ないでくださいます?〉의 사용 가능성 및 표현가치 – 여성 화자를 중심으로 하여 – 」『日本語教育』68 韓国日本語教育学会 pp17-38.

_____(2014e)「〈ないでくださいません?〉의 사용 가능성 및 표현가치 – 화자 불명을 중심으로」『비교일본학』30 漢陽大学校 日本学国際比較研究所 pp263-290.

_____(2014f)「〈ないでくださいませんでしょうか〉의 사용 가능성 및 표현가치 – 남성 화자를 중심으로 하여 – 」『일본연구』22, 高麗大学校 일본연구센터 pp227-262.

_____(2014g)「〈ないでくださいますでしょうか〉의 표현가치 – 여성 화자를 중심으로 하여 – 」『외국학 연구』29 중앙대학교 외국학연구소 pp277-302.

_____(2016)『일본어 의뢰표현 – 부정의 의뢰표현의 제상 – 』시간의물레.

_____(2017)『신판 생활일본어』시간의물레.

李成圭・権善和(2004a)『일본어 조동사 연구Ⅰ』不二文化.

_____(2004b)『일본어 조동사 연구Ⅱ』不二文化.

_____(2006a)『일본어 조동사 연구Ⅲ』不二文化.

_____(2006b)『현대일본어 문법연구Ⅰ』시간의물레.

_____(2006c)『현대일본어 문법연구Ⅱ』시간의물레.

_____(2006d)『현대일본어 문법연구Ⅲ』시간의물레.

_____(2006e)『현대일본어 문법연구Ⅳ』시간의물레.

李成圭・閔丙燦(1999)『現代日本語敬語の研究』不二文化.

_____(2006)『일본어 경어의 제문제』不二文化.

林八龍편저(2014)「日本語 否定의 依賴表現(이성규 집필)」『분야별 현대 일본어학 연구』5장 표현에 수록, 도서출판 박이정. pp281-299.

韓美卿편저(2013)「〈ないでくれる〉계열의 의뢰표현(이성규 집필)」『일본어학 / 일본어교육』1(문법)에 수록, 제이앤시. pp241-261.

荒木博之(1983)『敬語日本人論』PHP研究所.

菊地康人(1996)『敬語再入門』丸善ライブラリー 丸善株式会社.

_____(1997)『敬語』講談社学術文庫 講談社.

北原保雄(1981a)『日本語助動詞の研究』大修館書店.

_____(1981b)『日本語の世界6 日本語の文法』中央公論社.

_____(2009)『言葉の化粧』集英社.

窪田富男(1990)『日本語教育指導参考書17 敬語教育の基本問題(上)』国立国語研究所.

_____(1992)『日本語教育指導参考書18 敬語教育の基本問題(下)』国立国語研究所.

グループ・ジャンマイ編(1998)『教師と学習者のための日本語文型辞典』くろしお出版.

国語学会編(1955)『国語学辞典』東京堂出版.

_____編(1980)『国語学大辞典』東京堂出版.

坂田幸子・倉持保男(1980)『教師用日本語教育ハンドブック④文法(ぶんぽう)Ⅱ』国際交流基金 凡人社.

日本語教育学会編(1982)『日本語教育辞典』大修館書店.

＿＿＿＿＿＿＿＿編(2005)『新版 日本語教育辞典』大修館書店.

庭三郎(2004)『現代日本語文法概説』(net版).

文化庁(2007)『敬語の指針』文化庁.

三尾砂(1958)『改訂版 話しことばの文法』法政大学出版局.

宮地裕(1976)「待遇表現」『国語シリーズ別冊4 日本語と日本語教育 － 文字・表現編 －』大蔵省印刷局.

저자 약력

● 이 성 규(李成圭)

忠北 清州 出生

(현) 인하대학교 교수

(현) 한국일본학회 고문

(전) KBS 일본어 강좌「やさしい日本語」진행

(전) 한국일본학회 회장(2007. 3.~2009. 2.)

한국외국어대학교 일본어과 졸업

일본 쓰쿠바(筑波)대학 대학원 문예·언어연구과(일본어학) 수학

언어학박사(言語学博士)

전공 : 일본어학(일본어문법·일본어경어·일본어교육)

저서

『도쿄일본어 1, 2, 3, 4, 5』시사일본어사. (1993~1997)

『現代日本語研究 1, 2』不二文化社. (1995) 〈共著〉

『仁荷日本語 1, 2』不二文化社. (1996) 〈共著〉

『홍익나가누마 일본어 1, 2, 3』홍익미디어. (1996) 〈共著〉

『홍익일본어독해 1, 2』홍익미디어. (1997) 〈共著〉

『도쿄겐바일본어 1, 2』不二文化社. (1998~2000)

『現代日本語敬語の研究』不二文化社. (1999) 〈共著〉

『日本語表現文法研究 1』不二文化. (2000)

『클릭 일본어 속으로』가산출판사. (2000) 〈共著〉

『実用日本語 1』가산출판사. (2000) 〈共著〉

『日本語 受動文 研究의 展開1』不二文化. (2001)

『도쿄실용일본어』不二文化. (2001) 〈共著〉

『도쿄 비즈니스 일본어1』不二文化. (2003)

『日本語受動文の研究』不二文化. (2003)

『日本語 語彙論 구축을 위하여』不二文化. (2003)

『일본어 어휘Ⅰ』不二文化. (2003)

『日本語受動文 用例研究1』不二文化. (2003)〈共著〉

『日本語受動文 用例研究Ⅱ』不二文化. (2003)

『일본어 조동사 연구Ⅰ』不二文化. (2004)〈共著〉

『일본어 조동사 연구Ⅱ』不二文化. (2004)〈共著〉

『일본어 문법연구 서설』不二文化. (2005)

『日本語受動文 用例研究Ⅲ』不二文化. (2005)〈共著〉

『일본어 조동사 연구Ⅲ』不二文化. (2006)〈共著〉

『현대일본어 경어의 제문제』不二文化. (2006)〈共著〉

『현대일본어 문법연구Ⅰ』시간의물레. (2006)〈共著〉

『현대일본어 문법연구Ⅱ』시간의물레. (2006)〈共著〉

『현대일본어 문법연구Ⅲ』시간의물레. (2006)〈共著〉

『현대일본어 문법연구Ⅳ』시간의물레. (2006)〈共著〉

『일본어 의뢰표현Ⅰ – 肯定의 依賴表現의 諸相 –』시간의물레. (2007)

『일본어 의뢰표현 – 부정의 의뢰표현의 제상 –』시간의물레. (2016)

『신판 생활일본어』시간의물레. (2017)

외, 논문 다수 있음.

국립중앙도서관 출판예정도서목록(CIP)

(신판) 비즈니스 일본어. 2 / 저자: 이성규. -- 서울 : 시간의물레, 2017
    p. ;   cm

참고문헌 수록
본문은 한국어, 일본어가 혼합수록됨
ISBN 978-89-6511-208-2 13730 : ₩15000

일본어 회화[日本語會話]
비즈니스 용어[--用語]

737.5-KDC6
495.68-DDC23   CIP2017033745

신판 비즈니스 일본어 II

초판 1쇄 2017년 12월 22일
초판 2쇄 2023년 08월 23일
저   자 이 성 규
발 행 인 권 호 순
발 행 처 시간의물레
주   소 경기도 파주시 숲속노을로 150, 708-701
전   화 031-945-3867
팩   스 031-945-3868
전자우편 timeofr@naver.com
블 로 그 http://blog.naver.com/mulretime
홈페이지 http://www.mulretime.com
I S B N 978-89-6511-208-2 (13730)
정   가 15,000원

* 이 책의 저작권은 저자에게 출판권은 시간의물레에 있습니다.
* 잘못된 책은 바꿔드립니다.